問いからはじまる
心理学

1

発達とは？
自己と他者／時間と空間から問う
生涯発達心理学

都筑 学 監修

半澤礼之・坂井敬子・照井裕子 編著

福村出版

シリーズ序文

　かつてエビングハウス（Ebbinghaus, H.）は「心理学の過去は長く，歴史は短い」と言いましたが，その歴史もすでに140年を超えるところまでになりました。ヴント（Wundt, W. M.）が1879年に初めての心理学実験室を創設して以降，科学としての心理学は実証性を重んじ，非常に多くの研究成果を蓄積してきました。それらの研究成果が，人間の心がもつ多様な働きを明らかにしてきた一方で，心理学の研究領域はどんどんと細分化され，人間の心の全体像を明らかにすることからは離れていっているように感じられます。このような学問の発展状況のもとで，もう一度，根本的なところから人間の心についてとらえ直すことが重要な課題として求められていると考えられます。

　そうした課題に対して，本シリーズは，「人間の心の働きを理解するには，どのような研究が求められるのか」という問題にアプローチしようとするものといえます。そのことを意識して，本シリーズのタイトルとしてつけたのが，「問いからはじまる心理学」です。問いからはじまって，何が明らかになったのか。それを追求しようとしたのが，本シリーズなのです。

　本シリーズは，全部で3巻から成っています。第1巻は発達，第2巻は教育，第3巻は社会をテーマとして扱っています。それぞれの執筆者には，次のような趣旨で執筆をお願いしました。自らの研究をはじめようとした個人的なきっかけが，その後の具体的な研究活動にどうつながっていき，そして，それがどのように発展していって，現実問題の解決に結びついたのか。このように，本シリーズでは，問いからはじまる研究活動の展開について，執筆者が具体的なプロセスとして論じています。こうした個人的な動機や関心は，研究を推進していく際には大変重要な役割と意味をもっています。研究活動を進める原動力ともなるものです。これから心理学の研究を行っていきたいと考えている読者にとっては，研究の進め方の参考になるだけでなく，研究者としての生き方の1つのモデルにもなるのではないかと思います。

本シリーズの執筆者は，中央大学大学院文学研究科で心理学を学んだ都筑ゼミのメンバーおよび都筑ゼミに縁のある方々です。都筑ゼミのモットーは「片手に理論，片手に実践」です。執筆者たちは，在学中から，研究活動を進める一方で，学校や臨床などさまざまな実践現場での活動を行ってきました。在学中は，合同ゼミ（学部生と院生が相互に発表する）や夏合宿，QA研（質的分析研究会）において研究成果を発表しました。心理学の理論だけでなく，現実社会や人間生活にも関心をもち，理論と実践を往還するような心理学研究を進めていくというのが都筑ゼミの特徴です。本シリーズでも，このような問題関心は，各章節，コラムの中に明確に表れているのではないかと思います。

　本シリーズは，2022年3月に私が中央大学文学部を定年退職するにあたっての記念出版であり，また，4月以降の新しい研究人生の門出を祝うものでもあります。中央大学でともに学んだ学生たちと一緒に，このようなかたちで出版できることを非常にうれしく思っています。彼らには，「問いからはじまる心理学」をさらに発展させて，個々の研究活動を充実したものにしてもらいたいと願っています。

＊

　最後になりましたが，本シリーズの刊行にあたりましては，福村出版の宮下基幸取締役社長に並々ならぬお世話になりました。出版事情が大変厳しい中で，本シリーズの刊行を快くお引き受けいただいたことに対して心より感謝申し上げます。また本の出版作業につきましては，小山光さんに大変お世話になり，感謝申し上げます。

＊

　福村出版の社屋がある文京区湯島は，祖父高浜二郎が住んでいた地域であり，霊雲寺近くの祖父の家に子どものころよく遊びに行っていました。今回，福村出版から本シリーズが刊行されるのも深い縁を感じずにはいられません。市井の学者として蒲生君平や鍍金（めっき）について生涯研究した祖父に本書を捧げたいと思います。

2022年1月1日

都筑　学

4

目　次

第1部
自己と他者からとらえる発達

第1章　身体と発達

第2章　対人関係と発達

はじめに：現象から発達をとらえる

半澤 礼之

　本書は『問いからはじまる心理学』シリーズの第1巻です。『発達とは？自己と他者／時間と空間から問う生涯発達心理学』というタイトルからわかるように，本書は「発達」に焦点を当てて編集が行われました。ちなみに，このシリーズの第2巻は「教育」，第3巻は「社会」に焦点が当てられています。

　これまでに心理学を学んだ経験のある方はご存知だと思いますが，「発達」をテーマにした心理学の書籍の場合，乳幼児から老年期までの発達段階に合わせて章が構成され，それぞれの段階の特徴が記述されることが一般的です。このような本の構成は，私たちが生まれてから死ぬまでの発達的な変化を時間を追って理解するために，重要なものであるといえるでしょう。

　そのような従来の多くの発達心理学に関する書籍に対して，本書は異なる構成をとっています。目次をご覧いただければわかるとおり，発達段階ごとの記述ではありません。「身体」「対人関係」「役割」「地域」「環境移行・適応」「偶然」という6つの視点を準備し，その視点を出発点として発達をとらえることが本書の目的となっています。発達段階ごとの特徴の記述の重要性・必要性を十分認めたうえで，本書は，上記の6つの視点をきっかけとしながら，各発達段階の中で私たち人間が経験するさまざまな現象を第一に取り上げて，そこから発達をとらえる見方を提示することを目指しました。それには次の理由があります。

　それは，これまでの発達心理学では十分に取り上げられなかった現象に焦点を当ててとらえていくことの重要性です。これは，堀（2009）が「生涯発達心理学は，当初は，ハヴィガーストの発達課題の論のように，ノーマルなライフ・イベントの連続体として展開されていたが，やがて離婚やマイノリティの問題など，一般化された発達モデルでは対応できない発達上の課題に生涯発達論はどう対応するのかという問題に逢着する」と述べたことと関連します。ここで指摘されているような発達上の課題を含み込んだ，現代的なさまざまな現

象や，それがもつ課題や問題をとらえるために，本書は上記の6つの視点を準備してそれを前面に出した構成になっています。言い換えれば，そのような課題や問題がみえやすくなるように，あえて視点を先にもってきたということができるでしょう。

　また，本書では各節の導入として，「なぜこの問題を研究しようと思ったのか」という研究者の問題関心の立ち上がりについて書いてもらいました。そしてそれを受けるかたちで，「どんな問いを立てたのか」「どんな研究をしたのか」「その結果，何がわかったのか」「それが実践にもつ意義は何か」という，研究のプロセスやその結果得られた知見の意義について述べてもらっています。ある現象を研究者が取り上げるときに，そこには彼らとその現象との出会いがあります。そして，そこで生じた素朴な問いが研究へと展開していくことも少なくありません。本書では，その展開の様子を含めて記述することで，研究知見を伝えるだけではなく，研究者がある視点をもって現象をとらえていく様子を追体験してもらうことがある程度可能になったと思います。それは，発達をさまざまな視点から理解していくことがいっそう必要になる現代において，重要なことだといえるでしょう。

　本書の形式でみえてきた発達に対するとらえ方は，そこで取り上げられた現象や発達段階に固有のものではなく，さまざまに拡張可能であるものだと考えられます。読者のみなさんの関心と接続するかたちで理解し，考えてもらえればと思います。

［引用文献］
堀　薫夫（2009）．ポール・バルテスの生涯発達論　大阪教育大学紀要 第Ⅳ部門 教育科学, *58*(1), 173-185.

第1部

自己と他者からとらえる発達

第 1 章

身体と発達

第1節
乳幼児の「からだ」と「こころ」：
発達研究は「身体」を問うてきたか？

松本　博雄

1. なぜこの問題を研究しようと思ったのか
発達研究と実践を結ぶために

　本書を手にされている乳幼児の発達に関心がある読者のみなさんが，この分野に興味を抱かれたのはどのようなきっかけでしょうか。それぞれ自分らしい「問い」との出会い方がある中で，子育てや保育・教育にかかわる，具体的かつ実践的な課題と向き合ううちに，乳幼児発達の問題に関心をもちはじめた方は少なくないと思います。私自身のことを振り返ってみても，ちょっとした勘違いからはじまった大学での心理学の学びにおいて，あらためて課題意識をもって乳幼児発達の問題をとらえ直したのは，大学院生だった折に保育実践現場と出会えたことがきっかけでした。

　私が発達心理学研究の世界に大学院生として足を踏み入れた1997年は，やまだ（1997）の刊行にも象徴される，「現場心理学」「質的心理学」への潮流が徐々にみえはじめた時期です。その背景には，行動主義心理学に端を発した，条件を厳密に統制し，操作性と客観性を重視した研究方法では，実際に現場＝フィールドで起きている事象を十分に説明しえないのではないか，という問題意識があったものと思われます。確かに，子育てや保育，教育の現場で目につく混沌とした課題に対し，「現場」で起きている具体的事象に質的にアプローチするやり方は，「物理学をモデルにした乾いた心理学」「数式を重視した記号の心理学」（やまだ, 1997）に比べると，一見好相性のようにも思えます。当時の私も，幼児を対象に実験的な課題を提示し，個別にデータを収集し考察していく自らのアプローチが，いったい現場での問題にどう結びつくのか，生活の中で子どもたちが直面している問題に役立つことがしたい，という気持ちばかりが空回りしていただけで，目の前の研究と実践的な課題を結ぶ道筋がまったくみえてきませんでした。とはいえ私自身が，当時，輝かしく展開されつつ

あった「現場」「実践」「質的」といったキーワードに象徴される新たな研究の流れに乗りきれなかったことも事実です。それこそ「現場」で生じている複雑な問題が，そこから離れた大学という場に引っ張られてきて「研究」という衣をまとい，現場から離れたところでさも新しい発見であるかのように語られることに，何ともいいがたい違和感をもっていたことが，そのときの私が躊躇した理由でもありました。

　現場のことは，大学ではなく，現場に入り，そこで直接課題と向き合っている実践者こそが最もわかるのではないか。研究をはじめた当時に抱いていたそんな私自身の素朴な実践感と，にもかかわらずなぜか研究を志している自身の後ろめたさが徐々に翻されたのは，最初の職場である短期大学で幸運にも保育者養成に携わり，多くの保育者とともに，子どもたちや保育，子育てについて考える機会を得てからのことです。私の研究領域における「現場」である保育の実践者ではない立場から実践を研究するとはどういうことか。そこにおいて，研究だからこそ果たせる役割とは何か。いわば自分なりの研究に対する構えと実践現場との距離感は，その中で試行錯誤する過程を経て徐々につかめてきたように思います。

　実践の場において目の前の子どもにどう向き合い，どんな言葉をかけたらよいだろう。そこで"困っている"子どもをどのように理解し，今，どんなやり方で支えられるだろう。「働きかけずに見守る」かかわりであっても何らかの意味をもってしまう以上，思考を止めて立ち止まるわけにはいかない……。「現場」で生じる問題は，切迫感と臨場感を伴う点で，それと向き合おうとする人たちを否応なしに巻き込む圧倒的な「力」をもつ存在でもあります。そのような，待ったなしに何らかの暫定的な答えを出しつつふるまうことが求められる問題と生身で対峙する「現場」には，そこでこそ感じられる息吹や解決すべき課題があるでしょう。同時にそこには，その場のもつ圧力や価値，勢いを体感している当事者だからこそとらえがたい課題や，それを支える構造上の課題もまた，隠されているかもしれません。このことは，「現場」に立つ当事者である限りは扱いにくいけれど，そこから少し離れ，ふと振り返ってみたときに初めて可視化される問いの存在として言い換えることができます。

　保育や子育てをはじめとする乳幼児を支える営みにおいては，子どもと休み

なく向き合う中で，場の状況に合わせた即興的な対応が求められることがしばしばです。そのような現場で実践を重ねつつ，自身の抱えている問題を同時に省察し，相対化してそれに向き合うことは，思った以上に簡単ではないでしょう。加えて保育や子育てとは，乳幼児がいる限りあらゆる場所で求められる営みです。このことは，それを支える多くの担い手を私たちの社会が必要とすることを意味します。ここから考えると，保育や子育ての実践は，現場で子どもと向き合いつつ反省的に実践できる優れた少数の実践者の名人芸としてではなく，可能な限り多くの立場の人たちに開かれたものであることが望ましいといえます。

　したがって，専門的な営みである保育実践を支える研究にはとくに，さまざまな経験や背景をもつ実践者が，自身の営みを振り返る問いを見出し，それを考えることの価値を身近なものとして実感できる方法を編み出していくことが求められます。本章のキーワードである「身体」は，そのような観点から乳幼児発達における「研究」と，保育や子育てなどの「実践」の関係をより開かれたかたちで考えるうえで，1つの重要な切り口になるものと思われます。次項では，その理由および背景についてもう一歩深めて考えてみます。

2. どんな問いを立てたのか
「身体」からとらえる発達研究とは

　「身体」の問題は，乳幼児期における心の発達とどのように結びつき，それは実践を考えるうえでどういった役割を果たすでしょうか。ここでは心理機能の発達研究の成果にかかわることと，実践における「身体」の理解と価値づけにかかわることの2つの視点から，問いの背景にある課題を整理していきたいと思います。

　乳幼児発達研究において，身体の問題はこれまでさまざまな角度から扱われてきました。1つは，移動したり，手を使って対象や道具を操作したりする力の獲得などに代表される，身体を使っての運動機能の発達そのものに焦点を当てた研究です。またもう1つは，知覚や認知，感情・情動や言語，それらを束ねる自己といった，心理的機能を獲得するうえでの，身体の役割や制約に関す

る研究です。

　近年，運動機能の発達を解明するにあたり貢献してきたことの1つは，研究に使う用具や装置の進化です。たとえば，磁気テープを使ったビデオからデジタルテープを経てディスクへと至る録画方法の発展，大容量ファイルを気軽に扱うことのできるコンピューターやソフトウェアの開発，加えて，何よりそれらが徐々に一般に手の届く価格で普及したことは，マイクロ分析などを介して運動発達の詳細なメカニズムの解明に大きく寄与しました。また，まだ誰もが気軽にというわけにはいかないものの，アイトラッカーや加速度センサーをはじめとする，道具なしでは把握しにくい身体の運動を計測し，数値化して記録する装置も，研究のフィールドでは徐々に一般的となってきました。今後，予想もつかないような研究装置の進化によって，身体運動の詳細やその機能の発達はよりいっそう正確に記録できるようになっていくことでしょう。

　一方，心理的機能を獲得するうえでの身体の役割や制約に関する研究として，たとえば乳児を対象とするものでは「視覚的断崖」で有名なギブソン（Gibson, E. J.）による奥行き知覚の研究（ギブソン, 1983），テーレン（Thelen, E.）とスミス（Smith, L.）によるリーチングの研究（テーレン & スミス, 2018），トマセロ（Tomasello, M.）による指さしや身振りの研究（トマセロ, 2006）などを代表としてあげることができます。しかしながら，その他数多くみられる知覚・認知をはじめとする心理機能の獲得と発達に関するこれまでの研究で，身体の役割や制約はどれほど意識されてきたでしょうか。加えて幼児を対象とするものでは，乳児に比べてなおさら身体や運動そのものに焦点を当てた研究が珍しくない一方で，心理的機能の獲得や発達を考える際に，身体の役割や制約に積極的にふれられることは多いとはいえません。

　その理由としてあげられるのは，これらの心理機能の獲得に関するデータが，主として静的な場面で収集されていることです。たとえば乳児に対する知覚・認知などのデータは，"実験室におけるお母さんの膝の上"で収集されることが多いのではないでしょうか。それは何より研究装置の制約と，子ども自身が安心する状況の中でその力を発揮してもらい，安定的に資料を得るという目的に沿っての設定だと思われます。しかしながら，資料収集のために最適化された当該の条件が，子どもの実際の生活のどの部分を代表したものである

かは，研究結果を考察するうえでそれほど問題とされていないようにも思います。得られた資料は，たとえば「○○の区別ができるのは×か月児」のように，いわばその時期の子どもに内在する能力であるかのように論じられ，研究の成果として一般的にフィードバックされていくことが少なくないのではないでしょうか。

　およそこの半世紀間の乳児研究の深化・発展は，先述した研究用具・装置の進化とも合わせ，とくに0歳児の認知・知覚の発達を中心として多くの事実を明らかにしてきました。このような研究の展開は「赤ちゃん学革命」（下條，2006）と呼ばれ，その流れの中で強調されてきた「有能な乳児観」（川田，2014を参照）は，発達的に重要な時期を支える保育のあり方を考えるというかたちで，乳児保育の重要性を強調する近年の動向にも貢献したのではないかと思われます（野澤ほか，2016）。

　しかしながら実際には，乳幼児の運動機能に関する詳細な数値を時系列に並べたところから，子どもたちが生活の中で発達していく姿を直接に描けるわけではありません。先述した"お母さんの膝の上"の姿は，乳児の生活文脈に埋め込まれた場面のほんの一部にすぎないことも事実です。子どもはその生活場面の大半で，実際には全身を使って動き回り，周囲の世界に自ら働きかけていきます。そう考えると，たとえば静的な場面において測定された資料に基づき「乳児の有能さ」として示された研究成果から，乳児がそれを使い生活場面でどのように活動しているか，乳児保育や子育てなどの実践において，それをどのように支えることができるかを直接的に描くことは少し無理があるでしょう。保育や子育ては，特定の運動能力や心理機能を育むことを目的としたものではなく，それらも含み込んだ子どもの生活が総合的に展開されていく営みです。心理学研究において焦点が当てられているそれぞれの心理機能が，それを支える身体や運動と関連しながら子どもの生活を通じてどのように獲得されていくのか，発達過程においてそれらの関係はどのように影響し合い，相互に変化していくのか。乳幼児の発達を描くうえで「身体」の役割を考慮することは，乳幼児発達の「研究」と，保育や子育てなどの「実践」とを実質的に結ぶうえでのカギになると思われます。

　このような視点を踏まえ，乳幼児発達研究の成果と実際の子どもの姿との関

第1節　乳幼児の「からだ」と「こころ」：発達研究は「身体」を問うてきたか？

係を「身体」を軸に探る際，とくに実践的な観点からもう1つ考えておきたい
のは，生活における「身体」の価値づけの差異へと連なっていく文化的背景の
問題です。ニュージーランドの保育研究者であるバーク（Burke, R.）とダンカ
ン（Duncan, J.）は，保育実践，とくに子どもと保育者との間で関係がつくられ
ていくうえでの身体技法およびそれに伴う習慣の問題を比較文化的に分析した
興味深い論考を提示しています（バーク＆ダンカン, 2017）。そこで指摘されるの
は，たとえば幼児たちが大きな声で歌っているなど，子どもが元気に声を上
げる姿に対する態度の違いです。そこでは日本の保育者の多くがその姿を肯定
的にとらえる一方，ニュージーランドやアメリカなどの保育者は一般にそのよ
うな状態を「騒がしい」ものとしてとらえ，望ましいとは考えない傾向が報告
されています。バークとダンカンは，この対照的な認識の背景にあるものとし
て，「身体の元気さは心の元気さの反映である」と，心と身体の関係をいわば
心身一元論的に理解することの多い日本的な視点と，身体を統制するものとし
ての心の発達を想定する，心身二元論的な理解が主流である欧米との間にある
文化差を指摘します。このような理解の違いは，それぞれの保育実践において
価値づけられている活動の特徴として現れていくものと思われます。たとえば
ニュージーランドの保育現場において，子ども間のトラブル場面で「自分の言
葉を使って」というメッセージが頻繁に用いられ，言語と会話によるコミュニ
ケーションが重視されることが多い（バーク＆ダンカン, 2017）一方で，日本の
多くの保育施設では，言葉よりも「のびのびと遊ぶこと」「健康な身体をつく
ること」が教育・保育目標の最前面に出てくる（ベネッセ教育総合研究所, 2019）
ことがあげられるでしょう。

　これらから考えると，これまでの乳幼児発達研究の中で探られてきた，心理
的機能を獲得するうえでの身体の役割や制約のもつ意味は，少なくとも実践の
場においては，いずれの場でも，また誰にとっても，文化的な差異を超えて同
じではなさそうです。私たちはあらためて，乳幼児の「身体」がどのような文
脈に埋め込まれているかを踏まえつつ，心理的機能の発達にかかわる「研究」
と「実践」の結びつきのあり方を探っていく必要があります。次項では日常生
活を代表する場面として，保育における実際の乳幼児の「身体」にかかわる姿
を取り上げ，心理機能の発達がどのように展開するかを具体的に検討したいと

思います。

3. どんな研究をしたのか
乳幼児の心的機能の発達と「身体」の役割

　社会構造の変化を背景に，乳児保育の利用者はとくにここ10年の間に急速に増えてきています（恩賜財団母子愛育会愛育研究所, 2021）。この乳児保育の実践は，日本においては1960年代から広がりはじめ，半世紀の間に，乳児が集団保育の場で過ごす意義や実践上の工夫など，多くの成果や課題が豊かに蓄積されてきました（宍戸ほか, 2010）。しかしながらそれらと，これまで述べてきた乳児期の心理機能の発達研究における成果との間の結びつきは必ずしも強いとはいえません。この関係は，幼児期の保育実践と心理機能の発達研究の間においてもおおむね同様だと思われます。これらの背景を踏まえ，本項では，これまでとくに日本の乳児保育実践において大切にされてきた「からだ」と「こころ」のつながりという点に着目して，乳幼児の心理的機能の獲得と発達の問題を「実践」との関係の中でどのように描き出すことができるか，実際の子どもの姿からあらためて整理していきます。とくにここでは，0歳の前半と後半，1〜3歳に分けて述べていきたいと思います。

3−1. 0歳前半における「からだ」と「こころ」

　身体という点に着目すれば，誕生直後である0歳台は，その変化が生涯において最も顕著な時期だといえるでしょう。0歳児の姿を発達的変化に沿って論じる際，体位の変化や位置移動を子どもが自力で担うことが可能か否かを境目として，前半と後半に分けることがあります。たとえば体位や位置を自ら変える力を「寝返り」というかたちで獲得することは，子どもにとって行きたい場所へ自ら向かう第一歩です。それに伴い周囲の環境は「手の届くもの」として徐々に認識され，それは移動可能な範囲の広がりとともに急速に増えていきます。子どもの視点から考えれば，そのような身体の発達は，"寝返りができるようになった"という動作の獲得の実感としてではなく，"あれも取れるよう

になった”“もっとほしい”という，子どもたちの生活における魅力的なものと
出会える機会の拡大として経験されるはずです。

　ここでポイントになるのは，そのような身体発達とそれに伴う心理機能の獲
得が，個体としての子ども内部の変化にとどまらず，実践における養育者の役
割の変化を引き出す点です。それは具体的には，うつぶせ―あおむけなど子ど
もの体位を変える，支え座りなどで姿勢を物理的に支える，抱っこなどで移動
を補助するといった，子どもの姿勢の変化や移動を養育者が主として担う行為
からはじまります。さらには身体発達の展開に伴い，自ら移動しようとする子
どもの姿勢を補助的に支える，ときにそれを制止するという新たな役割がそこ
に加わることになります。目にしたものをつかもうと手を伸ばしたり，寝返り
を試みようと身体を動かしたりする子どもの姿は，養育者にとって，子どもの
意思をよりとらえやすくなる瞬間でもあります。同時にそのような行為の繰り
返しの中でいっそう広がっていく移動の自由は，子どもの安全などの観点から
養育者がそれを阻まざるをえない機会の増大と不可分の関係にあります。目の
前のものに手を伸ばし，触れようとした自分を支えたり，ときに制止したりす
る他者がいる。この養育者との関係の変化は，自らの意思と異なる存在への気
づきというかたちで，さまざまな心理的機能を束ねる「自己」へと結びつく認
識を子どもにめばえさせる第一歩となるでしょう。

　このように，思うように動かない身体の動きを養育者に支えられつつ，その
自由を徐々に獲得する中で，認知や感情などの心理機能の発達が促される機会
へと巻き込まれていくのが0歳児の生活です。唇に触れた尖ったものに吸い付
く「吸啜反射」，手のひらに触れたものを握る「把握反射」などでよく知られ
ているように，0歳前半児の身体機能は「原始反射」からスタートします。そ
れは，外界からの刺激によって，生命の機能維持に重要な脳幹と結びついて定
型的に引き起こされる反応であり，子どもの行動をある意味で制約する機能を
もつといえるでしょう。たとえば私たちが，急に目の前に何かが迫ると“思わ
ず”目をつぶるのと同様に，これらの原始反射は，子どもたちにとっては「感
じる／考える前に思わず動く」反応として経験されているはずです。

　原始反射を代表とする「思ってもみない身体の動き」に制約された0歳前
半の子どもたちは，たとえばあおむけで吊りおもちゃに手を伸ばそうとする

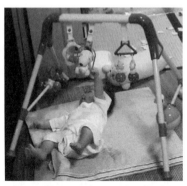

図1　吊りおもちゃに手を伸ばす（3か月児）

と，たいていの場合，手を伸ばすと同時に足も動くような姿をみせてくれます（図1参照）。全身を使った粗大運動のみならず，眼球の動きに代表される微細運動においてもそれは同様です。たとえば1～2か月ごろの子どもは，一度みつめた対象から視線をそらし，違うものをみつめることが難しいという特徴があることが知られています（Maurer & Maurer, 1988）。これらの例にも現れているように，0歳前半の子どもにとっての身体は，私たち大人が想像する以上に，まだ「自分のもの」にはなっていないことがわかります。

　この思うように動かない，もしくは思ってもみないかたちで動く身体が，心理諸機能の発生を介して徐々に子ども自らのものになっていく過程に深くかかわると考えられるのは，養育者とのやりとりです。そのことを示唆する現象の1つとして，発達過程における泣くことと排泄の順序の変化があげられます。泣いたときに腹圧がかかりおしっこが出ることが多かった新生児は，2か月ごろになると徐々におしっこが出た後，気持ち悪くて泣くようになることが知られています（大阪保育研究所, 2001）。それは泣くことによって出たおしっこを取り除き，気持ちよくしてくれる養育者の働きかけが，生まれた当初から積み重ねられた結果，今度は自ら「気持ちよくなろうとする」働きかけとして，泣きという情動反応を心的水準で機能させる力の獲得が引き出されたと考えることができるでしょう。

　このような心理機能を介した外界との関係の変化は，少しずつ運動面にも展開されていきます。白石（1994）は，ガラガラを手にした子どもからそれを取り上げる際の2か月児と4か月児の反応の違いについて，写真を用いて示しています。そこでは，2か月児が手にしたガラガラを取られても，それほど大きな変化がみられないのに対し，4か月児は取られたガラガラを手で追うとともに，少し悔しそうなまなざしを取り上げた相手に向けています。「手にしたガラガラを取られる」という同様の場面における両者の反応の違いには，子ども

にとって自らの身体とその動きが，発達過程の中でどれほど「自分のもの」になっているかが深くかかわるように思われます。

　全身運動にも制約がまだ多い2か月ごろの子どもにとって，「つかむ」動きは把握反射の延長線上にあるものです。つまりこの時期の「つかむ」動きは，意図的につかんだというより，手のひらに触れたものを結果的に握ったというかたちで経験されるはずです。これに対し，おおむね3〜4か月ごろに達成されていく「首すわり」という身体面の変化を経た4か月児にとって，同じように示されたガラガラのもつ意味は，2か月児のそれと異なるものとなります。「首すわり」とは，首の筋肉や骨などが整い，頭部をしっかりと支えられるだけの力が獲得されたことを指します。それは子どもにとって，身体を自らコントロールするための第一歩となるとともに，眼の位置が安定したという意味で，外界がより視野に入りやすくなったことでもあります。実際に首がすわった後の子どもは，吊りおもちゃやモビールなど，身近にある魅力的なものに腕を伸ばしはじめたり，手のひらのそばに示されたおもちゃに対し，閉じていた指をそっと広げたりする姿をみせてくれることがあります（松本・第一そだち保育園, 2011）。まだ「みたものをつかんで引き寄せる」ように視覚と運動を実際に協応させることは難しくとも，そこに至るめばえは随所に現れはじめているわけです。

　0歳児に限らず，保育実践の中では一般に「子どもがしたくなって自分でする」「自分で思ってやってみる」ことが大切にされていることでしょう。それはただ単に，生活面での自立を子どもに期待して促されているだけではなく，子どもの心理機能の獲得と発達が，身体を通じ外界へ自ら働きかけることと密接に結びつくと仮定されているからではないでしょうか。白石（1994）に示された2か月児と4か月児の姿から学ぶことができるのは，ガラガラを取られ「悔しそうな表情をみせる」感情が，自ら外界の魅力的なものにまなざしを向け，腕を伸ばそうとする，「視覚—運動協応」という身体面の発達に伴って出現するという事実です。ここからは養育者とのやりとりを通じてめばえた心理諸機能を介し，身体やその運動が徐々に自らのものになりゆくことを経て，今度は自らのものになった身体が，新たな心理諸機能の発生の支えとなっていく一連の過程が示唆されます。このように0歳前半ごろの子どもたちの生活では，

全身運動のみならず，視覚的側面に関連するものなどさまざまな身体機能の制約が，周囲の養育者やモノとの関係の中で自由となり，その過程を通じて心理諸機能の発生および発達が促されていくことを読み取ることができます。

3-2.　0歳後半における「からだ」と「こころ」

　0歳前半の時期に，子どもの反応や行為が周囲からの働きかけや環境と結びついて展開された結果，たとえば「笑顔を向ける」や「腕を伸ばす」というかたちで，子どもは外界に自ら働きかけることをはじめます。さらにそれらが「寝返り」や「ハイハイ」などの具体的な移動行動として結実する0歳後半には，これまで以上に周囲の環境を自ら動いて確かめる姿が目につきます。ハイハイで動きはじめたこの時期の子どもには，動き回って手にしたものを，手と口を使っていじくり，なめ回す姿が実際によくみられることでしょう。

　0歳後半を代表する心理的機能の発達特徴として広く知られているものの1つに，いわゆる「人見知り」という姿があります。これは，児童精神分析医であったスピッツ（Spitz, R.）が「8か月不安」として指摘した，8か月前後の子どもにとくに広くみられる反応です。この，知らない人を目にしただけで不安を感じる「人見知り」が可能になるには，子どもが周囲の世界を「既知―未知」の枠組みから認知する必要があるはずです。このような心理機能の獲得もまた，上述した身体発達を通じた過程から理解することができます。

　進化生物学的な観点からは，触覚は原初的な感覚器として，目の前の対象を認知するうえで視覚以上に効果的であると考えられます。加えて乳児の視力は十分に発達しておらず，大人と同程度になるのは2歳近くであることが知られています（外山・中島, 2013）。これらを考慮すると，移動を基盤とした探索行動の中で，手にしたものをいじったり，口に入れてなめ回したりする6〜7か月ごろの子どもたちのふるまいは，周囲の世界を「既知―未知」の枠組みからとらえる準備として理解できるかもしれません。身体を動かし，手や口の触覚を使って探索を繰り返す過程を経て，子どもたちは未知のものや他者に対し「人見知り」のように不安を感じたり，その逆に「イナイイナイバー遊び」のように，目の前に出てきた見知った顔に安心し，うれしくなったりします。それ

は，「既知―未知」の視点から周囲をとらえはじめた証拠です。

　そうやって目の前の対象が自分にとってどんな存在であるかを認知した結果，子どもの注意はその対象を越えた先に向かうことになります。それは目の前にいる，よく知った安心できる相手の手にある「モノ」に注目したり，または目の前の，みたことがない「モノ」の向こうにいる，よく知った相手に気づいたりする行動です。この，いわば自身―モノ―相手（ヒト）という3項の中で展開される認知的枠組みは，一般に9〜10か月ごろに出現・成立する「共同注意（joint attention）」もしくは「3項関係」として広く知られています。この枠組みを土台に，目の前のモノの向こうに相手がいること，また相手が持っているモノがわかることは，たとえばボールを使っての「ちょうだい―どうぞ」の受け渡しに代表される，子どもと大人の間での気持ちを伴うやりとりを可能にします。これは相手との明確なコミュニケーションのめばえという意味で，この先に訪れる言語獲得の前提となります。

　0歳児はこのように，いわば「動きながら周りを知る」というかたちでその認識を深めていきます。移動の自由の獲得に伴う探索行動が，対象に対する認知を「既知―未知」として構造化し，それはときに「8か月不安」として現れます。一方でその結果，モノの向こうの相手にも目が向くようになることで，共同注意・3項関係を土台とした気持ちのやりとりが可能となり，話し言葉への準備ができていきます。「からだ」と「こころ」は0歳児の生活の中で，このように相補的につながって展開していくわけです。

3-3.　1〜3歳における「からだ」と「こころ」

　1歳児から3歳児が示す心理機能にかかわる発達特徴の中で，最も目につくものの1つは言葉の獲得と発達でしょう。とくに話し言葉は，おおむね1歳ごろにみられる初語，すなわち初めての有意味語の出現からはじまり，その後1歳半を経て3歳にかけ，急速な語彙数の増加とともに，身の周りの出来事や自らの思い，見立てやつもりの中身などを言葉として表出する力として少しずつ発達していきます。この話し言葉の発達過程にも，身体的な側面が深くかかわっていると考えられます。

　1歳半ごろの顕著な発達的変化に先立つ1歳前半期の世界を支えるのは，先にも述べた9～10か月ごろに獲得される共同注意・3項関係という認知の枠組みです。それによって導かれる「社会的参照行動」は，未知の対象と向き合った際にそれまで感じられていた不安から子どもを解き放ち，その思いを養育者との間で共有することを可能にします。このことは，実際にこの時期の子どもたちに数多く観察されるようになる「指さし」から読み取れます。新たなモノに手を伸ばす際，まずは目の前の信頼できる養育者を振り返ってみる。その行動が笑顔で養育者に認められれば，実際に手を伸ばしてみる。それに手応えを感じたならば，次のモノを指さしながら再び養育者を振り返る……。この「みつけて指さし，目の前の大人を振り返り，また次にみつける」という1歳前半児に典型的にみられる姿をより豊かに支えるのは，歩行のめばえに代表される移動能力の発達です。二足歩行の確立によって移動の範囲が急速に広がることが，この時期の「発見」を可能にします。それに大人が言葉を添えていく過程が繰り返されることで，その後，話し言葉による表現や語彙が一挙に拡大する土台が築かれていくのでしょう。

　身体機能の発達に支えられたこの繰り返しの過程は，1歳半ごろを境にめばえる新たな心理機能の獲得をも引き出します。1歳後半児の具体的な姿として目につくのは，二語文のような形式で話し言葉を使いはじめることに加え，スプーンやペンなどの簡単な道具を使いはじめる，「○○を取っておいで」などの簡単な言葉がけに応えて行動する，「じぶんで！」のように自己主張する様子に代表される「自我のめばえ」と称される姿です。これらに共通する土台となっているのは，「表象」として知られている，目の前にないモノや出来事を頭の中にイメージする心理機能の獲得です。これから「したい」ことを思い浮かべる力である「表象」は，言葉の獲得はもちろん，道具の使用や生活の流れの見通しを支えることへとつながります。さらにそれは，たとえば「寝かしつけ」という自分が世話をしてもらった過程を思い浮かべ，ぬいぐるみにハンカチの「ふとん」をかぶせてトントンたたく，などの様子を再現する見立て遊びの展開を支えます。また目の前で楽しそうに遊ぶ友だちに心を寄せ，その遊びに加わった結果として，友だちとの関係をさらに深めていくことへも徐々に結びついていくと考えられます。

　とはいえ実際には，子どもは1歳半を過ぎてすぐに「したい」ことをはっきりと頭の中に思い描けるわけではありません。当初は大人に示された提案に対し「それじゃない！」というかたちで自覚される子ども自身の思いは，この時期に特有の「イヤイヤ」として広く知られています（常田，2012a）。よちよち歩きだった1歳前半に比べ，安定して歩行できるようになってきた1歳半過ぎの子ども自身に感じられているのは，自らの気になる場所，行きたい場所へとよりいっそうスムーズに向かえるようになった手応えでしょう。ここで大事なのは，そのようなかたちで子どもがいわば「主体的に」向かって行ったり，そこで手を伸ばしたりする対象が，必ずしも大人にとって許容できるものとは限らないことです。そろそろ片づけたいと思っていたときに，棚の中のものを全部出される。ゴミ箱に捨てたはずのものが，なぜかまた床に広げられている……。子どもが身体の移動の自由を獲得するとは，その行為を大人が制止せざるをえない瞬間が増えることでもあります。それは子どもにとって，大人とは異なる自らの意思を自覚する，言い換えれば「それじゃない！」を介して「これがしたい」へと自らの思いを発達させていく機会となるはずです。このように，子どもなりに生活の見通しをもち，自分で思ったとおりに行動する，「意思」や「見通し」を可能にする表象という心理機能の獲得もまた，移動能力の発達という身体機能の変化に支えられ，より豊かに経験されていくのでしょう。

　その後の2歳台から3歳は，1歳半ごろを節目として獲得された「表象」という心理機能が，生活の中で深められ，定着していく時期としてとらえることができます。この時期の子どもたちの多くは，思い浮かべた自らの気持ちを伝えたくなる相手を，養育者に加えて友だちにも広げていくとともに，そのように思い描いた行動を自ら選んでいくことを日々繰り返します。それはときに，楽しそうに遊んでいる友だちと積極的にかかわりたいゆえに生じる，子ども同士のトラブルを生み出します。とはいえ，それは同時に，ごっこ遊びの中でイメージを重ね合わせ，子ども同士で共有していく楽しさや，そこでの言葉によるやりとりの充実とも表裏一体です。ままごと遊び，お医者さん・お店屋さんなどのごっこ遊び，砂場での遊び，追いかけっこ……等々，この時期の子どもが保育の中で楽しむ典型的な遊びのほとんどは，身体を存分に動かす中で展開されていきます。

　小川・瀬野（2019）では，散歩の中でねこじゃらしや葉っぱを「いっぱい」集める，「大きいのがいい！」と主張し，大きい石をたくさん集める，「ジブンで選ぶ」と主張し，あてがわれたものではなく，大箱の中から自分だけの個包装のパンやビスケットを選ぶなどの2歳児の姿が述べられています。先述した表象を土台に，遊びや生活場面で自ら動き，自分のものをこのように選び取る様子は，この時期の保育や子育ての中でしばしば話題となる，食事・排泄をはじめとする生活面での「自立」をいかに支えるかにも深くかかわると考えられます。「自立」とは一般に，トイレに自分で行ける，身支度が自分でできるなど「生活スキル」をいかに獲得させるかの問題ととらえられがちです。しかし実際には，それは「トイレに行きたいときに自分で行ける」「身支度が必要なときに自分でそれをする」など，これらの具体的な行動を子ども自身が選び取ることで初めて完成するものです。ここからは「自立」を支えるという実践的な課題において，個々のスキルを子どもに伝えることと同じくらい，「したくなってする」という，生活の中で自ら選び取れる機会をいかに豊富に準備するかがカギとなることがみえてきます。この時期の子どもの場合，そのような選択の機会の多くは，身体を存分に使ったさまざまな遊びの中で具体的に経験されていくものでしょう。ここから明らかなのは，「自立」という実践的な課題もまた，「こころ」と「からだ」の相補的な発達過程に支えられて成り立つということです。

4. その結果，何がわかったのか
「身体」を介してつながる研究と実践

　乳幼児の心理機能の獲得と発達の問題を，「からだ」と「こころ」のつながりに着目して，「身体」にかかわる具体的な子どもの姿をもとに描き出した結果としてみえてきたことは，以下の2点に整理することができます。
　1つは「身体」への着目が，心理機能の発達にかかわる諸研究から明らかになった成果を子どもの視点からとらえ直し，実践へと具体的に結びつける手がかりになることです。「既知の対象と未知の対象を区別できるようになる」「話し言葉を使えるようになる」という心理機能の獲得は，乳幼児期の子どもに直

接的に自覚されるわけではありません。「ハイハイができる」「指さしがはじまる」などの身体機能の獲得に関してもそれは同様です。「からだ」と「こころ」の両者が結びつけられたとき，子どもたちがそれらの心理機能を使ってどのように生活し，発達していくかが初めてみえてきます。このことは，保育や子育てを実践するうえで，子どもを支える手立てを実際に考えていくヒントとなるでしょう。

　ここでポイントになるのは，実践における具体的な乳幼児の姿を，「身体」への着目を介して発達心理学の研究成果から理解することは，子どもと大人の日常のやりとりを意味づけ，広げていく「解釈のリソース」（常田, 2012b）となることです。たとえば前項で述べてきたように，1歳半を過ぎてから2〜3歳にかけ，多くの子どもが示す強い自己主張や「イヤイヤ」，子ども同士のトラブルは，ときに多くの養育者を悩ませます。しかしながらそれは，子ども自身が自らの身体を駆使し，自分のしたいことを選び取れる範囲が物理的に拡大してきたことを考えると1つの必然的な姿です。子どもが自分なりの見通しをもって選ぶものは，大人が「選んでほしい」ものとは限らない——この時期の子どもが「イヤイヤ」と声を上げる場面を心理機能の獲得という視点からみてみると，それは子どもにとって，大人とは異なる意思をもつ自分の存在，すなわち自己を認識し，主体的にふるまうための重要な契機となっていることが理解できます。このことは，この時期の保育実践において「見通しをもって生活できるようになる」「友だちの思いに気づけるようになる」ことに加え，「ダダコネ」「トラブル」のようなかたちで目につく，大人の望む方向とは異なる「自己主張」を同時に保障する機会を意図的に設けることの重要性へと結びつくでしょう（松本, 2013）。

　もう1つ考えておきたいのは，一見ヒトという種に共通するように思われる「身体」が実践に対してもつ意味は，どの場においても同じではないことです。バークとダンカンは，ニュージーランドの養育習慣が母親から自立する力を徐々に獲得する方向へと子どもの身体を促すのに対し，日本のそれは母子の身体間の相互依存を助長すること，その背景には，添い寝や長期のスキンシップを通じて子どもの身体状況に注意を払い，些細な病気であっても自らの不注意であると考えがちな日本の母親の傾向があることを指摘します（バーク & ダン

カン, 2017)。この傾向は，たとえばこれまで述べてきた0〜3歳児をはじめ，乳幼児における「からだ」と「こころ」の結びつきを実践の場でどのように受け取り，支えるかに結びつくとともに，心理機能の獲得と発達における身体の役割を考察するうえでも重要な手がかりになるものと思われます。実際に子どもとかかわる際に，身体を介したコミュニケーションと会話のいずれを重視するか，たとえば「誰かが来るまでみんなで待つ」のように，身体の統制を介した子ども間の共感と同期をどの程度重視するかなどは，文化によりさまざまです。「身体」が埋め込まれた文脈と社会文化的な背景を考慮することは，それと深くかかわる心理機能の獲得と発達が実際にどのように展開するか，その解釈の幅を広げるという意味で，心理機能にかかわる研究成果と実践の結びつきをより多層化させ，強めていくことに寄与するでしょう。

5. それが実践にもつ意義は何か
実践に「問い」を提起する発達研究へ

　以上を踏まえ，最後にあらためて，「身体」を介して発達研究の成果と実践を切り結ぶことの意義を考えたいと思います。本節の冒頭では，私自身の研究歴を簡単に振り返ることを交えつつ，「現場」の実践者ではない立場から「実践」を研究する際，それが果たせる役割について問題を提起しました。これまで論じてきたことを踏まえると，それは研究の成果を，現場で生じている問題解決の「答え」として供給することではなく，そこで起きている実践を意味づけ，解釈を広げ，発展させうる課題を一歩離れて提起することだと思われます。実践を実質的に発展させうる研究課題とは，研究と実践の関係を拡張し，新たな「問い」をはじめるものとして言い換えることができるでしょう。
　たとえば，これまで主として論じてきた身体にかかわる保育実践に関し，実践現場で話題となりやすい問題の1つは「子どもの運動不足」です。それに対し，運動機能をいかに伸ばすかをターゲットにした研究が一定数みられます。一方で，たとえば乳児が戸外において身体を動かす経験が心理諸機能の発達にどのようなインパクトを与えるかについての実証研究は，それほど多いとはいえません。このことについて本節でふれてきた乳幼児の姿が教えてくれるの

第1節　乳幼児の「からだ」と「こころ」：発達研究は「身体」を問うてきたか？

は，保育実践における「身体」の問題は，必ずしも「運動」にとどまらずに発揮されるということです。戸外遊びをはじめとする幅広い活動において身体をめいっぱい使って養育者や友だちとやりとりする経験が，心理機能の発達にどのように寄与しうるかを探ること，加えて，保育においてそれを可能にする条件を検討することは，「問い」からはじまる乳幼児発達心理学への第一歩となるでしょう。

　乳幼児期における心理機能の発達を実践とのかかわりの中で扱おうとする際に「身体」に着目することは，①「こころ」と「からだ」の結びつきとして本節で論じてきたように，それぞれの子どもにおける心理機能の獲得が身体の発達と不可避的にかかわって展開すること，②それを子どもの視点から描き出すことで，心理機能の発達と実践との結びつきが具体的にみえてくることに加え，③実践における身体への価値づけそのものが，子どもの心理機能の発達における社会文化的な差異を検討する軸となることという3つの水準で「問い」へと結びつきます。これらを踏まえると，乳幼児発達心理学を研究するうえでの「身体」のもつ意義とは，身体や運動を直接の研究対象にするか否かではなく，乳幼児の心理機能の発達やそれにかかわる実践の問題を検討する際に，「身体」を考慮して問いを立てることにあると考えられます。つまりそれは研究対象というより，乳幼児発達と保育実践を結ぶ研究において「問い」からはじめるための契機として考えることができるのではないでしょうか。そこには，心理機能の発達研究だけからも，実践現場だけからもとらえがたい，実践者と研究者がともに考えたくなる新たな「問い」が立ち上がるはずです。

[引用文献]

ベネッセ教育総合研究所（2019）．第3回 幼児教育・保育についての基本調査 速報版．https://berd.benesse.jp/up_images/research/All_web.pdf（2020年10月12日アクセス）

Burke, R. S., & Duncan, J. (2015). *Bodies as sites of cultural reflection in early childhood education.* New York, NY: Routledge.（バーク，R. & ダンカン，J.　七木田 敦・中坪 史典（監訳），飯野 祐樹・大野 歩・田中 沙織・島津 礼子・松井 剛太（訳）（2017）．文化を映し出す子どもの身体──文化人類学からみた日本とニュージーランドの幼児教育──　福村出版）

Gibson, E. J. (1969). *Principles of perceptual learning and development.* Englewood Cliffs, NJ:

Prentice-Hall. (ギブソン, E. J.　小林 芳郎 (訳) (1983). 知覚の発達心理学　田研出版)

川田 学 (2014). 年齢, 獲得, 定型——発達心理学における『発達』の前提となっているもの——　子ども発達臨床研究. 6, 7-14.

松本 博雄 (2013). 一〜二歳児の自己主張は, 他者とぶつかってこそ豊かになる　ちいさいなかま (全国保育団体連絡会), 591, 27-33.

松本 博雄・第一そだち保育園 (編著) (2011). 子どもとつくる0歳児保育——心も体も気持ちいい——　ひとなる書房.

Maurer, D., & Maurer, C. (1988). The world of the newborn. New York, NY: Basic Books.

野澤 祥子・淀川 裕美・高橋 翠・遠藤 利彦・秋田 喜代美 (2016). 乳児保育の質に関する研究の動向と展望　東京大学大学院教育学研究科紀要, 56, 399-419.

小川 絢子・瀬野 由衣 (2019). 2歳児　心理科学研究会 (編). 新・育ちあう乳幼児心理学——保育実践とともに未来へ——(pp. 123-144)　有斐閣.

恩賜財団母子愛育会愛育研究所 (編) (2021). 日本子ども資料年鑑2021　KTC中央出版.

大阪保育研究所 (編) (2001). 子どもと保育 0歳児　かもがわ出版.

下條 信輔 (2006). まなざしの誕生——赤ちゃん学革命——　新曜社.

白石 正久 (1994). 発達の扉〈上〉子どもの発達の道すじ　かもがわ出版.

宍戸 健夫・渡邉 保博・木村 和子・西川 由紀子・上月 智晴 (編) (2010). 保育実践のまなざし——戦後保育実践記録の60年——　かもがわ出版.

Thelen, E., & Smith, L. (1994). A dynamic systems approach to the development of cognition and action. Cambridge, MA: MIT Press. (テーレン, E. & スミス, L.　小島 康弘 (監訳), 高橋 義信・丸山 慎・宮内 洋・杉村 伸一郎 (訳) (2018). 発達へのダイナミックシステム・アプローチ——認知と行為の発生プロセスとメカニズム——　新曜社)

Tomasello, M. (1999). The cultural origins of human cognition. Cambridge, MA: Harvard University Press. (トマセロ, M.　大堀 壽夫・中澤 恒子・西村 義樹・本多 啓 (訳) (2006). 心とことばの起源を探る——文化と認知——　勁草書房)

外山 紀子・中島 伸子 (2013). 乳幼児は世界をどう理解しているか——実験で読みとく赤ちゃんと幼児の心——　新曜社.

常田 美穂 (2012a). きみに生まれてきてよかったね——1歳児の世界をさぐる——　松本 博雄・常田 美穂・川田 学・赤木 和重. 0123 発達と保育——年齢から読み解く子どもの世界——(pp. 75-117)　ミネルヴァ書房.

常田 美穂 (2012b). これからの保育・子育て　松本 博雄・常田 美穂・川田 学・赤木 和重. 0123 発達と保育——年齢から読み解く子どもの世界——(pp. 201-219)　ミネルヴァ書房.

やまだ ようこ (編) (1997). 現場〈フィールド〉心理学の発想　新曜社.

第2節

加齢に伴う身体の変化と発達：
中年期の身体変化にどう向き合うか?

坂井　敬子

1. なぜこの問題を研究しようと思ったのか
　　としをとる身体を抱えて

　授業で中年期の話をすると，「としをとるのが恐怖」というコメントを書く学生が何人もいます。確かに，私も若いころには，そういう恐怖しかなかったものです。それが，2004年公開のジブリ映画『ハウルの動く城』をDVDで観て，老いた主人公が若いもう一人の主人公に対して「年寄りのいいとこは，失くすものがないことね」と微笑みながら言ったことに心を動かされて，「としをとってもいいかもしれない」と思うようになりました。

　いざ，自分自身が中年になってみると，自分の身体が変わってきたことにびっくりしました。スマホの画面の小さい文字が読めず，夜更かしができなくなり，エピソード記憶の保持がままならないこともあります。更年期障害の典型といえるでしょうか，ホットフラッシュ症状を経験し，その現実に戸惑うこともあります。過去の自分と同じようなペースや負荷で，生活してはいかれません。自分の身体変化を自覚し，それに応じた生活を設計することが必要になります。そこで，中年期の身体について詳しく知ることが必要だと感じました。

　このように，中年期の身体変化は，ライフサイクルにおいてとても危機的なものであるはずですが，加えて，社会的役割の変化もまた大きな課題です。従来，中年期を扱う発達心理学の教科書は，両者をそれぞれ独立して語ってきたような印象があります（かつ，後者の比重が高かった）。これらを包括的にとらえる視点が必要でしょう。また，他に扱われてこなかったものには，男性の加齢に伴う心身症状があります。これを議論や研究の俎上に載せることには大きな意義があるでしょう。

　そもそも，老年期にかかるころにリタイアして悠々自適な毎日が許されるな

ら，このような中年期の身体変化はあまり問題になりそうにありません。人生100年時代の今，以前の世代が得られた生涯賃金，退職金，年金が期待できない今だからこそ，中年期が岐路になっているように思えてなりません。

2. どんな問いを立てたのか
中年期において身体と心は？

　先ほど，いま高齢社会であるがゆえに，中年期の身体変化がその先の人生の問題になるといいました。実は，身体変化に限定しなければ，同じような指摘はレビンソン（Levinson, D. J., 1978）や岡本（1997）も当時行っていました。レビンソンは，原始時代にまでさかのぼって現代の問題を提起しました。原始時代は病気や事故など寿命以前の困難があり，40歳過ぎまで生きられなかった者がほとんどであった，人類の歴史上中年期以降を生きられるようになったのはごく最近である，私たちは老いたり死んだりすることが怖く，中年期は暗闇の中を手さぐりで進んでいるようなものだと述べていました。これこそ，岡本が指摘した生き方モデルがないという状態でしょう。

　また，レビンソン（Levinson, 1978）は，社会は中年期以降の人々の健康管理をうまく進めているといい，それより難しいのは，中年期に幸福感を育て満足のいく生産的な生活を送られる条件を与えることであり，国際的にも普遍的な問題であると述べました。それから半世紀近くたっています。確かに，医療技術の発展にはめざましいものがあります。しかし，健康保険や年金といったような関連制度のほうはどうでしょうか。寿命はさらに伸びていますが，むしろそのことで危機感や不安が尽きなくなっているのではないでしょうか。私たちは，生き方モデルをまだまだ得られそうにありません。

　本節で問いたいのは，まず，発達心理学の教科書ではあまり扱われてこなかった中年期の身体についてです。中年期なので，衰えや疾病増加に加え，更年期障害も重要なトピックとして扱います。そのような問題を男女ひとくくりに論じることは不可能ですから，それぞれの性におけるまとめとなります。

　次は，中年期の身体をめぐる心理的困難を整理すると同時に，どのような向き合い方が，可能なのかあるいは求められるのかを問います。これまでの研究

において検討され，示されてきたものから，答えの例を得ます。

　そして最後に，今後の社会を念頭に置いて，中年の身体をめぐる生き方や価値観について何が問題になりえるのかを問います。

　中年期のはじまりの年齢的目安は，研究者や文献によりさまざまですが，ここでは，中年期のアイデンティティ研究で著名な岡本（1997）に倣い，ほぼ30代後半から60歳ごろとします。

　また，本節において対象となる「身体」は，心とは独立して対比されるものではありますが，認知機能をその一部に含めています。

3.　どんな研究をしたのか
学問の諸領域がとらえた中年期

　本節においては，心理学，医学，社会学と学問領域を限定せず文献を参照しながら表題の問いに答えていく文献研究（文献レビュー）を行います。

　第一の問いとなる中年期の身体については，発達心理学や医学の文献を参照しました。トピックの性質上，症状の内容や実態などについてある程度具体的な記述が必要とは考えましたが，主題はそのことに影響を受ける中年期の生き方のほうなので，生理的機序の詳細や研究法，治療法についてはふれませんでした。

　第二の問いである中年期の困難とそれに対する向き合い方については，発達的見地から行われた心理学研究を参照しました。古典的理論としてレビンソン（Levinson, 1978），日本における研究の代表として岡本（1997）を中心にまとめました。加えて，女性更年期に特化した研究についてまとめました。

　第三の今後の社会に関しては，社会学における文献を参照しました。社会学は「近代社会の自己意識の一つの表現」（大澤, 2019）といわれ，社会の変化に敏感で，深い洞察力をもちます。心理学研究に示唆を得るには欠かせないのではないかと考えます。

4. その結果，何がわかったのか
中年期の危機と展望

4-1. 中年期の身体はどう変化するか？

4-1-1. 中年期における身体的衰え

　中年期には，生理的な老化現象がさまざまに出てくるようになります。その例として，1990年に発刊された発達心理学の教科書では，白髪，脱毛，皺，中年太り，老眼など視力低下（ならびにそれに伴う読字速度低下），聴力とくに高音への感度低下，胃液や消化酵素等の分泌量低下，腎機能低下，背筋力・下肢筋力低下，肺活量低下があげられています。さらに，生理的機能の老化により，肥満，心臓病，高血圧といった，そのころは成人病と呼ばれた生活習慣病が，中年期になりやすいものであることも指摘されています（下仲, 1990）。会社などで労働者を対象に行われる定期健康診断では，40歳になると法定受診項目の省略が基本的にはできなくなります（厚生労働省, 2013）。このことは，中年期の身体的変化が著しいことの現れといえます。

　知的側面の衰えも，中年期には気になるものでしょう。これも先にあげた教科書をもとにまとめると（下仲, 1990），中年期にはもの覚えが悪くなり，もの忘れも増えるといった記憶機能の多少の老化が現れて，日常生活面で多少の不便さはあるものの，知的機能そのものには影響しないことが知られています。具体的には，短期記憶の変化は比較的少ない一方で，長期記憶はこのころから徐々に低下がはじまるとされます（下仲, 1990）。女性に関しては，いわゆる更年期外来を受診する女性が訴える症状で，「もの忘れが多い」は複数の調査において半数を超えるようです（日本女性医学学会, 2019）。

　加齢に伴い，男女それぞれに性ホルモンが低下します。このことは，本項で述べた年齢的症状のうち一部の症状と関連があるとされています。そのような症状は，以下に述べる更年期的な症状であるといえます。

4−1−2.　女性の更年期と更年期障害

　更年期や更年期障害という概念は，本節のように男性を射程に入れることがありますが，それは一般的ではありません。更年期は，女性に関する概念であるというのが標準的な認識といえるかもしれません。ここでは，まず，女性を念頭に置いて，更年期や更年期障害の概念を整理します。

　更年期とは，女性において，閉経前の5年間と閉経後の5年間とを合わせた10年間（日本産科婦人科学会, 2018）を指します。日本人女性の閉経年齢は，日本女性医学学会（2019）のレビューによれば，中央値50.54歳ないし52.1歳です。閉経は生殖年齢の終わりですが，同時に，女性ホルモン，とくにエストロゲンレベルが低下します。女性の身体はエストロゲンが護っているともいわれており，生殖能力のみならず，骨代謝や脂質代謝，さらには認知機能などの精神機能や免疫機能などにまで影響していることが知られています。したがって，閉経に伴うホルモン変化は心身の変化をもたらし，更年期障害の他にも，脂質異常症（動脈硬化，高血圧，脳卒中など），骨粗しょう症などが発症・顕在化します（髙松・小川, 2020）。

　では，更年期障害とはどのようなものでしょうか。より広い概念である更年期症状は，「更年期に現れる多種多様な症状の中で器質的変化に起因しない症状」と定義され，更年期障害は，「更年期症状の中で日常生活に支障をきたす病態」と定義されています（日本産科婦人科学会, 2018）。更年期障害が発症する重要な要因が，とくにエストロゲンレベルの低下であることは間違いありませんが，エストロゲンレベルの低下に関する正確な機序は不明であり（髙松・小川, 2020），更年期に特異的な症状と加齢や心因による症状を区別することは難しく，この年代にみられる多様な症状をどの程度更年期障害の症状としてとらえるべきなのか，必ずしも明らかではないというのが実情のようです（日本女性医学学会, 2019）。また，こうした症状の背景には，上記に述べた生物学的要因に加えて，女性個人を取り巻く社会，環境，心理，性格といったさまざまな要因が複雑にからみ合っていることにも理解が必要となるでしょう（日本女性医学学会, 2019）。

　いわゆる更年期世代である40〜60歳のうち，軽度の症状を含めれば50〜80％が何らかの症状を有するともいわれます。かつては日本人女性の我慢強さ

のため欧米より罹患率が低いと考えられていたようですが，近年は，更年期障害の知名度の上昇と専門外来が増えてきたことから，外来受診者数は増えているともいわれます（髙松・小川, 2020）。

　更年期女性の愁訴はさまざまで，その症状は40〜80程度（日本女性医学学会, 2019）あるいは300以上（髙松・小川, 2020）ともされるほどです。日本女性医学学会（2019）によって更年期に問題となる症状としてまとめられているものには，血管運動神経症状（「のぼせ」や「ほてり」「体が熱くなる」など，さまざまな身体の部位でさまざまに表現されるホットフラッシュや発汗など），不眠，頭痛，認知機能低下（もの忘れや集中力低下など），不安（周閉経期と呼ばれる閉経前後の時期に増加），抑うつがあります。その他に，肩こり，倦怠感，息切れ，腰痛，筋肉痛，関節痛，めまいなどの症状も自覚されますが，これらは閉経との関連性に乏しいという指摘もあり，更年期に限らない日本人全般の特徴とも示唆されます。

　なお，更年期や更年期障害は，歴史的には比較的新しい概念であるようです。髙松・小川（2020）によれば，閉経という女性のライフイベントについてすでにアリストテレスの時代に記録があるものの，閉経に伴う諸症状に医師ではなく助産師が対応してきたこともあり，医学として注目を集めたのは18世紀以降とされます。そもそも20世紀以前には，女性の寿命は概して閉経以前に尽きるものであり，閉経を迎えられる女性は約3分の1にすぎませんでした。このような時代には，女性にとって更年期障害は，近年ほど大きな問題にならなかったと考えられます（髙松・小川, 2020）。

　また，日本における更年期という概念は，生殖年齢から閉経に至る内分泌的変化に限らず，このころの年代において，身体的・精神的なさまざまな変化が起こるというライフステージの側面からとらえられたものであるといえます（日本女性医学学会, 2019）。更年期という用語は，一般的にも医学領域でも，日本においては定着している印象がありますが，実は国際的にはあまり用いられなくなってきているようです。代わって，女性における生殖に関する加齢を10のステージに分ける The Stage of Reproductive Aging Workshop＋10 staging system（STRAW＋10）の概念があります。各ステージの月経状況やホルモンの変化が詳細に規定されています（髙松・小川, 2020）。

4−1−3.　男性更年期障害

　先ほど述べたように，女性の更年期は閉経前後の期間によって定義されます。一方，男性には，生殖機能に関してこのような明確な契機はありません。また，女性の更年期障害は一般的にもよく認知されていますが，男性のそれはないと考える人も少なくないのではないでしょうか。

　しかし，男性にももちろん，性腺の加齢に伴う機能不全により，男性ホルモンが欠乏する現象が起こります。女性のホルモン変化が急激であるのに比べて緩慢ではありますが，多かれ少なかれ，何らかの心身症状が伴うことがわかってきています（白井，2008）。近年では，高齢化を背景に，男性の加齢に伴う症状を本格的に研究する流れができており，国内外に専門の学会もあるようです。男性の更年期障害は，医学的には late-onset hypogonadism（LOH）症候群：加齢男性性腺機能低下症候群と呼ばれていますが，白井（2008）に倣い，ここでは「男性更年期障害」と呼びます。

　テストステロンは男性ホルモンのうちかなりの割合を示すものであり（岡田，2008），その作用には，骨格筋量・筋力，骨密度，認知能，幸福感などのムードに代表される心理的影響，性欲，勃起能を含む性機能などがあげられます（辻村ほか，2008）。加齢に伴って血中のテストステロンが低下すると，これらの機能が低下し，さまざまな男性更年期障害を引き起こすこととなります。しかし，女性のエストロゲン低下と同様に，テストステロン低下とさまざまな症状の関連性は明らかでない部分も多いようです（伊藤，2008）。

　男性更年期障害症状は，大きくは，身体症状，精神神経症状，性機能障害の3つに分類されます（表1）。このように，症状の多様さに関しても，女性の更

表1　男性更年期障害の症状 （高橋，2008）

1.　身体症状
・心血管系：のぼせ，ほてり，手足の冷え，動悸，頻脈，発汗
・感覚器系：頭痛，めまい，耳鳴り，手足のしびれ
・運動器系：筋力低下，運動能力低下
2.　精神神経症状
　疲労感，憂うつ，不安感，不眠，食欲低下，集中力低下
3.　性機能障害
　性欲低下，勃起能力低下

年期障害との類似点がうかがえます。ただ，白井（2008）は，男性更年期障害では多種の症状がそろうことはまれで，程度についても個人差があるとし，女性の場合との違いを示唆しています。

　白井（2008）によれば，近年では男性更年期障害に関心が高まるとともに，それを扱う専門施設も増加しているとのことです。インターネットで自分の症状を調べ，男性更年期障害に該当するのではないかと施設を訪れる人も少なくないようです。

4-2.　中年期の課題とは？　どう向き合うか？

　老化や更年期障害といった身体問題に焦点を当てても，生理学的機序だけで理解できたり問題解決できたりはしないでしょう。これまでたびたび引用している医学系文献においても，患者個人のさまざまな背景を包括的に考慮する必要があるといった内容が強調されています（たとえば，日本女性医学学会，2019）。身体的な問題は身体的な背景だけで説明できない，これはもちろん，心理的な問題にも当てはまります。くどいかもしれませんが，心理学的なトピックであっても，個人の心理だけで説明するのでは足りず，包括的に理解しなくてはいけないということです。

4-2-1.　中年期における課題

　ここではひとまず，中年期にはいったいどんなことが課題になるのか，身体問題に限らず，包括的な見地から，これまでの研究知見を概観します。

　レビンソン（Levinson, 1978）は，人の人生発達を四季の移り変わりになぞらえ，秋の位置にある中年期を40歳ごろから60歳までとしました。35歳から45歳までの，労働者，管理職，大学の生物学者，小説家という4つの職業グループにそれぞれ10名，総勢40名の男性に個人史に関するインタビューを実施し，成人前期と中年期の発達段階を示しました。彼が示した成人発達は，成人期の生活構造の発展ということです。生活構造とは，ある時期におけるその人の生活の基本パターンないし設計であり，自己と外界をともに考慮に入れています。

　彼は，40代前半の時期を「人生半ばの過渡期」としました。この時期は，成人前期と中年期をつなぐ橋の役割をもちます。ここでは，人は，それまでの生活構造を振り返り，これまでのようにはやっていけないと，今後を模索することになります。ここで生活構造を新しくしたり修正したりするには，自分の何を優先させるかを決めなくてはなりません。自分が追求したいすべてを実現することはできず，何かを捨てて何かを選ぶ時期であると示したのです。さらには，この時期の主要課題に，若さと老い，破壊と創造，男らしさと女らしさ，愛着と分離の4つをあげました。一人ひとりの自己の中には，相反するそれぞれが共存している。こうした“どっちつかず”の状態をよく理解し，成人前期とは違った新しいかたちで各々の対立を克服・統合できると示唆しています。後年，彼は，女性に対しても同様のインタビューを実施しています（専業主婦，「キャリアウーマン」，大学教員，各15名）。女性においても似たような発達段階がみられると結論づけています（Levinson, 1996）。

　彼は，重ねて，中年期の人々は経験を積み英知を備えているので，その下の世代の人々や社会に貢献できると説きます。たとえば，孔子の「四十にして惑わず」「五十にして天命を知る」といった故事を紹介し，複雑な社会構造，職業の専門化が進んだ現代社会では，中年世代がもっと必要なのだといいます（Levinson, 1978）。

　日本では，岡本（1997）が，アイデンティティを軸に，中年期からの発達をとらえようとしました。成熟した人格であるとされるのが，「自分は何者であるか」「自分は何になるのか」をテーマとする個と，「自分は誰のために存在するのか」「自分は他者の役に立つのか」をテーマとする関係性の2軸においてアイデンティティが達成され統合されることだとしました。その中年期特有のアイデンティティの再構成は，乳・幼児期，青年期と並ぶ3つ目の発達的危機期としてまとめられています。中年期に関しては，表2にまとめられているとおりです。彼女もレビンソン（Levinson, 1978）と同様に，中年期は自己のあり方が根底から問い直されるときだとしました。

　その契機として中年期にどのような変化があるのかについては，彼女は，41歳から63歳までの男女22名を対象にしたインタビューにより明らかにしています（岡本, 1985）。表3のように，否定的変化と肯定的な変化があります。

表2　中年期における発達的危機のプロセス
（岡本, 1997, p. 87より中年期に関する情報を抜粋）

段階	内容
I	■身体感覚の変化の認識 ・体力の衰え，体調の変化の認識 ・閉経 ・バイタリティの衰えの認識
II	■自分の再吟味と再方向づけへの模索期 ・自分の半生への問い直し ・将来への再方向づけの試み
III	■軌道修正・軌道転換（自分と対象との関係の変化） ・子供の独立による親の自立 ・社会との関係，親や友人の死，役割喪失・対象喪失などの変化に対して，適応的な関係の再獲得
IV	■アイデンティティ再確定期 ・自己安定感・肯定感の増大

　後年，若本・無藤（2006）が，老いを，生理学的な衰えということではなく，発達的見地からとらえ直すための有用な視点として，連続性，多面性，主観性，相互性をあげています。ここではとくに，多面性と主観性を取り上げたいと思います。この場合の多面性とは，老いには否定的な側面ばかりではなく肯定的な側面もあるということです。主観性とは，老いにおける機能低下をどうとらえるのか個人差があるということで，そのプロセスこそ発達的検討の主眼だと述べています。

　彼女らは，3回にわたりサンプルを収集し（30〜75歳の男女2026名），主観的老いの経験の性質を検討しました（表4）。F1「身体の不調」ならびにF2「心理社会面の減退」は，一般的にもよくいわれ，本節4-1でも一部を取り上げた，老いのネガティブな側面にあたるといえます。一方，F4「余暇と成熟」は，先の岡本（1997）の「自己確立感・安定感の増大」と大きなくくりで類似している，老いのポジティブな側面といえるでしょう。F3「志向の転換」に関しては，彼女らが自ら中高年期の中核を担うものであるとしています。つまりは，老いていく中高年期の心身の状態に見合う認知や行動様式を獲得していく自己変容の過程を表すものであるということです。レビンソン（Levinson, 1978）や岡本（1997）において指摘された，問い直しや今後に関する模索の状

表3　中年期の心理的変化の特徴 (岡本, 1985, p. 300)

	内容	反応例	人数	%
否定的変化	1. 身体感覚の変化（体力の衰え・体調の変化）	・体力に限界を感じるようになった。 ・運動をしたあとの疲労回復が遅くなった。 ・血圧が高くなって，気分的にもイライラすることが多い。 ・健康に対する関心が増した。	22	100.0
	2. 時間的展望のせばまりと逆転	・何かをやり始めるにはもう遅すぎると常に感じる。 ・残り時間が少ないという限界感は徐々に深まっている。 ・近親者や友人の死によって，自分があとどれだけ生きられるかを考えるようになった。	15	68.2
	3. 生産性における限界感の認識	・以前のように仕事がはかどらないし，自分はこのへんまでしかできないのかという気になった。 ・若い頃の理想はうすれて，現実的，消極的になってきた。考えることも，仕事も，すべて，それにあわせている。もうどうにもならないというあせりを感じる。 ・40になってもう自分の人生は終わったという気になった。もう，このままでいいやという感じ。	14	63.6
	4. 老いと死への不安	・40をすぎると，死はぐっと自分に近づいてくる。40をすぎて自分の死もやはりさけることができないのだと感じるようになった。 ・いつ死んでもよいように身辺整理をするようになった。 ・閉経によって，老いてゆくさびしさや老化した感じがぐんと強まった。	12	54.5
肯定的変化	5. 自己確立感・安定感の増大	・これまでは学ぶ時期だったが，40歳になってようやく教えることができると感じるようになった。 ・私に対する会社での評価は，ベテランということになってきた。 ・自分は自分でしかない。まわりの条件によって自分が動かされない。 ・40をすぎて，過去の自分の生いたちから，独立した気がする。	14	63.6

表4　「主観的老いの経験」4つの因子構造
（若本・無藤, 2006, p. 87 より抜粋）

F1　身体の不調
　　疲れやすくなった
　　運動能力が低下した
　　肩こりや腰痛がひどくなった
　　容貌が変わった
　　風邪や二日酔いが治りにくくなった
　　目，耳などが悪くなった
　　体型が変わった
　　自分の死が身近になった

F2　心理社会面の減退
　　今の流行にうとくなった
　　記憶力，理解力が低下した
　　若い人とのずれを感じるようになった
　　集中力，気力が低下した
　　性的能力，魅力が低下した

F3　志向の転換
　　健康への関心が増した
　　テレビ番組や服装の好みが変わった
　　自分らしさについて考えるようになった
　　自分や夫の定年後について考えるようになった
　　社会的立場が変わった
　　食事・酒の量や好みが変わった
　　仕事に対する考え方や取り組みが変わった

F4　余暇と成熟
　　楽に生きられるようになった
　　経済的に余裕ができた
　　人間として円熟した
　　旅行や趣味に使う時間が増えた

況と理解してよいのではないでしょうか。

　ここでのまとめとして，中年期の課題には，まず，老いを中心になにがしかの変化が生じるので，これまでとは異なる新しい生活，行動様式，アイデンティティを構築する必要に迫られるということがあげられます。

　2つ目に中年期の困難にあげられるのは，年少の人々への貢献を問われるということといえます。レビンソン（Levinson, 1978）は，中年世代の生活の特質が改善されなければ，社会は創造的指導者を欠く状態が続くとし，後進に役立

つ中年になることの困難さを示唆しています。また後年には，男性と女性の差異が減少してきたがまだ格差は残っており，とくに女性にとってモデルが少なく，今後の社会でも課題になると示唆しています（Levinson, 1996）。このようなことは，岡本（1997）が示す中年期テーマ「自分は誰のために存在するのか」「自分は他者の役に立つのか」にも端的に表れているといえます。言い換えるなら，下の世代のためになれるということが，中年期という困難を克服できる向き合い方の1つといえるのではないでしょうか。

4-2-2.　中年期における肯定的側面

　また，中年期だからこそ経験できる肯定的側面を享受することも，向き合い方の1つであるでしょう。

　先の4-2-1では，中年期の心理的変化（岡本, 1997）において「自己確立感・安定感」，主観的老いの経験（若本・無藤, 2006）では「余暇と成熟」のように，それぞれ，としをとることの肯定的側面が示されました。岡本（1997）のインタビューデータでは，仕事でベテランだと感じられること，認められていると思えること，定住による安定感など，経験の蓄積が影響していると考えられます。

　関連事項としてあげられるのは，ビッグ・ファイブの年齢による変化です。日本でも海外と同じように，成人期を通じて性格は変わっていき，老年期に向かって，よりやさしくよりまじめで，情緒的には安定する方向に進んでいくとされています（小塩, 2020）。小塩はこのことについて，私たちの生活する社会が，そのような性格特性を求めているのだと説明します。つまり，多くの人が，生活する社会の中でうまく適応できるようになっていく，年齢とともに，社会の中に溶け込み，居場所を見出し，それぞれの立場や状況においてよりうまく機能する人が増加していくということです。

　前述した中年期の身体変化でさえ，肯定的認識をもたらすことが指摘されています。袖井（2002）では，女性の更年期について「ほっとした開放感を持つ」と感じる女性が，更年期が終わった，あるいは，更年期はなかったと認識している女性において半数を超えたことが示されています。更年期まっただなかと認識する女性では3割，まだこれからだと認識する女性でも約4分の1が同じ

回答を選んでいます。また，閉経後の性生活では「妊娠の心配がなく開放感がある」との回答が3割程度でした。

　近年では，更年期を中心に，中年期の身体に関して一般向けに解説や啓蒙を行う書籍やマンガの類も多い印象がありますが，そこでは更年期の肯定的側面も示されています。一例として女性更年期を主対象にした永田（2020）をみると，「ハッピーメノポーズ（幸福な閉経）」という言葉が紹介され，閉経は女性の身体にとって祝福のイベントだとしています。月経前の不調である月経前症候群がなくなること，月経そのものから解放されること，月経を気にせずファッションを楽しめることなどがその理由としてあげられています。

　女性の話が続きましたが，性別をとくに限定せず，語彙にかかわる結晶性知能は，中年期の間ずっと上昇し続けることはよく知られています（中里, 1990）。また，年齢と業績の関連を示した国内外の研究からは，中年期に，創造性，生産性，社会的活動などが最も活発であることが示唆されます（下仲, 1990）。近年では，脳科学が発達し，知見の幅は増えてきています。青年と比べて中年のほうが前頭前野の活動が活発になることが多いことがわかっており，これを能力低下の補完とみなすむきもあれば，成熟とみなすむきもあります（Bainbridge, 2012）。

4－2－3．中年期における個人差

　中年期の肯定的側面について述べましたが，すべての人がそれを同じように享受できるわけではないでしょう。

　女性の更年期症状の程度についてみると，症状が重いと肯定的認識よりも否定的認識が強くなる傾向にあります（たとえば，袖井, 2002; 髙橋・堀毛, 2009; 田仲, 2015）。また，症状の重い人は，有職者より無職者に多く，現在の生活に対する満足感が低い（袖井, 2002）といったことから，その他の社会的変数（たとえば雇用形態や社会経済的地位）とも大いにかかわると示唆されます。

　人の発達をとらえる際には，このような個人差を考慮して，注意深くみる必要があるでしょう。

4-3. 今後の社会では，中年の身体の何が問題になるか？

4-3-1. 高齢社会と健康の自己管理化

　今日の社会では，個人差は大きいながらも，人の健康水準が劇的に高まってきています。高齢化が進んでいるわけですが，これに少子化が相まって，老齢年金，高齢者医療，福祉サービスの財源や人材確保の準備をますます必要としています。健康増進法も，そのような流れにより必要を迫られたといえます。社会学者の藤村（2019）は，健康増進法によって，いつのまにか健康が権利でなく義務になったこと，健康は自己責任化し，健康を否定することも難しい時代状況になっているということを指摘します。

　また，医療や福祉の領域では，障害者など弱者の自己決定にも関心が集まっています。しかし，当事者が周囲を慮って死期を早めることを望むならば，むしろ自己決定させることが，死への義務を生み出しかねない構図があります（藤村, 2019）。現に，2019年に起きたALS（筋萎縮性側索硬化症）患者の嘱託殺人事件が，そうした構図の是非に関する議論を喚起しました。

　個人が自分を律することで健康になれるという思想は，健康でない個人が肩身を狭くする社会を生みかねません。人の身体をまなざす社会の制度や規範にも，私たちは目を向ける必要があります。

4-3-2. 美容の自己管理化とジェンダー規範

　美容についても，自己管理を志向する認識が進んでいるといえそうです。社会学者の谷本（2013）は，ミドルエイジつまり中年の女性向け雑誌においては，身体の「老化」イメージが病としてとらえられており，現実の身体に起きている衰えを否定するものだと指摘しています。そして，私たちが買うことのできる商品によって，その「老化」を食い止めることが可能だと描かれているというのです。

　そればかりか，女性に対しては「若く美しく」ならびに「若作りの禁忌」という二重の規範があるといいます（谷本, 2015）。それは，「若くあるが，若作りしていない」と同時に「性的存在でありつつ，（性的ではない）母として機能も果たす」ことが，女性に求められているということです。

　ハッピーな中年期について，より多様な側面から考える必要があるといえるのではないでしょうか。

5. それが実践にもつ意義は何か
老年期をとらえ直すために

　本節では，これまであまり論じられることが少なかった中年期における身体をめぐる困難をテーマに，男女の更年期障害，包括的な中年期の課題，中年期の肯定的側面，個人差，今後予想される中年期の問題について論じてきました。このことによって，人生が長くなり老後が厳しくなる時代において，老年期の手前にある中年期の位置づけについて，私たち一人ひとりが再考する重要性を強調できたのではないかと考えています。

　従来の教科書では，親役割や管理職役割に焦点が当てられてきましたが，該当する中年個人は限定されています。身体変化を中心に据えることで，より多くの人々を射程に入れることも可能になったと考えられます。老いることには楽しみも伴うということも，多くの人々に伝わればよいと思います。

　また，健康であることや若くあることイコールよいことという認識が，あくまで相対的なものであるという気づきも，とても重要なものだと考えます。

[引用文献]

Bainbridge, D. (2012). *Middle age: A natural history*. London: Portobello Books.（ベインブリッジ，D.　成田 あゆみ（訳）（2014）．中年の新たなる物語——動物学，医学，進化学からのアプローチ——　筑摩書房）

藤村 正之（2019）．医療・福祉と自己決定　長谷川 公一・浜 日出夫・藤村 正之・町村 敬志．社会学 新版（pp. 273-308）　有斐閣.

伊藤 直樹（2008）．男性更年期症状と男性ホルモン　白井 將文（編）．男性更年期障害——その関連領域も含めたアプローチ——（pp. 14-18）　新興医学出版社.

厚生労働省（2013）．労働安全衛生法に基づく健康診断を実施しましょう——労働者の健康確保のために——. https://www.mhlw.go.jp/file/06-Seisakujouhou-11200000-Roudoukijunkyoku/0000103900.pdf（2021年1月26日アクセス）

第 2 節　加齢に伴う身体の変化と発達：中年期の身体変化にどう向き合うか？

Levinson, D. J. (1978). *The seasons of a man's life*. New York, NY: Knopf.（レビンソン，D.　南 博（訳）(1992).　ライフサイクルの心理学〈上・下〉　講談社）

Levinson, D. J. (1996). *The seasons of a woman's life*. New York, NY: Ballantine Books.

永田 京子 (2020).　はじめまして更年期　青春出版社.

中里 克治 (1990).　老人の知的能力　無藤 隆・高橋 惠子・田島 信元（編）.　発達心理学入門 II　青年・成人・老人（pp. 119-132）　東京大学出版会.

日本女性医学学会（編）(2019).　女性医学ガイドブック 更年期医療編 2019 年度版　金原出版.

日本産科婦人科学会（編）(2018).　産科婦人科用語集・用語解説集 改訂第 4 版　日本産科婦人科学会事務局.

岡田 弘 (2008).　加齢に伴う精巣機能の変化　白井 將文（編）.　男性更年期障害──その関連領域も含めたアプローチ──（pp. 6-8）　新興医学出版社.

岡本 祐子 (1985).　中年期の自我同一性に関する研究　教育心理学研究, *33*(4), 295-306.

岡本 祐子 (1997).　中年からのアイデンティティ発達の心理学──成人期・老年期の心の発達と共に生きることの意味──　ナカニシヤ出版.

大澤 真幸 (2019).　社会学史　講談社.

小塩 真司 (2020).　性格とは何か──より良く生きるための心理学──　中央公論新社.

下仲 順子 (1990).　中年期の発達　無藤 隆・高橋 惠子・田島 信元（編）.　発達心理学入門 II　青年・成人・老人（pp. 101-118）　東京大学出版会.

白井 將文（編）(2008).　男性更年期障害──その関連領域も含めたアプローチ──　新興医学出版社.

袖井 孝子 (2002).　人生の移行期としての更年期　立命館産業社会論集, *38*(1), 45-62.

高橋 英孝 (2008).　男性更年期障害の症状　白井 將文（編）.　男性更年期障害──その関連領域も含めたアプローチ──（pp. 34-37）　新興医学出版社.

高橋 艶子・堀毛 裕子 (2009).　閉経に対する認知と更年期症状との関連　健康心理学研究, *22*(1), 14-23.

髙松 潔・小川 真里子 (2020).　更年期と更年期障害　髙松 潔・小川 真里子（編著）.　女性更年期外来診療マニュアル──TDC メソッド──（pp. 2-21）　日本医事新報社.

田仲 由佳 (2015).　中年期女性の更年期症状に対する対処と心理的適応の関連　発達心理学研究, *26*(4), 322-331.

谷本 奈穂 (2013).　ミドルエイジ女性向け雑誌における身体の「老化」イメージ　マス・コミュニケーション研究, *83*, 5-29.

谷本 奈穂 (2015).　複雑化する美の呪縛──ある批判言説を読み解く──　情報研究（関西大学総合情報学部紀要）, *42*, 47-55.

辻村 晃・宮川 康・高田 晋吾・奥山 明彦 (2008).　男性更年期障害とは──概説──　白井

将文（編）．男性更年期障害――その関連領域も含めたアプローチ――（pp. 1-5）　新興医学出版社．

若本 純子・無藤 隆（2006）．中高年期における主観的老いの経験　発達心理学研究, *17*(1), 84-93.

高齢者の身体活動と認知的健康：
こころと体を使った活動で認知力を促進できるのか？

野内　類

1. 加齢による認知機能の低下を予防できるのか？

　情報を覚えたり，素早く判断したり，注目したり，目標に向かって行動するという認知力は，私たちの日常的な行動に大切な役割をもっています。たとえば，スーパーで夕飯の買い物をすることを考えてみましょう。その際に，家の冷蔵庫に何が残っているのかを思い出したり（記憶），何を作るのかを考えて，300円の豚肉か600円の牛肉のどちらを買うのかを判断したり（意思決定），類似したパッケージの中から必要な商品を選んだり（注意），甘いものは控えようと我慢したり（抑制機能）とさまざまな認知機能が必要となります。

　しかしながら，私たちの認知力は，20歳ごろをピークに，加齢とともに徐々に低下していくことがわかっています。この低下していく認知力は，65歳以上の高齢者の日常生活を困難にする要因の1つであり，将来的なQOL（生活の質）の低下の要因になります（Yagi et al., 2020）。さらに，認知機能の低下が続けば，将来的に認知症やMCI（Mild cognitive impairment：軽度認知障害）の原因となります。そのため，どのようにすれば高齢者の認知機能を低下させることなく，維持向上させることができるのかという点に大きな注目が集まっています。これまでの研究から（Baumgart et al., 2015），有酸素運動をしたり，脳トレなどに代表される認知トレーニングをしたりするなどの生活介入を行うと高齢者の認知力が向上することが報告されています。

2. 高齢者でも取り組みやすい生活介入方法はないのか？

　先行研究をみてみると，1時間程度の有酸素運動を1年以上実施し，難しい認知トレーニング課題を実施する研究が主流でした。これらの先行研究を調べて，私が素直に感じたことは，そこまで大変なことをしないと認知力の維持・

向上はできないのかという疑問でした。たとえば，いくら認知力の維持・向上に効果がある生活介入であっても，負荷が高い場合は継続的に実践することが難しくなることが予想されます。さらに，生活介入を実施することにストレスを感じるようになるかもしれません。つまり，高齢者が実施にストレスの感じない生活介入方法を提案する必要があります。そこで，楽しく，簡単に実施できる生活介入方法で，高齢者の認知力を向上できないか考えました。

3. 簡単・簡便な生活介入方法の提案と実証

研究①：簡単な音読・計算をする認知介入の効果

　音読と計算は，小学校で最初に習うものであり，生涯にわたって日常的によく使う認知活動です。高齢者にとってもなじみがあり，容易に実施することができる利点があります。さらに，fMRI（functional magnetic resonance imaging：機能的磁気共鳴画像法）を用いた脳科学の知見から（Kawashima et al., 2004; Miura et al., 2003），音読と計算をしているときに前頭葉を中心に脳が賦活することがわかっています。そのため，音読と計算を実施することで，高齢者の認知機能を改善させることができると考えました。

　私たちの研究では，健康な高齢者に簡単な音読と計算を用いた認知介入を毎日実施してもらいました（Nouchi et al., 2016）（図1）。その結果，簡単な音読

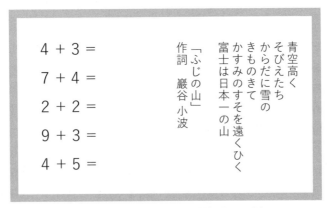

$4 + 3 =$

$7 + 4 =$

$2 + 2 =$

$9 + 3 =$

$4 + 5 =$

青空高く
そびえたち
からだに雪の
きものきて
かすみのすそを遠くひく
富士は日本一の山
「ふじの山」
作詞　巖谷小波

図1　音読と計算を用いた認知介入の例

コラム1 高齢者の身体活動と認知的健康：こころと体を使った活動で認知力を促進できるのか？

と計算を5か月間実施すると，記憶力などが改善することがわかりました。また，この音読・計算をゲーム形式で実施できるようにした場合に，4週間実施するだけで，高齢者の認知機能が向上することがわかりました（Nouchi et al., 2012）。

研究②：自宅のテレビで実施できる脳トレゲームの効果

　さまざまな日常生活技能は，加齢とともに低下していきます。たとえば，高齢者の自動車運転技術は，若年者と比べると低下していることが報告されています（Doroudgar et al., 2017）。この高齢者の自動車運転技術の低下には，加齢による身体機能の低下や認知力の低下が影響しています（Anstey et al., 2012）。そこで，研究の次のステップとして，認知介入によって高齢者の自動車運転技能を向上させることができるかどうかを調べることにしました。

　高齢者が実施しやすいように，自宅のテレビとリモコンを使って実施できる認知介入ゲームを開発しました（図2）。ふだん使っているテレビとリモコンを使うことで，高齢者であっても実施しやすくなるように工夫しました。また，安全に自動車運転技能を計測するために，自動車学校に協力をお願いして，自

図2　自宅のテレビとリモコンを使って実施できる認知介入ゲーム

動車学校のコースを走り，自動車学校の教官が運転技術を評価する方法をとりました。その結果，他のゲームを実施した場合と比較して，この認知介入ゲームを6週間実施すると，認知力が改善するだけでなく，自動車運転技能も向上することがわかりました（Nouchi et al., 2019）。

研究③：サーキット運動の効果

　運動をすることは，認知力の維持・向上に効果的であることがわかっています。健康日本21（第二次）（https://www.mhlw.go.jp/stf/seisakunitsuite/bunya/kenkou_iryou/kenkou/kenkounippon21.html）の中でも身体活動・運動をすることを推奨しています。高齢者向けの指針として，健康づくりのための身体活動基準2013が提案されています（https://www.mhlw.go.jp/stf/houdou/2r9852000002xple.html）。これまで運動が健康を増進することが明らかになっていますが，実際に運動を継続的に実施している高齢者は，そこまで多くありません。調べていくと，どのような運動をするのがよいのかわからないという運動初心者の悩みや，運動してケガをしたらどうしようという心配が運動を実施することのネックになっているようでした。また，運動を継続的に実施することができないというモチベーションの維持の問題もあるようでした。

　そこで，運動初心者でも簡単に実施できる有酸素運動と筋力トレーニングを組み合わせたサーキット運動に目をつけました（図3）。このサーキット運動では，筋力トレーニング時に，自分に最適な力加減で素早く動かすことを要求される油圧式マシーンを使うことでケガのリスクを減らすように努めました。また，有酸素運動もステップボードの上で足踏みをするかたちにし，誰でもすぐに実施できるように工夫しています。さらに，30秒間隔で有酸素運動と筋力トレーニングを交互に実施することで，スピーディーに飽きることなく実践することができるようにしました。

　このサーキット運動を4週間実施すると，何も運動しなかった群と比べて，記憶力などさまざまな認知力が向上することがわかりました（Nouchi et al., 2014）。また，興味深いことに，このサーキット運動を1回実施するだけでも，即時的に認知力が向上することがわかりました（Nouchi et al., 2020）。

コラム1　高齢者の身体活動と認知的健康：こころと体を使った活動で認知力を促進できるのか？

図3　簡便なサーキット運動（提供：カーブスジャパン）

4. 簡単・簡便な生活介入を通じた健康な社会の実現

　ここまでご紹介してきた研究①〜③から，高齢者の認知力を維持・向上させるためには，特別に難しいことや身体的な負荷が高いことを実施しなくても，高齢者が取り組みやすい活動を継続的に実施することが重要であることがわかってきました。また，さまざまな生活介入は，認知力を高めるだけでなく，高齢者のQOLや感情状態を向上させる効果や自動車運転技能の改善などの効果があることがわかりました。

　このような認知力を高める生活介入を高齢者があたりまえのように実施できる仕組みをつくることができれば，私たちは，高齢者になっても健康でイキイキと生活できるようになります。そうすれば，高齢者人口が増加している現代社会において，私たちは，認知症になるかもしれないという不安や加齢とともにできることが減ってくるという現実におびえることなく，個人が満足した人生を送ることができるようなるかもしれません。さらに，ここまで報告してきた研究成果は，高齢者のためだけでなく，若年・中年者にとっても役に立つと思います。

［引用文献］

Anstey, K. J., Horswill, M. S., Wood, J. M., & Hatherly, C. (2012). The role of cognitive and visual abilities as predictors in the Multifactorial Model of Driving Safety. *Accident Analysis and Prevention*, *45*, 766-774. https://doi.org/10.1016/J.AAP.2011.10.006（2021年12月14日アクセス）

Baumgart, M., Snyder, H. M., Carrillo, M. C., Fazio, S., Kim, H., & Johns, H. (2015). Summary of the evidence on modifiable risk factors for cognitive decline and dementia: A population-based perspective. *Alzheimer's & Dementia*, *11*(6), 718-726. https://doi.org/10.1016/j.jalz.2015.05.016（2021年12月14日アクセス）

Doroudgar, S., Chuang, H. M., Perry, P. J., Thomas, K., Bohnert, K., & Canedo, J. (2017). Driving performance comparing older versus younger drivers. *Traffic Injury Prevention*, *18*(1), 41-46. https://doi.org/10.1080/15389588.2016.1194980（2021年12月14日アクセス）

Kawashima, R., Taira, M., Okita, K., Inoue, K., Tajima, N., Yoshida, H., … Fukuda, H. (2004). A functional MRI study of simple arithmetic: A comparison between children and adults. *Cognitive Brain Research*, *18*(3), 227-233. https://doi.org/10.1016/j.cogbrainres.2003.10.009（2021年12月14日アクセス）

Miura, N., Iwata, K., Watanabe, J., Sugiura, M., Akitsuki, Y., Sassa, Y., … Kawashima, R. (2003). Cortical activation during reading aloud of long sentences: fMRI study. *Neuroreport*, *14*(12), 1563-1566. https://doi.org/10.1097/00001756-200308260-00004（2021年12月14日アクセス）

Nouchi, R., Kobayashi, A., Nouchi, H., & Kawashima, R. (2019). Newly developed TV-based cognitive training games improve car driving skills, cognitive functions, and mood in healthy older adults: Evidence from a randomized controlled trial. *Frontiers in Aging Neuroscience*, *11*, 99. https://doi.org/10.3389/fnagi.2019.00099（2021年12月14日アクセス）

Nouchi, R., Nouchi, H., & Kawashima, R. (2020). A single 30 minutes bout of combination physical exercises improved inhibition and vigor-mood in middle-aged and older females: Evidence from a randomized controlled trial. *Frontiers in Aging Neuroscience*, *12*, 179. https://doi.org/10.3389/fnagi.2020.00179（2021年12月14日アクセス）

Nouchi, R., Taki, Y., Takeuchi, H., Hashizume, H., Akitsuki, Y., Shigemune, Y., … Kawashima, R. (2012). Brain training game improves executive functions and processing speed in the elderly: A randomized controlled trial. *PloS One*, *7*(1), e29676. https://doi.org/10.1371/journal.pone.0029676（2021年12月14日アクセス）

Nouchi, R., Taki, Y., Takeuchi, H., Nozawa, T., Sekiguchi, A., & Kawashima, R. (2016). Reading aloud and solving simple arithmetic calculation intervention (learning therapy) improves inhibition, verbal episodic memory, focus attention and processing speed in healthy elderly people: Evidence from a randomized controlled trial. *Frontiers in Human Neuroscience*, *10*, 217. https://doi.org/10.3389/

コラム 1　高齢者の身体活動と認知的健康：こころと体を使った活動で認知力を促進できるのか？

fnhum.2016.00217（2021年12月14日アクセス）

Nouchi, R., Taki, Y., Takeuchi, H., Sekiguchi, A., Hashizume, H., Nozawa, T., … Kawashima, R. (2014). Four weeks of combination exercise training improved executive functions, episodic memory, and processing speed in healthy elderly people: Evidence from a randomized controlled trial. *Age*, *36*(2), 787-799.

Yagi, A., Nouchi, R., Murayama, K., Sakaki, M., & Kawashima, R. (2020). The role of cognitive control in age-related changes in well-being. *Frontiers in Aging Neuroscience*, *12*, 198. https://doi. org/10.3389/fnagi.2020.00198（2021年12月14日アクセス）

第 2 章

対人関係と発達

「自分らしさ⇔あなたらしさ」の発達と対人困難性： わからないことが対人困難性なのか?

小野　美和

1. なぜこの問題を研究しようと思ったのか 対人困難性をどこからとらえるのか?

1−1. 対人コミュニケーションにおいて何を重視するのか

　みなさんは，目の前にいる誰かと，友だちと，これから出会う誰かとわかり合いたいと思いますか。「わかり合う」ためにはどうしたらいいかを学びたい，理解を深めたいと思いますか。もちろん私もわかり合いたいし理解し合いたいと思っています。でもそれが優先順位の第1位かと問われたら，そうではない気がしています。私が大事にしているのは「わかり合えないことを分かち合うこと」です。私は，わかり合えないことがあっても一緒に生活できて，話ができて，ケンカもできて，笑い合えるということがどのように発達していくのか，そのような発達を支えるものとして何が求められるのかについて研究をしています。もう少し専門的な表現をすれば，「呈示者―受け手―集団」という視点から対人コミュニケーションのプロセスとその過程における自己概念の発達（「自分らしさ⇔あなたらしさ」）を考えています。

　私たちは一人ひとり大好きなものも大切にしているものも異なります。私たちのこころにはお互いに共通する部分もあれば異なる部分もある。だからわからないことがあるのはあたりまえです。そのわからないことに対するスタンスも一人ひとり違います。わからないことがあると不安で，とにかく相手のことを知りたいと考える人もいます。相手の情報をたくさん知ること，あるいは自分の情報をたくさん相手に知ってもらうことでわかり合えると考える人もいます。「情報量」を重視する考え方です。一方，「情報量」をそれほど重視しない人もいます。

　「情報量」は対人コミュニケーションのあらゆる面に大きな影響を与えます。

相手のことを詳細に知りたいという想いや自分のことを相手に「どのような点から」わかってほしいと考えているのかということは，その内容や意味づけに大きな影響を及ぼすからです。「情報量」や「わからなさ」に重要度を置いていない人にとっては，知らないことやわからないことは「困難」になりません。ですが，そのような部分に重きを置く人にとっては「困難」になります。みなさんは，対人コミュニケーションにおいて何を重視し，大切にしていますか。これは自分が研究をする際の研究的概念の形成にも関連してくることだと思います。

1-2. 私の研究の対象と研究のスタンス

　私の研究対象は乳幼児期から青年期までで，対象は障害という特性をもった子どもたちや人たちも含みます。青年期までというのは研究上のテーマによるものではなく私のキャパシティによるものです。研究対象をこのように書くと障害をもった子どもたちや人たちの研究をしていると理解されることがありますが，それは違います。私は，あらゆる人を考えることができるモデルに立脚したうえで，それぞれの特徴やプロセスをどのように理解していくのかというスタンスで研究に取り組んでいます。

　一方，たとえば先行研究においては，みなさんもご存知のとおり障害の有無により両者を分けて別々の枠組みから研究することが多いように思います。もちろん個々の特性に特化したアプローチが心理教育的な支援や工夫を考える際に有効な部分はあると思います。しかし，私としてはそのような視点からとらえている時点でどこか限定したモデルであるように思います。同じ枠組みやモデルから両者のやりとりをとらえなければ，そこで生じている対人困難性や表現している呈示内容を比較したり，考えたりすることは本来できないはずです。検討を行うモデル，考える"はじまり"が異なるのに，両者のコミュニケーションをどう理解し支援していくかを考えることは矛盾があるように思います。つまり，対人コミュニケーションにおいてその過程や中身をとらえようとするならば，対象がどのような特性をもつ人であれ，どのような発達段階であれ，基本とするモデルは同じ枠組みであることが必要だと私は考えてい

す。これが私の研究における1つ目の視点です。

1-3.「個人」をはじまりにするのか，
　　「受け手―集団」をはじまりにするのか

　さらに，対人コミュニケーションや対人困難性を扱う研究においては「個人」を"はじまり"にした研究が多いと思います。「個人」をはじまりにした研究とは，たとえば対人スキルや個人の諸特性などを個人から説明するような研究です。もちろん，受け手や集団の要素をまったく考えていないわけではありませんが，あくまでも中心にあるのは「個人」です。しかし，私は「個人」をはじまりにして考えることに違和感を覚えます。たとえば，周囲の他者や集団に自分がどうみえているのか，周囲が自分をどうみたいと思っているのかを意識せずに「自分をどう表すか，伝えるか」を選択できるほど，社会的存在である私たち人間はある意味で強固な意思（つながりを無視した呈示をするという選択肢）をもっていないと思うからです。

　私はときどき幼稚園や保育所，小学校におうかがいして巡回相談のようなことをしています。そのときの先生や保護者の方々からの主訴にはさまざまなものがあります。「集団活動になると難しい部分がある」「製作や活動の最中に着席し続けられない」「初めての場面になると不安が強くて……」「同じトラブルを繰り返すので困っている」等々……要は「何か」に，「誰か」が困っているから私がお邪魔させていただくわけです。

　みなさんはこのようなとき，どのような"はじまり"から考えますか。もしかしたらその子が何を表したいのか，伝えたいのか，何に困っているのかをまず理解すると答える方が多いかもしれません。何かしらの困難を示していると思われる人を理解しようとするとき，その呈示者が考えていることや思っていることがスタートだから「個人」をはじまりに置くという考え方です。

　私は「受け手―集団」をそのはじまりに置いています。「その子が何を伝えたかったのかな」「何をわかってほしいのかな」ということを考えるとき，「個人」をはじまりにして考えていません。ここでの「何を」は自分の内面にあることを示すことが"はじまり"にあるのではなく，受け手―集団にわかってほ

しいという部分が"はじまり"にあると考えているからです。これが私の 2 つ目の視点，「個人」ではなく「受け手―集団」側に力点を置く理由です。

1-4.　対人困難性は「知らない，わからない」からはじまるのか

　対人コミュニケーションにおける困難をとらえようとするときも「個人」に焦点を当てて困難を理解しようとすることが多いと思います。つまり，その子のことでわからない部分があるから困難が生じていて，その子のことを知ることができれば支援ができるというとらえ方です。とても簡単にまとめれば，このようなとらえ方による対人困難性とは「知らない」「わからない」ことから"はじまる"といえます。そのため，その個人を知ることからはじまり，足りない部分を支援するという発想になるのではないかと思います。

　私は，困難と呼ばれている何かは「呈示者―受け手―集団」という多方向で多重性をもった対人コミュニケーションの中で生じていると考えています。そして，私たちが感じる対人困難性の本質は「知らない，わからない」ということではなく，「自分らしく⇔あなたらしくいることができない」状態だと思っています。ここに私の研究における 3 つ目の視点，発達的な視点が関係してきます。

　先行研究においては，呈示者の呈示内容，行動の選択における発達段階の影響についてあまり検討されていないように思えます。また，何を対人関係の困難として感じるのかということ自体の発達的変化や意味づけについても十分にとらえられていないように思います。私が考える対人困難性とは「知らない，わからないこと」ではなく，「自分らしさ⇔あなたらしさとしてとらえることがお互いにできない状態」です。これが本節での対人困難性のとらえ方になります。

2. どんな問いを立てたのか
対人困難性を「自分らしさ⇔あなたらしさ」からとらえてみたら？

2-1. 自己呈示からとらえる「自分らしさ↔あなたらしさ」

　さて，この自分らしさをどうとらえるかを心理学的に考えたとき，それを定義することは非常に難しい問題です。自分らしさというものを心理学の用語で考えてみるとさまざまなものが思い浮かびます。自己概念（self-concept），自己知識（self-knowledge），パーソナリティ（personality），アイデンティティ（identity），自己（self）など関連すると思われる用語はたくさんあります。アンダーソンとグラスマン（Andersen, S. M. & Glassman, N. S., 1996）は，自己とは豊富で体制化された知識構造であり，自分についての情報，自己知識は対人関係と強く結びついていると述べています。このようにたくさんの用語でとらえられるのは自分らしさをとらえる"はじまり"をどこに置き，自分らしさの何をとらえようとするのかの違いにより用語が変化するからです。

　私が用いている概念は自己呈示（self-presentation）というものです。自己呈示とはゴフマン（Goffman, E., 1959）が提示した概念です。ゴフマンはその著書 *The presentation of self in everyday life*（Goffman, 1959）において「キャラクターとしての自己」と「パフォーマーとしての自己」という2つの自己から考えています。この2つの自己を設定することにより自己呈示が自己（呈示者）と他者（受け手）によって成立していることを明確に示したのです。ゴフマン（Goffman, 1959）の自己呈示のとらえ方を私なりに簡単にまとめれば，次のようになります。他者に対して自己呈示を行う者は観客に対してパフォーマンスを演じる演技者であり，そのうえでそのパフォーマンス（自己呈示）が成功するためには，表舞台と裏舞台でのプロセスが必要になります。観客にみせるべき側面は表舞台で遂行され，観客にみせられない側面は舞台裏で処理されるという2つの過程が同時に進行しているということです。

　自己呈示の概念は，印象動機と印象構成からもう少し具体的に説明することができます。この2つは，自己呈示における意識・動機的側面（＝印象動機）

と行動的側面（＝印象構成）にあたります。印象動機は，①理想的成果の獲得，②自己評価の維持・高揚，③理想的アイデンティティの形成の3つの内容から構成されます。印象構成とは，受け手に与える呈示の種類の決定とその印象（イメージ）の呈示の仕方を選択する過程のことを指しています。

　ここで実際に受け手―集団から返された評価やその反応がそのまま自己呈示の「結果」になるわけではありません。もし，受け手―集団から返された評価や反応が自己呈示の結果になるのであれば，たとえば呈示者が自己評価を高くしたいと考えている場合は，受け手―集団が高評価を与えるものを呈示すればよいことになります。しかし，そのような呈示で得られたものを理想的アイデンティティの形成（私の表現を用いれば「自分らしさ⇔あなたらしさ」）とはいえないのではないかと思います。

　小野（2012）では，自己呈示を「自己を社会的な文脈の中に位置づけ，他者に公認されることを通して可視化され，他者に印象として受け取られる一連のプロセス」と定義しました。この定義では，「自分らしさ」とは自分だけで完結するものではなく，受け手（集団を含む）からの評価や受容，反応（＝あなたらしさ）までを内包したものということを示しました。また，小野（2017）では，受け手―集団からの評価や受容，反応という部分を社会的妥当性という点から検討しました。受け手―集団から多くの社会的妥当性（あなたらしさ）を与えられた呈示者は，安定した好ましい自己概念（自分らしさ）を確信的に形成することができます。一方で，受け手―集団からの社会的妥当性（あなたらしさ）を獲得した経験が少ないと，自らの自己概念（自分らしさ）に対して自信をもつことができにくくなります。自己呈示という概念を私が発展させている部分は，この「受け手―集団」にはじまりを置くというところです。

2-2. 問いからはじまる：本節の問いとは何か

　本節の問いは，「対人困難性は，個人からとらえることができるのか」，そして「対人困難性とは，わからないことや理解できないことからとらえることができるのか」です。

　多くの先行研究のように対人コミュニケーションにおける対人困難性のはじ

まりを「個人」に置くとすれば，①その児童・生徒がどのような自己概念や自己知識，自己イメージ（＝自分らしさ）をもっているか，②その内容をどう表現したのかという部分から困難をとらえることになります。①の部分については本人の特性や認知の特徴からとらえたり実際の発話や行動などからとらえたりするものが多く，②については主に対人スキル的な部分から説明されています。

　私はこのような視点から対人困難性をとらえるということに疑問をもっています。「知らない，わからない」ということから困難性を考えるならば，私たちの誰もが対人困難性をもつ人です。完璧には相手のことを知ることはできないし，自分のことも完璧にはわかってはもらえないからです。また，受け手―集団はこのように考えているのではないか，感じているのではないかという解釈もあくまで推測でしかありません。大幅なズレがない，表面的にそれが明らかにならないだけで，実は食い違いがあるのかもしれません。もちろん発達段階や生活年齢によって，相手によって，場面によって「どのような方法や表現でそれを伝えるのか」という側面は重要だと思います。

　しかし「自分らしさ⇔あなたらしさ」とは「わかるか，わからないか」という基準でとらえるようなものではなく，"わからなさ"さえその人らしさとしてお互いに尊重できること，受け入れていくことなのではないかと考えます。そしてそのようなプロセスが対人関係の中でどのように経験され，発達していくのかをとらえることが大切なのではないかと思います。このような意味での経験や対人環境が十分でないとき，それが許容されない何かがあるとき，私たちはそこに「困難」を感じるのではないかと考えています。

　さて，ここまで何の説明もなく「自分らしさ⇔あなたらしさ」という書き方をしてきましたが，私は「自分らしさ」を単体ではみていません。私の研究上の概念的始点は「個人」ではなく「受け手―集団」にあります。そのため「自分らしさ」単体ではなく「あなたらしさ」も同時に含まれていることを示すため，本節の中では「自分らしさ⇔あなたらしさ」という表記をしています。本節の対象となる児童期の子どもたちは教育の「場」で受け手―集団と一緒に生活し，学んでいます。子どもたちが自身のクラスで，あるいは友だち関係の中で，どのように，どのような「自分らしさ」を表現し，受け手―集団か

らどのような「あなたらしさ」として受け止められているのか，それらがどのように質的な変化（発達）をしていくのかをとらえることは，社会的な適応という点からも研究をする意義があると考えています。

3. どんな研究をしたのか
「わかる⇔わかってもらう」ことが重要なのか？

　ここからこれまで私自身が調査したデータの一部を示しながら考えてみたいと思います。エピソードやプロトコルにある名前等はすべて仮名です。個人情報保護の観点から文中の発話の表現等を一部修正していることもご理解いただければと思います。

3-1. 小学4年生の男子児童ハルトくんの例から考える：
対人困難性を「個人」をはじまりにとらえるのか，
「受け手—集団」をはじまりにとらえるのか

　表1-1・2は小学4年生の男子児童ハルトくんの事例です。ハルトくんは自閉スペクトラム症（ASD）の傾向をもっています。このときハルトくんのクラスでは面白い話をすることが流行っていました。このエピソードでは順番に面白い話（すべらない話）をして，自分以外の4人のうち3人から「すべらんなぁ」という認定が出れば「すべらんなぁエリア」に入ることができるというルールです。すでに認定をもらってエリアの中にいる3人（児童A，児童B，児童C）とエリアの外にいる2人（児童D，ハルトくん）の5人が登場人物です。ハルトくんの順番になり話をはじめますが，なかなか児童Aと児童BがOKを出さない（児童Dと児童Cは認定を出しています）という場面です。

　まずは，一緒に遊んでいる友だちが言い争いをはじめた場面のハルトくんがとった行動について，ハルトくん「個人」の特性に焦点を当てたとらえ方について考えてみたいと思います。

　表1-1-(1)・(2)・(3)の部分はハルトくんが自分のトークの順番が終わっていないことにこだわり，その場がどのような状況であるかにかかわらず話を続

表1-1　ハルトくんのエピソード

ハルト：「なんなの。さっきから笑ってるのに、(認定)出してよ！」
児童A：「だって、ハルトの面白くないんだもん。出せない」
児童B：「そうそう。出せません。はーい、エリアの中に入らないでください」
ハルト：(笑いながら)「いいもんねー、入っちゃうから」とエリア内に入ろうとする。
児童A：「入るなって言ってるだろ、おいハルト〜」
児童B：「入るなって言ってんの。ハルト、押してくんなよ」
児童D：「いいぞ、入れ、入っちゃえー」と児童Dも3人の押し合いに入ってくる。

しばらく児童A・児童Bとハルトくん・児童Dの攻防が続きます。4人とも笑顔をみせながら押し合いをしています。児童Cは児童Aと児童Bの後ろに立ちその様子を笑いながらみています。ハルトくん・児童Dのほうが児童A・児童Bよりも少し力が強いようで、だんだんとエリア内に進んでいきます。

児童A：「わー入られる。児童C！笑ってんな！応援たのむ」
児童B：「なにしてんだよ。お前もこっちのチームだろ。阻止しろ」と児童Cをひっぱる。
児童C：「痛っ、ひっぱんなよ」と児童Bを押し返す。
児童B：「なんだよ、お前だけ笑ってるだけで、ちゃんとやれよ」
児童C：「みてただけだろ」
児童A：「そうそう。俺たちだけやってて、やってないじゃん」
児童C：「はいはい、すみませんでしたー。じゃあ次、児童D。ハルト交代ね」と手をヒラヒラさせながら先ほどの位置に戻ろうとする。
児童B：「なんだよ、それ。すみませんでしたーじゃないだろ」と児童Cをひっぱる。
児童C：「うるさい。さわんな！」と児童Bの手をはたく。

児童Bと児童Cが言い合いをはじめます。児童Aと児童Dはその2人を止めようとしますが、ハルトくんはその様子を少し離れてみていました。

ハルト：「(1)まだハルトの順番でしょ。児童C、ハルトはまだ終わってません」と4人の間に入っていく。
児童C：「ハルト邪魔」とハルトくんを押しのけるが、ハルトくんは4人の輪の中に入ろうとする。
ハルト：「(2)交代してない。ハルトの番です」
児童B：「どいてろって、もう話なんていいんだよ」
児童A：「(a)ハルト、空気読めって」
ハルト：「(3)えっとね、次はね」
児童B：「(b)やめろって言ってるだろ！ハルト。いま、ハルトは関係ない」
児童D：「(c)ハルト、ちょっと待とう。いま話す感じじゃないのわかるし」とハルトくんをひっぱる。
ハルト：「(4)みんなうるさい」と全員にタックルをする(表情はあまり変化なし)。
児童A：「痛っ、わかった。わかった。(d)やべ、ハルトやめろよ。途中だったよな」
児童B：「(e)あー、いつもの出たよ。ハルトのわがまま。キレキレ無敵モード」
児童A：「(f)ちゃんと聞くって、ハルト、ちょっと待てって、な」
児童C：「(g)ハルト、ごめんごめん。はなし。みんな、ハルトの話、聞こう」
児童D：「(h)そうそう。ハルトの順番だもんね。途中だったもんね、すべらん話」
(i)児童A〜Dはハルトくんを囲んで話を聞くから落ち着くように言いながらお互いに肩を組んでいる。
ハルト：「(5)違うよ、児童D。すべらない話だよ(笑)」

けようとしたといえます。表1-1-(4)は自分の意見や考えが通らないことに対して周囲の状況を考慮せず自分の要求を通そうとする行動です。そして，一連のエピソードの最後である表1-1-(5)は自分の要求が通ったことに対するポジティブな反応と考えることができます。また，同時に表1-1-(5)にはハルトくんの注意の向け方の特徴が示されています。一緒に遊んでいる4人がハルトくんに気を遣っていることではなく，児童Dの(h)「すべらん話」を「すべらない話」の言い間違えだと指摘している部分です。この場面を困難と呼ぶかどうかは人によりさまざまだと思いますが，「個人」の特性やスキルという部分から考えれば，ここにはハルトくんの対人困難性の一部が出ているといえます。しかし，この場面がどのように展開したかという点でいえば（途中の経緯はさておき），一応言い争いは集結したので困難ではないともいえると思います。

　しかし，一緒に遊んでいた4人の子どもたちからすれば，ハルトくんとのやりとりに何らかの困難性を感じていたといえます。それは4人がハルトくんの行動や発話について「その場に合わない」といった内容の発話をしているからです（たとえば，表1-1-(a)・(b)・(c)）。ハルトくんがタックルをした後の表1-1-(d)・(e)・(f)・(g)・(h)・(i)は，彼ら4人がハルトくんをこのままにしておくと少し面倒なことになるかもしれないという認識のもと，ハルトくんを落ち着かせなければならないと考えて行動している様子がみてとれます。また，児童Bの表1-1-(e)の発話のようにハルトくんの行動が「いつものこと」であり，対応しないと面倒ごとが増していくと考えていることもわかります。つまり，児童A〜Dは，ハルトくんの行動を彼の衝動性やスキルの問題を示すもので，ハルトくんの対人困難性の一部ととらえているのです。

　先行研究においてもコミュニケーションスキルの不足と対人困難性の生じやすさには関連があることが示されています。そのため，コミュニケーションスキルと対人困難性の関連を検討し，その支援を考える研究が多いことはみなさんもご存知のとおりだと思います。たとえば，大対・松見（2007）は，社会的スキルとして適切な対人行動を実行するためには感情の統制と状況に応じて対人葛藤を解決できることの両方が必要であると述べています。児童A〜Dの視点でみれば，まさにハルトくんの行動は「感情の統制と状況に応じて」という部分の困難性と関連しているといえます。

　他にも嶋田ほか（1996）はコミュニケーションスキルを問題とする際に，円滑な人間関係を営むために必要な行動をどの程度獲得しているかという側面だけでなく，人間関係を阻害する行動をどの程度獲得していないかという側面も考慮する必要があることを指摘しています。表1-1のエピソードの中には直接出てきませんが，児童Bの(e)「キレキレ無敵モード」はこのような部分を示していると考えることができます。このように「個人」をはじまりに置いて対人困難性をとらえる研究は，その困難性の程度や頻度を軽減するために個人に不足している対人スキルを獲得させるといった支援や環境調整を行うアプローチにつながっていきます。

　実はこのエピソードには続きがあります。ホームルームが終わって帰ろうとしているハルトくんに私は次のような質問をしました。

表1-2　ハルトくんのエピソードの続き

私：「ハルトくん，さっきのすべらんなぁの話，みんなに話をしたかったの？」
ハルト：「すべらんなぁの話？　すべらんなぁエリアのこと？」
私：「うん。すべらんなぁエリア。みんながひっぱり合いしてるとき，ハルトくん軽くタックルしたでしょ？」
ハルト：「(6)あのほうが早いでしょ。早いのが大事。先生，みてた？　すべらんなぁだったよね!!」
私：「あのほうが早いって，何が早くなるの？」
ハルト：「(7)ハルトがドンとやれば，それで終わるからね。早いほうがいいよ」
私：「タックルしたから，みんな誤解してるかもよ」
ハルト：「(8)あー先生はわかってないね，先生なのに（笑）。あれが正解。ハルトのクラスでは正解なの」

　さて，表1-2のハルトくんの発話を読んで，みなさんのとらえ方はどのように変化したでしょうか。表1-2-(6)・(7)・(8)の発話から考えると，ハルトくんにとって表1-1の一連の行動や発話はその後の展開を予測したうえでの計画的な呈示といえます。
　ここで重要な点は表1-2-(6)・(7)の発話にあるようにハルトくん自身がクラスの友だちからどのように自分がみられているのかということを認識し，それを解決の手段として使っているということです。ハルトくんの視点をいれて理

解すると，表1-1-(1)・(2)・(3)は自分の順番が終わっていないから話をしたいではなく，「自分がそのような行動をすれば（おそらく）ケンカが終わるから」となります。同じように表1-1-(4)のタックルも自身の要求が通らないことへの衝動的な行動ではなく，「そのような行動をすればケンカをやめてくれるから」となります。そして，表1-1-(5)「すべらない話だよ（笑）」は自身の要求が通ったことへのポジティブな反応ではなく，「予想どおりケンカが集結したことへの満足感」を示すものと考えることができます。つまり，ハルトくんが呈示を選択する"はじまり"は自分の思いや感情ではなく，クラスメイトや学級集団のほうにあるのです。

　さらにみなさんに考えてほしい部分は，表1-2-(8)「あれが正解。ハルトのクラスでは正解なの」というハルトくんの発話のもつ意味です。もちろん，このような対処行動を選択したハルトくん「個人」のスキルに課題があるのではないかという指摘は可能です。ですが，私が注目したいのは，ハルトくんがこのような行動や発言をすることで解決が早くなると考えているということがもつ意味です。もし，ハルトくんがこのエピソードのような行動・発話をすることで本人の予測に反して事態が複雑になったのであれば，ハルトくんの選択した呈示内容と行動は失敗であったということができます。「ケンカが早く収束する」というハルトくんの予測が成り立つためには，受け手―集団がハルトくんの行動を「ハルトくんらしい」「そのままにしていたら大変なことになる」と受け止めるだろうという前提が必要になります。ハルトくんは，受け手―集団（クラスメイトたち）がある意味で自分にネガティブなイメージや評価をもっていることを認識しており，そのうえでそのイメージを逆に利用しているのです。しかし，児童A～Dの4人はハルトくんの行動をそのようにはとらえておらず，ハルトくん「個人」の対人困難性を示すものと理解しています。ハルトくんの行動は，受け手―集団が認識しているようなハルトくんの特性のみが示されたものではなく，ハルトくんが受け手―集団の自分に対するニーズを読み取った結果として選択した自己呈示なのです。

3-2.　小学6年生の女子児童ミキさんの例から考える：
「みえる対人困難性」と「みえにくい対人困難性」

　続いて，表2に示した小学6年生のミキさんのプロトコルから考えてみたいと思います。

　ミキさんはいわゆるグレーゾーンといわれる子どもです。表2に示したミキさんの発話の中にはとくに友だちとのトラブルは出てきません。表2-(6)「（ミキさんが）きちんとできてるからケンカをしない」というミキさんによる担任の先生の言葉から考えるのであれば，友だちとのトラブルという点からみた困難性は高くないと思われます。従来の研究モデルや知見から考えれば，このミキさんの例はおそらく困難とはとらえません。受け手—集団がみている視点，「トラブルの有無」や「できる，できない」という点からみたミキさんの対人困難性は低いからです。私はこのような対人困難性を「みえる対人困難性」と呼んでいます。

　しかし，ミキさんからすると現在の友だち関係に困難性を感じています（たとえば，表2-(1)・(4)・(5)）。ミキさんが感じている対人関係の困難とは「できる，できない」といったスキル面ではなく，受け手—集団とのかかわりの中で感じる質的な変化の乏しさです。ミキさん的には「友だち」にはなったが，友だち—クラスメイトとのかかわりに変化が感じられないことに不満を抱いています。ミキさんはそのような思いを「友だち」ではあるが「仲よくなれない」と発話しています。

　ここで，ミキさんの考える「仲よくなる」のモデルに漫画のイメージをそのまま当てはめていることを，彼女の特性による難しさと考える人もいると思います。それももちろんあるかもしれませんが，ここでは受け手—集団がミキさんに対して固定的なかかわり方をしている可能性に注目したいと思います。これは，対人コミュニケーションとして考えれば安定的ではありますが（トラブルという意味でのみえる対人困難性は生じにくい），変化が生じにくい（新たな気づきや互いへの理解の深化は生まれにくい）ということでもあります。つまり，質的な変化があるということは不安定な要素が増えますが（トラブルという意味でのみえる対人困難性も増加する可能性がある），お互いの意見や感情が出現する機会

表2　ミキさんのプロトコル

ミキ：ねぇ，先生。友だちってどんなの？

私：友だち？　私にどんな友だちがいるかってこと？

ミキ：友だちってさ，仲よくなったらどうなるの？

私：仲よくなったら？　うーん，いろいろあるんじゃない？　一緒に遊びに行くとか，恋バナしたりとか。

ミキ：違う違う。そうじゃなくて，仲よくなった友だちって，どんなの？

私：仲よくなった友だち？　えーと，どんなふうになったら仲のよい友だちかってこと？

ミキ：うん。仲よくなると，どんな感じになるのかなって。友だちになったときと仲よくなったときって，違うの？

私：そうだなぁ，違うといえば違うかもね。ミキさん，お友だちと何かあったの？

ミキ：何もない。ただ，××って漫画とかだと(1)仲よくなるとケンカとかしたりしてるけど，ミキは友だちとそういうことなくて。なんか友だちなのかなって思ったから聞いた。

私：仲よくなってもケンカしない友だちはいるよ。

ミキ：(2)仲よくなったときは（友だちになったときは）違うんでしょ？　何が違うの？　たくさんその子のことを知ってたら仲よし？

私：どうかな。ミキさんは，友だちとどんなふうになりたいの？

ミキ：(3)もっとミキにいろいろ言ってほしい！

私：いろいろ？

ミキ：うん。(4)△△ちゃんとかと話すときはツッコむのに，ミキと話すときは聞いてるだけでつまんないんだもん…（中略）…ミキにだっていろいろあるのに聞いてくれない。仲よくなりたいのに仲よくなってくれない。

私：ミキさんは，相手にどんなことを聞いてほしいの？

ミキ：ケンカをしたい！

私：ケンカをしたいの？

ミキ：うん。ケンカ。

私：どうしてケンカをしたいの？

ミキ：(5)わかんないけど仲よくなれる気がするから。もっと仲よくなりたい。仲よくなれてない。ケンカしたい。クラスのお友だちは，ミキとケンカしてくれないんだもん。ミキには言わない。それって友だち？…（中略）…(6)ママに言ったら，ケンカをしないことはいいことだって言ってた。ミキのこと好きだからケンカしないんだって。（担任の）先生はミキがきちんとできてるからケンカしないんだって言ってた。ミキはケンカができないんだよ。ケンカがしたい。もっとみんなと仲よくなりたい。

私：ミキさんは，お友だちにミキさんのどんなところをもっと知ってほしいの？

ミキ：(7)わかんない。でもケンカしたらわかると思う。ぜったいそうだよ。

私：どうしてケンカをしたらわかると思ったの？

ミキ：(8)いっぱい言われるから。いっぱい，たくさん言われたらわかると思う。ミキのこといっぱい言ってくれたらわかるんだけどな。

が増え，理解が深まりやすくなるという一面もあります。どのようなところを
もっと友だちに知ってほしいのかという質問をしたとき，ミキさんは「わから
ない」と答えています（たとえば，表2-(5)・(7)）。これはミキさん自身が把握し
ている自分らしさのイメージや内容の少なさを表しているといえます。従来の
「個人」にはじまりを置いた理解であれば，自分を客観的にとらえ，さまざま
な経験から思考を深めまとめていくような部分に困難さをもっていると説明す
るのではないかと思います。

　しかし，私はそれだけではないと思っています。それは，「ケンカをしない」
のではなく「ケンカができない」というミキさんの発話（表2-(6)）が意味する
ことを考えていくとわかります。ケンカとは呈示者と受け手—集団の「協力」
があって初めてできることです。自身の気持ちをうまく伝えられないとか，適
切な行動ができないとかそういうことの前に，ケンカとはお互いの「自分ら
しさ⇔あなたらしさ」がぶつかるときに成立する行為だと私は考えています。
相手が何かを言ってきたとしても，それをスルーすることが私たちにはできま
す。「ケンカを買う」という言葉があるように「ケンカ」とはそもそも個人の
能力や特性のみで生じるトラブルではなく，その場にいる参加者がその行為に
参加してくれなければ成り立ちません。つまり，「ケンカができない」という
対人環境自体が「対人困難性」を示すものだと私は考えます。ここで誤解のな
いように書くと，誰彼かまわずケンカをふっかけるようなことがあればこれは
大きな課題です。ケンカをすることもできる状況でケンカを適切に避けること
が求められるのであって，そもそもケンカが成り立たないという関係性や対人
環境に大きな問題があるのではないでしょうか。このミキさんの例のような対
人困難性を私は「みえにくい対人困難性」と呼んでいます。

3-3. 中学2年生の男子生徒コウくんの例から考える：受け手—集団が 思う「あなたらしさ」を呈示し続けるという関係性の維持

　最後に表3に示した中学校2年生のコウくんのエピソードをみていきたいと
思います。コウくんは注意欠如多動症（ADHD）傾向をもっています。表3-
(5)のコウくんの発話から，学校での対人関係や授業に関する部分に周囲も彼

表3　コウくんのエピソード

コウ：友だちと話すこと？　(1)仲いいのとはゲームとか動画とか部活のこととか。だいたいそんなこと。話題の合うやつがいるんで，そいつと（休み時間は）だいたい話してますね…（中略）…クラスの人とも話しますよ。微妙な雰囲気流れますけど，そういう感じ。ついていけねーわみたいな。あ，男子よりもとくに女子ね。女子は謎。コウくんわかんなーいみたいな目，露骨に出してくる…（中略）…飽きたというか。そこはどうでもいいわーですわ。

私：どうでもいいって，どういうこと？

コウ：…（中略）…(2)俺も悩んだりしたんですよ。悩むタイプにみえないとかクラスのやつらは言いそうだけど（笑）もういいかなっていう。前はそうでもなかったけど，面倒くさくなった。ほんと。俺，大人になりました，って……いま，笑うとこですよ！　笑うとこ。

私：クラスの人たちの前ではどんなふうにしてるの？

コウ：(3)目立たないようにしてます。気配消してますね。目立たなきゃいいんで，安定の俺やっとくかって感じ…（中略）…べつに他にやりたいこともないし，モテたいとかもないんで。そうそう，これが俺ねーみたいな。あれこれするよりラクだし。浮くとこは浮いて。目立たないようにする。

私：目立たないようにするって，クラスのみんなの前で？　それとも担任の先生？

コウ：(4)どっちも。目立たなきゃいいんですよ。目立っていいことないですから。

私：コウくん的には目立ってないと思う？

コウ：たぶん。(5)今のところ何もないから（担任に）呼び出されたりもないし。目立たないようにしてるし，今のとこ安定の俺じゃないですか。

私：目立たないようにするって，どんなことに気をつけてるの？

コウ：最初に言わないようにする。意見は言わない。だいたいつまんなそうにしてる。

私：つまんなそうにしてたら逆に目立つこともあるんじゃないのかな。

コウ：最初からなんで大丈夫です。(6)授業中は言わない。目立たない。目立たないようにしていれば大丈夫です。

も困難性を強く認識している状況ではないといえます。また，表3-(1)から，コウくんが話の合う友だちとそれ以外のクラスメイトへのかかわり方を変えていることも示されています。このような意味で，コウくん自身も3-2のミキさんと同じく「トラブルの有無」や「できる⇔できない」という視点からとらえることができる「みえる対人困難性」は高くないといえます。

　コウくんの発話の中には「目立たないようにする」と「安定の俺」という表現がたびたび出てきます（たとえば，表3-(3)・(4)・(5)・(6)）。コウくんの呈示は彼自身が自分をこうみせたい，こう理解してほしいというところから考えた内容というよりも，受け手—集団からみたときに「どうみえるか」を重視した内容となっています。つまり，コウくんは受け手—集団をはじまりに置いた呈示

内容の選択をしているといえます。また，コウくんがそのような呈示を選択する理由が受け手—集団との「安定」の関係を維持するためであることも示されています。

　関係性の維持という側面は対人コミュニケーションにおいて考慮すべき事柄の1つです。そのうえで考えたいのは，その呈示内容をどのようにコウくんが選択したのかということです。「目立たないようにする」という呈示はコウくん自身がこれまでの対人経験の中で着目した彼が考える受け手—集団が彼に求める適切な行動や姿だと考えられます。表3-⑵のように，コウくんは積極的な理由でそれらを選択したのではなく，そのような呈示内容を選択したほうが面倒なことが起きないと考えているのです。この点は，藤本・大坊（2005）がコミュニケーションスキルの高い呈示者が必ずしも自分の能力に応じた会話行動を行うことができるわけではないと述べていることと関連します。その呈示者個人のコミュニケーションスキルがたとえ高くても自由に発言することや行動することが周囲の受け手—集団から認められていなければ，その対人能力を十分に発揮することはできないからです。

　コウくんは自分が思う「自分らしさ」よりも受け手—集団が思う「あなたらしさ」を優先しています。そして，安定であることを選ぶために，受け手—集団が思う「コウくんらしくない」ことは選択しないようにしています。このような状況での対人コミュニケーションは，固定的なやりとりが多くなると考えられます（コウくんの表現を使えば「安定の俺」）。そのうえで，コウくん自身は，受け手—集団に対してポジティブな期待をもつことをあきらめたような発話もみられます（表3-⑵・⑶）。「安定」という表現は一見ポジティブに聞こえますが，コウくんが使っている「安定」とはコウくんにとっての「安定」ではありません。受け手—集団にとっての「安定」です。そして，おそらく受け手—集団はコウくんにある意味自分たちがそのような呈示を選ばせていることに無自覚なのではないかと思います。どちらかにとってだけ「安定」である呈示を選択するということを学習したコウくんが置かれているこの状態も「みえにくい対人困難性」ということができると思います。

4.　その結果，何がわかったのか
「自分らしさ⇔あなたらしさ」の発達の中にある対人困難性

　本節の問いは，「対人困難性は，個人からとらえることができるのか」，そして「対人困難性とは，わからないことや理解できないことからとらえることができるのか」でした。表1〜表3のデータから対人困難性を個人からとらえること，わからないことや知らないことからとらえるのでは十分ではないことを示してきました。もう少し整理すれば，「みえる対人困難性」をとらえることはできても「みえにくい対人困難性」はとらえることができないからです。では，どのような視点やとらえ方から考えていけばよいのかが問題となります。そこで本節では「自分らしさ⇔あなたらしさ」という側面からとらえることを提案してきました。その中で発達段階によってその意味づけや対人コミュニケーションで重視するものが変化していることが示されていました。ここでは，そのような点をさらに深めたいと思います。

　表1-1・2に示した小学4年生のハルトくんにとって重要なのは受け手―集団からの評価の高低や好感度ではなく，自分がどのような意識をもってその行動を選択し，望む結果を獲得したかでした。もし，ハルトくんが自身の評価という部分を呈示選択のはじまりに置いていたら，「誤解をされたまま」の理解をポジティブなものとして意味づけていないはずだからです。ハルトくんの例では，受け手―集団からの評価の高低よりも彼らが抱いている「あなたらしさ（ハルトくんらしさ）」に合わせた「自分らしさ」を自ら意識的に選んで呈示をしていました。言い換えれば，いかにスムーズにその場の対人コミュニケーションが進むかを重視しており，そのために受け手―集団の自分への固定的（ネガティブ）なイメージを活用することもポジティブにとらえている傾向がありました。

　しかし，表2に示した小学校6年生のミキさんは対人的なトラブルがない（みえる対人困難性）ということよりも，相手とのやりとりの中で感じる「自分らしさ⇔あなたらしさ」の中身を重視するようになっていました。そのため，質的な変化が感じられない友だちとの今の対人環境をミキさんはネガティブな

ものとしてとらえていました。それを示すミキさんの発話が「ケンカができない」でした。

　このような対人困難性は，当然「個人」からみた困難性ではなく「受け手—集団」との中にある困難性です。「ケンカがないこと」が本当によいことなのでしょうか。「ケンカがない」ことが対人困難性の低さといえるのでしょうか。私は，このような受け手—集団からのかかわり方の発達のなさがもたらす「みえない困難性」が実は非常に多いのではないかと思っています。私たちが「自分らしさ」というものを対人コミュニケーションの中で深めていくとき，どのような自己イメージをもっており，どのような自分を示したいと思っているのか，どの程度それを表すスキルをもっているのかという，自分が思う自分らしさからはじまるのでしょうか。

　これまで述べてきたように「自分らしさ」とは「あなたらしさ」でもあります。受け手—集団から返される「あなたらしさ」のバリエーションがあって初めて自己理解が深まっていきます。しかし，実際の心理教育的支援の場では，どうしたらトラブルを少なくすることができるのかを考えることが支援の中心にあることも少なくありません。もちろん，それによって対人環境やその中身がよりよいものになっていくこともあると思います。しかし，大事なのは「トラブルを少なくすること」ではなく「少なくすることで何を目指すのか」ということなのではないでしょうか。「みえる対人困難性」を少なくすることが，心理教育的支援の最終目的ではないはずです。それは，子どもたちが「自分らしさ⇔あなたらしさ」を発達させていく，たくさんの過程の中の1つの要素，目標にすぎません。だからこそ，みなさんにも「ケンカ」や「トラブル」が私たちの対人関係にもつ大事な，大切な意味を一度じっくりと考えてみてほしいと思います。

　そのような意味から考えると3-3の中学2年生のコウくんの例も同様です。「安定」であることを求めることが悪いのではありません。しかし，その「安定」が誰にとってのものなのかは一度考えなければならないと思います。コウくんの呈示は受け手—集団に「わかってもらえない」ことを呈示することを回避しているといえます。別の言い方をすれば，コウくんのこれまでの，そして今の対人環境が，「わからない」ことに対してネガティブな反応や評価を示す

環境なのだといえます。そのような反応や評価を避けるために受け手―集団が「わかる」自分を呈示することを学習し，発達させてきているのです。本来の「自分らしさ⇔あなたらしさ」とは受け手―集団が「わかる」自分らしさに限定されないはずです。多様な自己表現がお互いにできる土台となる場や機会をコウくんが十分にもつことができていないこと，このことがもつ問題は非常に大きいと思います。

　このように対人困難性とは，「知らない，わからない」ということではなく「自分らしく⇔あなたらしくいられないということ」の中に生じる問題です。そして，このような部分をとらえることが「対人困難性」の本質的を考えることだと私は思います。呈示者の呈示実行過程の発達において，だんだんと受け手―集団を意識するようになるのではなく，そもそも受け手―集団から呈示者自身がどのようにみられているかという側面のほうが「自分が自分をどうみているか」よりも先に発達するのではないかと私は考えています。だからこそ対人コミュニケーションをとらえる際に発達的な視点は欠かせないと思います。また，受け手―集団の理解では呈示者個人の問題としてみえている対人困難性が，実はそうではないこともみなさんにも感じていただけたのではないかと思っています。このような点からも，「個人」からみるのではなく「受け手―集団」からとらえることが必要だと思います。

5.　それが実践にもつ意義は何か
わからないことが対人困難性ではない

　最後に，私が提案するとらえ方や視点が実践にもつ意義について考えたいと思います。従来の研究では「自己の能力や呈示内容，表現方法」がどのように発達していくのか，個人がそれをどう獲得していくのかという側面に焦点を当てています。しかし，私は前項で述べたように，受け手―集団のその呈示者への"かかわり方"も発達しているのか（質的な変化があるのか）という側面からとらえることが必要だと考えています。理想的なアイデンティティの形成として「自分らしさ⇔あなたらしさ」を考えたとき，自分自身にとって価値があるものに受け手―集団から高い評価を与えられることが望ましいといえます。

先行研究においても自己概念は，認知的・情動的・行動的側面を含む包括的な概念であり，受け手から望まれる自己像を示すだけでなく，自分自身の考えなどを同時に示すことが精神的な健康と正の相関を示すと報告されています（加藤, 2003; 大西, 2002）。そのため，私たちは状況に応じて「呈示者にとって価値ある呈示内容」と「受け手—集団に好ましく評価されるための呈示内容」のどちらをどれだけ重視するかという割合を変化させています。このバランスの判断に用いられる基準の1つが受け手—集団との対人関係の維持という側面になります。

　ただ，この「対人関係の維持」という側面についても，従来の研究が示しているようなスキル的なもの，トラブルの有無や程度，頻度というような意味からとらえるのでは不十分です。コウくんの言葉を借りるのであれば，「安定」であるために受け手—集団から何が求められているのか，そしてそれをどのように選んでいくのか（もっといえば，選ばされているのか）ということから考える必要があるのではないでしょうか。そのような意味で，本節で示したハルトくんやコウくんは受け手—集団からみたときに「困難をもつ自分」であることを自身であえて選び，その姿を呈示しているといえます。そのほうがトラブルが少なく安定すると考えているからです。その一方で，ミキさんやコウくんは，「みえる対人困難性」は低くても「みえにくい対人困難性」を感じるようになっていました。

　ここまでみてきたような側面は本節の子どもたちだけが感じている特有の難しさではなく，おそらく多くの子どもたちや大人たちが現在直面している問題だと私は感じています。トラブルが起きにくく不安定になりにくいということ，「みえる対人困難性が少ない」ということを困難性の軽減の本質と考えるのであれば，このような「安定」を求めることは適切なのかもしれません。ですが，本当にそれでよいのでしょうか。私は「わからないことも含めて，自分らしく⇔あなたらしくいることができること」をお互いに学び，経験し合っていくということが心理学的なこころの発達として大切なことなのではないかと思います。「わかる⇔わかってもらえる」範囲から外れないようにするという対人関係のもち方が影響している問題が，今日さまざまな場面で見受けられる気がしています。

　自己理解と他者理解には個人がもつ「自分らしさ⇔あなたらしさ」の概念だけでなく，集団や社会がもつ「あなたらしさ」の概念とその許容範囲が重要な役割を果たしています。矢守（2007）は，集団的状況では，対話を試みようとする複数の個人もしくは集団・組織がもともと有していた基本的な志向性，つまり対話以前は顕在化しなかった基本的な志向性が浮上すると述べています。このような意味での経験や表現が許容されにくい何かがあるとき「みえにくい対人困難性」が生じやすくなります。私の提案した視点やとらえ方が，そのような「みえにくい対人困難性」をとらえる1つのアプローチになるのではないかと考えています。

　一方で小野（2020）でも論じましたが，この「自分らしさ⇔あなたらしさ」という視点を用いた対人理解は，実はとても難しい問題を含んでいます。私たちは誰かを認識するとき，誰かのこころや行動を理解しようとするとき，"何か"を基準にして考えます。「自分らしさ⇔あなたらしさ」もその基準の1つです。私たちは自分を理解するときも誰かを理解するときも何らかの基準を用います。あるときはその個人，あるときは性別，あるときは年齢や発達段階，またあるときは社会や集団というように「自分らしさ⇔あなたらしさ」をとらえる中心点を場面や状況に応じて使い分けていきます。当然ながら，基準となる中心が変わればそこで解釈され理解される内容にも変化が生じます。この基準が定まっていくことが発達なのではなく，むしろ発達段階が進むにつれ，この基準を自由に動かすことができることが「自分らしさ⇔あなたらしさ」の発達という意味においては重要なのではないかと考えています。

　本節で述べたように，受け手—集団がわかる「自分らしさ⇔あなたらしさ」でいることがある意味で望ましいこと（受け手—集団に受け入れられる）だと考え，そのような意味での「自分らしさ⇔あなたらしさ」を学習し続けている子どもたちがいます。「わかる⇔わかってもらえる」範囲から外れないようにするということは，先ほど述べた基準の固定化にもつながります。固定的な基準で相手を理解すると「こうあるべきだ」「なぜ，こうじゃないのか」というとらえ方が強くなります。このようなとらえ方の中でお互いに対人関係を築いていくとしたら，子どもも大人もどこか息苦しくて自分にも受け手—集団にも不満を感じるような関係がつくられていくのではないでしょうか。そのように

考えると，対人困難性を生じさせているのは，わからないことや知らないことを困難だととらえることなのではないでしょうか。そしてこのような「わからなさ，知らないこと」を柔軟に受け止め合える受け手―集団の存在がないことや，表現することへの不安が対人困難性を生み出す1つの土台になっていると思います。

　児童期は教育という場でさまざまなことを学びます。その際，子どもたちにかかわる先生方や心理職には「できるか，できないか」ではなく，子どもたちの「自分らしさ⇔あなたらしさ」の構築を応援するという役割が求められると思います。困難を考えるときも個々の内容そのものからではなく，呈示者―受け手―集団がそれを「どのような視点・基準」からとらえているのかという専門的な理解が必要になります。わからないことがあってもよいのだということ，大事なのはそれをお互いにどう受け止めていくのかを，子どもたちに学び感じ考えてもらえる経験をどのように支えていくかということです。このようなことを考えていくことが私の研究の社会的意義だと考えています。

　最後に，このような学びをするのは「多様な特性や特徴をもった子どもたちや人間がともに生活し学ぶこと」の中であると思っています。そのような視点に焦点を置いた内容については，本シリーズの第3巻で書く予定ですので，もし興味があればそちらも読んでみてください。みなさんは対人困難性をどのような"はじまり"からとらえようと思いますか。本節がそのような問いを考える"はじまり"になれば幸いです。

[引用文献]

Andersen, S. M., & Glassman, N. S. (1996). Responding to significant others when they are not there: Effects on interpersonal inference, motivation, and affect. In R. M. Sorrentino & E. T. Higgins (Eds.). *Handbook of motivation and cognition* (Vol. 3, pp. 262-321). New York, NY: Guilford Press.

藤本　学・大坊　郁夫（2005）．同輩集団のソシオメトリック構造とコミュニケーション構造の推移　電子情報通信学会技術研究報告，*104*(745)，39-44.

Goffman, E. (1959). *The presentation of self in everyday life.* Garden City, NY: Doubleday.（ゴッフマン，E.　石黒　毅（訳）(1974)．行為と演技――日常生活における自己呈示――　誠信書房）

加藤　司（2003）．大学生の対人葛藤方略スタイルとパーソナリティ，精神的健康との関連に

ついて　社会心理学研究, *18*(2), 78-88.

大西 勝二（2002）．職場での対人葛藤発生時における解決目標と方略　産業・組織心理学研究, *16*(1), 23-33.

小野 美和（2012）．特別支援学校高等部に在籍する軽度知的障害者の職業実習場面における自己呈示――身体の向き・距離と実際の作業場面における職員とのやりとりからの検討――特殊教育学研究, *50*(2), 181-191.

小野 美和（2017）．対人コミュニケーション研究における課題についての一考察――自己呈示という概念を用いた検討の提案――　愛知淑徳大学論集 福祉貢献学部篇, *7*, 31-45.

小野 美和（2020）．「自分らしさ」と「あなたらしさ」から相手を理解することの意味と教育的課題　愛知淑徳大学ジェンダー・女性学研究所（編）．ジェンダー・ダイバーシティと教育――横断研究の試み――（pp. 136-160）　ユニテ.

大対 香奈子・松見 淳子（2007）．幼児の他者視点取得, 感情表出の統制, および対人問題解決から予測される幼児の社会的スキルの評価　社会心理学研究, *22*(3), 223-233.

嶋田 洋徳・戸ヶ崎 泰子・岡安 孝弘・坂野 雄二（1996）．児童の社会的スキル獲得による心理的ストレス軽減効果　行動療法研究, *22*(2), 9-20.

矢守 克也（2007）．対話のグループ・ダイナミックス　実験社会心理学研究, *46*(2), 143-145.

問題からみる子どもの発達：
発達がうまくいっていないから問題が起きるのか？

加藤　弘通

1. なぜこの問題を研究しようと思ったのか
発達するから問題が起きる

　私の研究関心は，思春期に起きる問題行動とそれを可能にするこの時期の発達とは何かということを明らかにすることにあります。具体的には，学級崩壊や学校の荒れ，非行やいじめ，不登校・ひきこもり，うつ，自尊感情の低下といった問題を対象に，なぜ思春期になるとこのように問題をこじれさせることができるのかということに関心をもって研究をしてきました。

　ふつう心理学で問題行動を研究しようと思うと，臨床心理学的な治療という視点から研究することが一般的です。しかし私は，発達心理学の視点から問題行動にアプローチすることに意味があると考えています。それには，個人的なことではありますが，自分の中学校時代の経験が関係しています。

　私が入学した中学校はひどく荒れていました。私たちの学年から立て直しがはじまり，一部の教師による体罰を含む指導が強化され，管理が徹底されました。制服がちょっと違う，上履きのかかとを踏んでいた，許可された以外の持ち物をもっていた，忘れ物をしたといった些細なことで，厳しい指導を受けました。教師の機嫌によっては顔が腫れ上がるほど殴られている生徒もいました。また男性教師が一方的に女子生徒に暴力をふるう場面もしばしば見させられました。幸い私の最初のクラス担任は，暴力をふるうような人ではありませんでした。しかし，同じクラスの生徒が，別の教師にめちゃくちゃに暴力をふるわれていても，クラス担任を含め止めに入るような大人は，学校の中には誰もいませんでした。

　それでどうなったかというと，私たちの学年からいったん荒れは収まりました。しかし，中学2年も終わろうかというある日，教師からこっぴどく暴力をふるわれた生徒たちが集まり，何人かの教師をリンチにかけました。そのメン

バーには当時，仲のよかった友人も加わっていました。その事件を聞いたとき，不謹慎ではありますが，私を含め多くの生徒は，その生徒たちのことを「かっこいい」と思い，学級の中には「自分たちのふだん受けている悔しさを晴らしてくれた」とある種の高揚感があったことを覚えています。

　このような経験と心理学を専攻したということが重なり，大学入学後は非行や問題行動について調べるようになりました。ただし調べていくうちに，心理学の問題行動に対する語り口に違和感を覚えるようになります。というのも，多くの心理学研究が，問題行動を起こす少年のことを不適応を起こした者，あるいは発達に問題がある者として描いていたからです。たとえば，幼児期の育てられ方に問題があるとか，勉強についていくことができず，クラスで疎外されているとか，親子関係に問題があるとか，発達障害があるとか，要するに発達がうまくいっていないから，学校に適応できず問題行動を起こしているというような語り口です。

　ここに2つの違和感を覚えました。1つは，問題行動を不適応行動とするという見方です。確かに中学時代に，私の周りで荒れていた生徒たちは，教師に代表される学校文化からみれば，ルールを守らない不適応を起こした者であったかもしれません。しかし，その学校文化によって抑圧されていた生徒の側，すなわち生徒文化からみれば，彼らの問題行動は，周囲の生徒の期待に応える適応的な行動ともいえます。つまり，問題行動というのは，大人からみれば不適応行動だけれども，子どもからみれば適応行動というわけです。実際，荒れている学校と落ち着いている学校を比較してみたところ，荒れている学校には，問題行動をする生徒を支持し，教師を否定的にとらえるような反社会的な生徒文化が形成されていることが明らかになりました（加藤, 2007）。

　もう1つの違和感は，発達に何か問題があるから，あるいは発達がうまくいっていないから問題が起きるとする，発達の機能不全として子どもの問題をとらえる見方です。確かに非行少年といわれる子どもたちの中には家庭環境が厳しい子どもも，発達障害の診断をもっている子どももいます。しかし，逆の見方をすると，家庭環境が厳しい子どもや発達障害をもっている子どもの多くは，非行に走りません。また，たとえ問題行動をしたとしても，彼／彼女らの多くは，常に問題行動をしているわけではなく，人生のある時点になって，と

くに思春期に至って初めて問題行動を起こすようになります。実際，問題行動のみならず，うつ病や統合失調症，薬物依存といった精神的な問題も，思春期に集中し，思春期を迎えないとなかなか出てきません（Lee et al., 2014）。つまり，これも逆の見方をするなら，発達がうまくいっていないから問題が起きるというよりも，発達することで問題を起こせるようになるととらえたほうが妥当なのではないかということです。

　このような2つの違和感が出発点となって，発達という視点から，子どもの問題や問題行動について研究したいと思うようになりました。そして現在では，逆に問題という視点から発達をとらえることで，これまでとは異なる発達に対するイメージ，すなわち，新しい発達観を提示できるのではないかと考えています。

2. どんな問いを立てたのか
問題を可能にする発達とは？

2-1. 発達の結果としての問題

　上記のような発達という視点から，さまざまな問題行動をみていくと，子どもの問題は「発達の失敗」によるものではなく，「発達の結果」でもあるということがよくわかります。1つ例を示しましょう。図1は10万人あたりの自殺率を年齢別に示したものです。少し解説すると，15〜19歳の階級をみると8.7人となっていますので，この年齢の人を10万人集めてくると，9人弱が自殺しているということです。10〜14歳では1.9人ですから，2人弱，5〜9歳，4歳以下では0人ということになります。そして，このグラフから何がわかるかというと，私たちは9〜10歳くらいにならないと自殺することができないということです。発達を，素朴に年齢を重ねることととらえるなら，私たち人間は発達することで，自殺が可能になる存在であるということです。

　自殺は子どもの問題の中でも，最も深刻な問題です。その問題であっても，ある程度，発達しないと私たちはそれをすることができません。つまり，子どもの問題は，発達の未熟さゆえに生じているというよりも，発達に支えられて

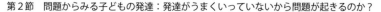

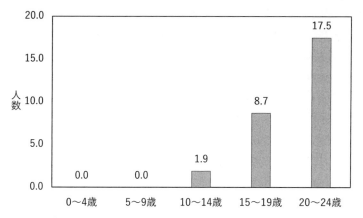

図1　年齢階級別10万人あたりの自殺者数（人口動態調査2019年度）

生じていると考えたほうがよいのではないでしょうか。それが，私がここで提案したい問題および発達の見方です。

2-2. 問題を可能にする発達

　それではこの自殺が可能になる9〜10歳の時期にはどのような発達が起きるのでしょうか。認知発達に関していえば，この時期，二次的信念という相手のこころを推論する力が飛躍的に伸びます。簡単にいえば，相手の気持ちを非常によく考えるようになるということです。より正確には「『私があなたのことをどう思っている』とあなたは思っているか？」ということを考えられるようになります。少しややこしい言い方ですが，恋愛のことを考えてみるとわかりやすいでしょう。つまり，「『私があなたのことを好きだってこと』が，あなたにバレてないかしら？」ということが考えられるということです。

　このことは，相手の気持ちをより深く考えたり，物事をより深く思考する力がついてきたことを意味している一方で，問題を深刻化させる力にもなりえます。たとえば，いじめです。というのも，相手の気持ちをより深く考えられるということは，それを悪い方向に使えば，どんなことをすれば相手がより深く傷つくかも考えられるようになり，よりダメージを与えることが可能になる

からです。9〜10 歳ぐらいになると悪口も変化します。男の子を例にすると，それまでは「強い・弱い」「(足が) 速い・遅い」など具体的なレベルでの悪口だったのが，「存在する意味がないよね」とか「生きてる価値がない」「キモい」など，抽象的なレベルでの悪口が加わってきます。抽象的なレベルではありますが，存在自体にかかわるような悪口であるため，深くこころをえぐり，傷つけることになります。またその一方で，加害者の立場からすると，「加害者の私が被害者の児童生徒のことをどう思っているか，先生はどう思っているか？」ということも考えられるようになるため，いじめを教師の目から巧妙に隠せるようにもなります。

　このように考えると，小学校高学年くらいから深刻化してくるいじめという問題も，発達によって支えられ，可能になっていることがわかると思います。そして，今どきのいじめがひどいのは，子どもたちに「規範意識が育ってないからだ」とか「ケンカなどの経験が足りないため，加減を知らないからだ」とか，「共感性が育っていないからだ」という「子どもの問題＝発達の失敗」説がいかに妥当性を欠いた説明であるかがわかると思います。実際，共感性に関しては，いじめをする子どものほうが共感性や相手の気持ちを推測する力が高いという指摘もしばしばなされています（たとえば，Sutton et al., 1999）。

　以上のことをまとめると，発達するとは必ずしもよいことばかりでもないということであり，発達することで問題が起きてくるということです。逆に考えるなら，問題というのも，悪いことばかりではなく，その裏に発達が隠れている可能性があるということです。したがって，何か問題が起きたとき，発達そのものを否定するのではなく，その力を別の方向性で活かすにはどうしたらいいのかを考えることが重要になります。このような理由から，思春期の問題を「発達の失敗」という観点からではなく，「それを可能にしている思春期の発達とは何か？」ということを明らかにすることを，自分自身の研究の問いとすることにしました。

3. どんな研究をし，何がわかったのか
なぜ思春期に自尊感情が下がるのか？

　学校の荒れ，いじめ，不登校・ひきこもりなど，これまでさまざまな思春期の問題を研究してきました。ここではその中の1つ，思春期における自尊感情の低下という問題を取り上げ，その背後にどんな発達が隠れているのかについて検討していきたいと思います。

　自尊感情とは，「自分のことが好きである」とか「だいたい自分に満足している」といったような項目で測定される自分に対する評価を含んだ感情です。教育現場ではほぼ同様の意味で自己肯定感という言葉が使われますが，ここでは同じ意味を表すものとして自尊感情を使いたいと思います。

3-1. 思春期になぜ自尊感情が下がるのか

　自尊感情については，子ども・若者におけるその低下がしばしば問題視されます（古荘, 2013）。とりわけ国際比較をした場合，日本の子ども・若者の自尊感情が諸外国に比べ著しく低いことから，その向上が政策的課題として議論されることさえあります（教育再生実行会議, 2017）。しかし，その一方で発達的にみると，日本に限らず思春期から青年期を通じて自尊感情が低下することが知られています。

　図2は9〜90歳までの自尊感情の生涯発達的な変化を示したものですが（Robins & Trzesniewski, 2005），思春期にあたる9〜18歳ぐらいまでは自尊感情は低下し続けます。その理由としては，主に3つの要因がいわれています（Santrock, 2019）。1つ目は身体的な要因です。思春期には第二次性徴がはじまります。たとえば，男性でいえば，体毛が濃くなったり，ヒゲが生えたり，女性でいえば，ふっくらとした体型に変化してきますが，それらを「うれしい」ととらえる人はあまりいません。そのようなわけで変わりゆく身体に対して，否定的な感覚をもつため，自尊感情が低下するというわけです。

　2つ目は環境的な要因です。多くの国において，この時期に学校移行を複数

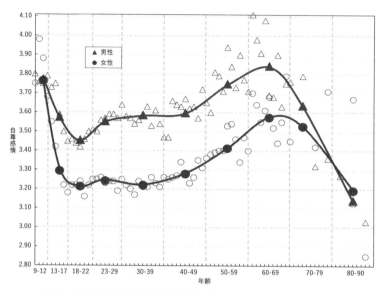

図2　自尊感情の生涯発達的な変化（Robins & Trzesniewski, 2005）

回，経験します。日本でいえば，小学6年生のときは，最上級学年として責任ある役割をまかせられ，中心的な立場だったのに，中学校に進学すると，また新入生として周辺的な立場に追いやられます。こういうことを幾度か繰り返すことで，自己の価値が相対化され，自尊感情が低下するのではないかということです。

　そして，3つ目は認知的な要因です。ピアジェ（Piaget, J.）によれば，思春期にあたる時期は，具体的操作期から形式的操作期へ移行する時期にあたります（ピアジェ，1979）。この時期，抽象的思考が発達し，以下のような推論が可能になります。

　前提1：イヌよりもアリが大きい
　前提2：ゾウよりもイヌが大きい
　　このとき……
　結論：アリはゾウよりも大きい

　現実世界にはゾウより大きなアリはいませんが，この結論は推論としては正しいものです（A＞B, B＞C, ∴A＞C）。このように現実にはありえないようなことであっても，形式的操作期に入れば，それを論理的には正しいものとして受け入れられるようになります。ここには，自尊感情の低下を考えるためのポイントが2つあります。

　1つは，反省的思考，すなわち「思考の思考」が発生していることです。現実にはゾウよりも大きなアリはいません。しかし，その現実にはありえない結論も受け入れられるということは，自分の考え方に間違いがないと考えられるからです。つまり，自分が考えていることを考えることができるということを意味しています。

　もう1つは，権威から論理への移行です。論理的に考えられるようになるということは，それを誰が言ったかではなく，正しく考えられているかということが重視されるようになることを意味しています。したがって，たとえ大人が言ったことであっても，それが論理性や合理性を欠いていれば，おかしいと反論することが可能になります。いわゆる不良の子たちが，「先生たちの言うことはスジが通ってない」と論理にこだわり，反抗的になるのも1つの発達の証といえます。よくある大人と子どもの葛藤場面に「なぜ子どもだけがそのルールを守らないといけないのか」というものがあります。たとえば，「髪を染めている教師もいるのに，なぜ生徒はダメなのか」などです。そういう子どもからの問いに対して，しばしば大人のほうが感情的になって，「ルールが守れないのなら，学校に来なければよい」とか「そういうことは自分で自分のことがすべてできるようになってから言いなさい」と返して，子どもが「大人はズルい」と怒るみたいな現象です。こうした現象は，しばしば思春期特有の「キレる」現象として語られますが，そうしたとらえ方ははたして妥当でしょうか。むしろ思春期の発達を踏まえるなら，子どもが論理的になる一方で，大人が論理的ではなく，反抗されたと思って権威的に返してしまっているところに，この現象が「問題」となってしまっている原因があるともいえます。

　話を自尊感情に戻すと，論理的になることは，物事に対して，それをそのまま受け入れるのではなく，批判的にとらえるようになるということです。したがって，この力が外側＝他者に向かえば，いわゆる第二次反抗期のような特徴

を示すことになり，内側＝自分に向かえば，自尊感情が低下するということになります。

3－2. 思考が発達することで自尊感情が下がる

　以上，身体的，環境的，認知的という3つの要因は，どれか1つだけが正しいというわけではなく，互いにからみ合って，自尊感情の低下を引き起こしていると考えられます。そして，ここでとくに重視したいのは3つ目の認知的な要因です。というのも，思春期にみられる自尊感情の低下というネガティブにとらえられがちな問題の背後には，思考の発達というポジティブな要因が関係しているといえるからです。しかし，上記の認知的な要因による説明については，さまざまな発達心理学や青年心理学の教科書（Santrock, 2019）でいわれているにもかかわらず，実際に思考の発達と自尊感情の関係を検討した研究がこれまでほとんどなされていませんでした。

　そこで私たちは，現場の養護教諭を共同研究者に迎え，中学生における思考の発達と自尊感情の変化の関係について調べることにしました（加藤ほか，2018）。具体的にはいわゆる大学の附属機関である国立中学校2校224名の生徒と，公立中学校2校409名の生徒を対象に，年に3回×3年間，計9回にわたる縦断調査を実施しました。

　少しこの調査の結果について解説します。まず自尊感情の3年間の平均的な推移を確認したところ，国立・公立中学校にかかわらず，中学2年生までは低下するものの，そこからは上昇する傾向がみられました（図3）。つまり，自尊感情はより時期区分を細かく区切って詳細に検討するなら，単純に低下するだけはないということがわかります。それでは中学1年生から中学2年生にかけて生じる自尊感情の低下には，いったいどのような要因が関連しているのでしょうか。それを明らかにするために，潜在曲線モデルという方法を用いて，個々人の自尊感情の変化の仕方にある個人差とその個人差に影響する要因を検討しました。それにより，どういう特徴をもった個人で自尊感情の低下がより著しくなるのかを検討したということです。具体的には，自尊感情の低下に影響する要因として，先に述べた身体的要因（成熟への拒否感）と認知的要因（批

第2節　問題からみる子どもの発達：発達がうまくいっていないから問題が起きるのか？

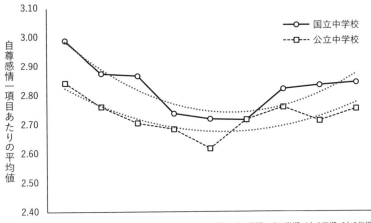

図3　学校種別の自尊感情の推移

判的思考態度）の2つを検討しました。その結果，身体的要因は関連しておらず，認知的要因のみが変化の仕方に関連していることがわかりました。正確には，中学1年生の入学時点の批判的思考態度が1点高ければ，国立中学校の場合は0.041点，公立中学校の場合は0.046点ずつ，各時点で自尊感情が低下していくことがわかりました。つまり，この結果が意味していることは，思考の発達が深まっている者ほど，自尊感情の低下が著しいということです。

　この関係を公立中学校のデータで視覚的に示したのが図4です。中学入学時の批判的思考態度の得点の高低で，思考が深まっていた群を高群とし，思考が深まっていなかった群を低群として，その後，中学2年生2学期までの自尊感情の推移を示しました。図4からわかるとおり，批判的思考態度が高い，すなわち思考が深まっていた高群では明らかに自尊感情の低下がみられるのに対し，思考が深まっていない低群では自尊感情がほとんど変化していないことがわかると思います。したがって，このことから，思春期における自尊感情には，身体的な要因よりも，思考の発達といった認知的な要因が関連していることがわかります。これは学校のタイプが異なる国立中学校でも同じでした。

　つまり，思春期の自尊感情の低下という一見ネガティブな現象の背後には，思考の深まりというポジティブな発達があり，それが思春期の自尊感情の低下

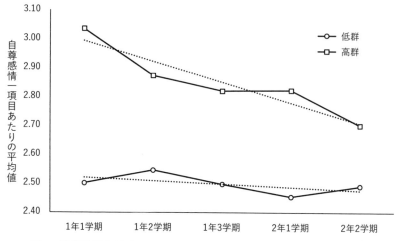

図4　批判的思考態度による自尊感情の変化パターン（公立中学校）

という問題を可能にしているということです。思春期というとなぜか結果的に子どもがキレたシーンや落ち込むシーンのみが注目され，揺れ動く思春期などといわれ，不安定さが強調されがちです。しかし，私たちの研究から強調したいことは，思春期とは不安定になることで問題が起きてくる時期というよりも，むしろ論理的になることで問題が起きてくる時期であるということです。

4. それが実践にもつ意義は何か
人々の見方を変え，より自由にする研究

それではこの研究結果が実践に対してもつ意義とは何でしょうか。ここでは教育関係者に対する示唆，保護者に対する示唆，そして，子どもに対する示唆の3つに分けて論じたいと思います。

4-1. 教師や政策決定者に対する示唆

まず教育関係者に対する意義についてですが，それは教師や政策決定者に対する意義です。先にも述べたとおり，子ども・若者の自尊感情の低下は政策的

な課題にもなっており，多くの教育現場で思春期の子どもたちの自尊感情や自己肯定感を向上させる取り組みがなされています。たとえば，内閣の諮問機関である教育再生実行会議（2017）から「自己肯定感を高め，自らの手で未来を切り拓く子供を育む教育の実現に向けた学校，家庭，地域の教育力の向上」という提言が出されており，自己肯定感を高めることが目的とされています。しかし，私たちの研究結果からすると，2つの点で見直しが必要であると思います。1つは，「向上」という評価基準の見直しです。先にみたように思春期は自尊感情が下がるのが基本です。したがって，何らかの取り組みをして，自尊感情が向上せず，現状維持だったとしても，それは低下を食い止めたという意義があります。また，たとえ何らかの取り組みの結果，自尊感情の低下が止まらなかったとしても，その低下の仕方（傾き）がゆるやかになっていたとすれば，それも意義があったといえます。このように子どもの自尊感情への介入効果の判定基準には幅をもたせた評価が必要だということです。

　もう1つは，そもそも思春期に自尊感情を向上させる必要があるのかということです。それを判断するためには，どのような理由で自尊感情が下がっているのか，その理由に注目する必要があります。もし，いじめや教師のかかわり，教育環境の不備によって自尊感情が低下しているのであるなら，何らかの介入をする必要性はあるでしょう。しかし，思考が発達することによって低下しているのであるなら，無理に介入して自尊感情を向上させることよりも，少し長期的な視点で見守ることが必要だと思います。というのも，図4にみたように思考が発達している高群では，短期的には自尊感情の低下が起きますが，いちばん低下するところでみると，思考が深まっていない低群に比べ，高いところで下げ止まります。またその後の推移をみると，高群はそこから上昇に転じますが，低群はそのまま低水準で推移していくこともわかっています。つまり，思考の発達は，短期的には自尊感情の低下をもたらしますが，長期的な視点でみると，それが自尊感情の過度な低下を防ぎ，またその後の自尊感情の向上を支える可能性があるということです。したがって，このような場合は，無理して自尊感情を高めるような働きかけをするよりも，「思春期には自分に自信がもてなくなることもあるよね」と共感し，しかし，その背景には思考の発達が起きているということ，すなわち，成長の証でもあるということを，大人

が子どもと共有することが重要なのではないかと思います。つまり，引き上げるような教育だけでなく，事実を共有し，支えるような教育の重要性です。

4-2. 保護者に対する示唆

次に保護者に対する意義です。よく思春期は子育てが難しくなる時期だといわれます。実際に「いつも子どもがイライラしていてどう接してよいかわからない」「何を聞いても『べつに……』と不機嫌そう」「何も話してくれない」など，相談業務をしていると，このような子どものネガティブな様子が語られることがよくあります。しかし，その背景には子どもの思考の発達があり，そこに目を向けることが重要になると思われます。1つ，エピソードを示しましょう。

図5　9歳児の反論

写真（図5）に示したのは，9歳の男の子（小学4年生）が父親に対する不満を書いたものです。これは9歳の男の子が，かんしゃくを起こして「キーキー」言っているのに対し，父親が腹を立てて「キーキー，キーキー騒ぐなっ！」と言って怒ったときに，彼が黒板に自分の理屈を書いたものです。何が書いてあるかというと，次のようなことでした。

　　パパはおかしいと思う。理由は（ぼくが）「キーキー」（言うこと）だろうと，
　　（パパが）「コラコラ」（言うこと）だろうと，同じ怒っていることとしては同
　　じだからだ。　　　　　　　　　　　　　　　　　※（　）内は筆者による補足。

理屈としてはスジが通っており，論理的な反論だと思います。ところが，これをもし口で言われ，大人の側が「親に向かって，その口のきき方はなんだ!?」などと権威的に返してしまったら，対立はより深刻なものになると思われます。そのとき，多くの保護者はもしかすると，このような事態を「思春期にな

り，子どもがキレやすくなった」とか「難しい」などと表現するかもしれません。しかし，発達を踏まえ客観的にこの事態をとらえると，実際に起きていることは，子どもの論理的な問いかけに，大人の側がズレた反応を返しているということが理解できると思います。当然，子どもの側からすれば，そのズレた反応に「話をすり替えるな！」と反抗したくなる気持ちもわかります。また「もう，この人と話しても無駄だわ」と口をきかなくなるのも理解できるのではないでしょうか。つまり，思春期の反抗の問題とは，子どもが不安定になっているというよりも，むしろ，論理的になる子どもに対し，大人が権威的に反応してしまっている結果だと理解できます。

　したがって，保護者は，子どもが思春期になり，子育てが難しくなってと思ったら，それはその背景で論理的な思考が発達している可能性があると考え，彼／彼女らの理屈・論理に耳を傾ける必要があると思います。そして，もしその言い方や表し方が不適切であったなら，「言っていることは確かにそのとおりだけど，その言い方で言われると，こちらも傷つくので，少し言い方を工夫してもらえないだろうか」あるいは「せっかくよいことを言っているのだけど，言い方が悪くてもったいないなぁ」くらいのところに着地点をもっていくのが，子どもの論理を認めつつ，同時により適切な方法を子どもに伝えるベターなやり方ではないかと思います。

4-3. 子どもに対する示唆

　最後に最も重要なのが，思春期の子ども自身に対する示唆です。私はときどき，中学生からとらせてもらったデータを示しながら，中学生と一緒に思春期について考えるような授業をしています。そのとき中学生自身に「思春期ってどんな時期だと思う？」という質問をすると，「眠い」とか「だるい」「親や大人の言うことが納得できない」「人と自分を比べて嫌になる」などいろいろな答えが返ってきます。その中でも，それほど多く子が答えるわけではないけれど，誰かが言うと周りのみんなが「ある，ある」と深く共感を示すものに「悩むことに悩む」というものがあります。具体的には以下のようなものです。

　　相手にどのように思われているかが，気になってしまい，本当の自分を隠
　したくなってしまう。それで隠している自分がイヤになる。(中3女子)

　　自分や周りの人にイライラしてきて，そのイライラしている自分がイヤに
　なる。(中3男子)

　このことは先に述べた考えることを考えられるようになる反省的思考と同じ
く，思春期に成し遂げられる発達の1つです。反省的思考は深い思考を可能に
すると同時に，悩みも深めるということがわかります。さらに厄介なのは「悩
むことに悩む」力は，「悩んでいる自分に悩んでいる自分に悩む……」という
かたちで終わりがありません。このような思考の悪循環を専門的にはネガティ
ブ反すうと呼び，うつ状態を維持・深刻化させるメカニズムの1つと考えられ
ています (Nolen-Hoeksema, 2004)。つまり，思春期における思考の発達が，う
つ病への罹患を可能にもしているということです。逆に考えるなら，思春期に
抑うつ的になる背景には，思考の発達が隠れているともいえます。そこで授業
や調査に協力してくれた中学生に，結果のデータを示すとともに私たちは次の
ようなメッセージを送っています。

　　こんにちは。いつも，研究のためのアンケートに協力してくれてありがと
　う。2年間アンケートを行って，少し結果が出てきたので，それをお知らせ
　します。
　　……このデータからわかることは，思考の発達と自尊感情の低下が関係し
　ているということです。もっとわかりやすい言葉でいうなら，みなさんは
　「深く考えることができるようになることで，自分に自信をもてなくなった
　り，満足できなくなる」ということです。
　　だから，もしみなさんが，「自分に自信がもてない」と思うようなことが
　あったなら，それは決してみなさんが劣っているからとか，思考が混乱して
　いるからとかいうことではなく，今までよりも深く物事を考えられるように
　なったからなのです。
　　ちょっと変な言い方ですが，自分に悩むことがあったら，「今，頭がバー

ジョンアップしているところなんだ！」（笑）と思ってもらえたらと思います。

　これは調査協力校の中学生に送ったお礼の手紙です。授業などをやっていて，いつも思うのは，中学生自身が思春期を非常にネガティブにとらえていることです。また決まって多く出てくる感想が，自尊感情が低下するグラフを見て，「自分に対して自信がないのは，自分だけじゃないんだとわかって安心した」というものです。つまり，中学生は，ふだん，あれだけ友だち同士でたくさんおしゃべりをしているにもかかわらず，悩みや自分に対する否定感というものを共有してはいないのだということです。そこで私たちの実践では，調査データなどを使って，中学生みんなが経験している悩める姿を可視化し共有すること，そして，その背景には思考の発達というポジティブな側面もあるのだということを知ってもらうことを目指し，授業を行っています。

　しばしば教育現場では，悩み，自信をもてない生徒に対して，「せっかくだから本当に自分が何をしたいのか，しっかり自分の心に聞いてみよう」といったかたちで，その視点を内面に向けさせるような実践がしばしばなされます（これは大学の就職活動においてもよくみられるやり方です）。しかし，私たちの研究結果からすると，それはかえって「悩むことに悩む……」（ネガティブ反すう）に拍車をかけることになりかねず，精神的に抑うつ状態へと追い詰める可能性さえあります。

　したがって，私たちの実践では，できる限り，視点を外側に向けることを意識しています。たとえば，「この思春期に自尊感情が低下するデータを見て，どう思ったのか，周りの人たちと感想を話し合ってみよう」とか，かつて思春期を生きた人たちは，このような時期をどのように乗り越えてきたのか，先生や親，できれば外国の人の話を聞いてみよう，あるいはこういうときこそ文学や哲学書を参照してみようなど，視点を空間的にも時間的にも，今・ここから少し外側に向ける努力です。そうすることで思春期に生じる悩む力を，他者を理解したり，作品を味わったりする力へと転換し，より深い学びへと活かし，つなげられないかと考えています。

4－4. 思春期の見方を変える

　最後に，私は思春期とは，人生の中で最も創造的で豊かな時期なのではない
かと考えています。たとえば，ヴィゴツキー（Vygotsky, L. S.）は，思春期を抽
象的な思考が発達することで「具体的な状況から自由になり，具体的状況の諸
要素を創造的に加工したり変化させることができるようになる」時期と特徴
づけています（ヴィゴツキー，2004, p. 280）。どういうことかというと，思春期は
思考が発達することで，単に現実を認識するだけでなく，理想や可能性など，
今・ここにはないもの，いまだ実現されていないものを想像できるようになり
ます。そうなると目の前に与えられた現実は，単に受け容れるものではなく，
同時に，理想や別の可能性からみて，批判し変革すべき対象としても認識され
るようになります。たとえば，自分が何か嫌だな・変だなと思ったとき，それ
までは自分のほうが現実に合わせるべきだと考えていたのに対し，思春期にな
ると，もしかすると間違っているのは自分ではなく，現実や今の社会のほうか
もしれないと考えることができるようになります。つまり，それ以前は，与え
られた環境に適応していく主体であったのに対し，思春期になると，それだけ
ではなく，与えられた環境に積極的に関与していく変革の主体になるというこ
とです。したがって，思春期は単に先行世代の文化的遺産を受け継ぐだけでは
なく，そこに変化を加え，ときに拒否し，新しいものを創造することを可能に
する時期だといえます。こうしたことは社会変革といった大きなことだけで
なく，流行を生み出したり，スマートフォンやコンピューター・ゲーム，イン
ターネットといった新しく出現した道具や環境に，いち早く適応し，大人の想
像を超えて使いこなすのが10代の子どもたちだということからも容易に理解
できると思います（だからこそ，新しいツールがわからない大人からすると，そうし
た新しい行動が脅威に映り，何かと禁止したり制限したがることになるのです）。
　このような思春期の子ども・若者たちの高い適応力と創造力は，心理学以外
の領域においても，ヒトをヒトたらしめる1つの理由として注目されています。
たとえば，図6は，ヒト科の誕生から20歳までの発達段階の区分（生活史）を
示したものですが（Bogin, 2001），思春期（Adolescent）は，ホモサピエンスに
なって初めて出現した発達段階であると考えられています。

第2節 問題からみる子どもの発達：発達がうまくいっていないから問題が起きるのか？

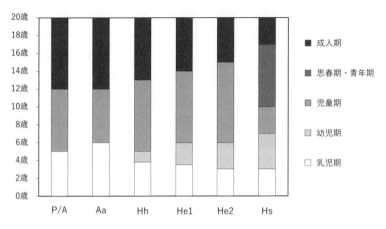

P/A：チンパンジー／アウストラロピテクス・アフリカヌス
Aa ：アウストラロピテクス・アファレンシス
Hh ：ホモ・ハビリス
He1：前期ホモ・エレクトゥス
He2：後期ホモ・エレクトゥス
Hs ：ホモ・サピエンス

図6　ヒト科の20歳までの発達区分（Bogin, 2001）

　他の動物では，子ども期が終わると，次世代の再生産（生殖活動）に入り，大人の一員となります。しかし，人間の場合は，第二次性徴が起き，子どもがつくれるような身体になってからも数年から十数年，次世代の再生産を待たされることになります。またエリクソン（Erikson, E. H.）がこの時期をモラトリアムと呼んだように，社会的にも働けるようになっているにもかかわらず，社会に出ることを猶予されます（エリクソン, 2017）。つまり，生物的にも，社会的にも大人になることを抑制されているというわけです。

　しかし，その一方で，思春期があったからこそ，ヒトがこれほど文明を発展させることができたとも考えられます。つまり，前の世代のものをそのまま受け取るのではなく，批判的・創造的に受け取り，ときにはリスクをとることを厭わないことで，激変する地球環境の変化に適応でき生き残れた，あるいは他の動物にはない高度な文明を発展させることができたのではないかということです（Yamauchi, 2016）。

　このように考えるなら，思春期の子どもたちが，ときに大人に反抗するよう

な行動をとったり，何かと現状に不満を募らせたりするというのも，人間の進化・生存戦略にとって非常に重要な意味があると考えられます。なぜなら，大人からは問題とみえる行動も，現状をそのまま受け取るのではなく，何かに変革を迫る行動であり，それは私たちの社会が発展していくための創造的な営みの1つである可能性があるからです。しかし，今の社会では，私たちがその可能性を活かせず，ただの問題＝ネガティブなものとしてしかみることができない場合が多くなっています。また，さらに問題なのは，その見方を子どもに押しつけてしまっていることです。たとえば，以下は思春期に関する授業を行った後に，中学1年生たちが寄せた感想の一部です。

　今までずっと反こう期だからとか，ししゅんきだからすごい暗い気持ちなると思っていたけど，（授業を通して）そう思う理由ってのがわかったから，元々けっこう暗い気持ちになる人だから，自分の性格が好きじゃなかったけれど，今日聞いたことをちゃんと活用して，自分のことを好きになれたらいいなって思いました。　　　　　　　　　　　　※（　）内は筆者による補足。

　ずっと悩むことを悩んでいた。それがダメだと思っていた。

　反こう期はだめな事だと思っていたけど，自分の脳が育って，論理的になっておこるということがわかった。反こう期はダメな事じゃなくて，逆に良いことというのがわかった。

　私は思春期がただネガティブな時期だと思っていたけど，自分の考え方のレベルが上がったというように考えることによって，思春期をよいものだと考えられるようになった。

　今回の授業で，思春期とは何か，他人に反抗したり，自分を責めたりすることをあらためて考える良い機会だったなと思った。中でも，悩んでいることに悩んでしまうことや，反抗的になってしまうのは，物事を論理的にとらえられているというのが，一番心に残った。誰しも親や先生などに反抗的

第2節　問題からみる子どもの発達：発達がうまくいっていないから問題が起きるのか？

になってしまったり，できない自分にいらだったりするのは，論理的に考えられている証拠で，自分がレベルアップするのには大切な時期だというのをしっかり理解しておくことで，悩んでいる時などにも，自分や相手を責めすぎなくて良いのかなと思った。

　私は自尊心があまりなく，クヨクヨしてしまうことが嫌だった。自分に自信を持ちたくて勉強なども行っていたけど，それが実を結ばず，悔しい思いをしていた所だったので，物をろん理的に考えられるようになってきていることを知れて，とても良かった。……心の成長に自分が追いつけるように頑張りたいと思った。

　一読してわかるとおり，少なからぬ子どもたちが思春期をネガティブにとらえ，自分自身を責め，否定するような経験をしていることが理解されると思います。繰り返しになりますが，本来，思春期とは，人生における最も創造的な時代です。それをこのようにネガティブにしかとらえられないのはもったいないように思います。また本当は，大人の対応がまずいのかもしれないにもかかわらず，この時期に起きる問題の原因を「思春期の問題」や「難しい時期だから」と子どもの側に帰属させてよいのだろうか，という疑問もあります。

　私の研究の今後の課題は，その結果を社会に返すことで，当事者の子どもを含め，多くの人たちの思春期に対する見方を変えることです。それによって子どもたちやその保護者，教育関係者が「もっとこんな考え方があるんだ」とか「もっとこんなかかわり方があるんだ」と，考え方やかかわりの選択肢を増やしてもらいたいなと思っています。近年の心理学研究では，エビデンスを強調することで「こういうときはこういうふうにすべき」というように，どちらかというと選択肢を絞るような必然性が強調されがちです。しかし，学問には，違う見方を呈示することで，それまでとは異なる別の視点から物事を考えることを可能にするような役目もあります。私自身は，思春期を研究しながら，どちらかというと後者の視点から，人々を自由にするような研究や発達の見方を呈示していきたいなと思っています。

[引用文献]

Bogin, B. (2001). *The growth of humanity*. New York, NY: Wiley-Liss.

Erikson, E. H. (1968). *Identity: Youth and crisis*. New York, NY: W. W. Norton & Company.（エリクソン，E. H.　中島 由恵（訳）(2017)．アイデンティティ──青年と危機──　新曜社）

古荘 純一（2013）．日本の子どもの自尊感情はなぜ低いのか──児童精神科医の現場報告──　光文社．

加藤 弘通（2007）．問題行動と学校の荒れ　ナカニシヤ出版．

加藤 弘通・太田 正義・松下 真実子・三井 由里（2018）．思春期になぜ自尊感情が下がるのか？──批判的思考態度との関係から──　青年心理学研究，*30*(1)，25-40.

教育再生実行会議（2017）．自己肯定感を高め，自らの手で未来を切り拓く子供を育む教育の実現に向けた学校，家庭，地域の教育力の向上（第十次提言）．https://www.kantei.go.jp/jp/singi/kyouikusaisei/pdf/dai10_1.pdf（2021年1月30日アクセス）

Lee, F. S., Heimer, H., Giedd, J. N., Lein, E. S., Šestan, N., Weinberger, D. R., & Casey, B. J. (2014). Adolescent mental health: Opportunity and obligation. *Science*, *346*(6209), 547-549.

Nolen-Hoeksema, S. (2004). The response styles theory. In C. Papageorgiou & A. Wells (Eds.), *Depressive rumination: Nature, theory, and treatment* (pp. 107-123). New York, NY: Wiley.

Piaget, J. (1972). Intellectual evolution from adolescence to adulthood. *Human Development*, *15*(1), 1-12.（ピアジェ，J.　落合 正行（訳）(1979)．青年期から成人期までの知的発達　芳賀 純（編訳）．発達の条件と学習（pp. 187-210）　誠信書房）

Robins, R. W., & Trzesniewski, K. H. (2005). Self-esteem development across the lifespan. *Current Directions in Psychological Science*, *14*(3), 158-162.

Santrock, J. W. (2019). *Adolescence 17th edition*. New York, NY: McGraw-Hill Education.

Sutton, J., Smith, P. K., & Swettenham, J. (1999). Bullying and 'theory of mind': A critique of the 'social skills deficit' view of anti-social behaviour. *Social Development*, *8*(1), 117-127.

Л.С.ВЫГОТСКИЙ (1984). ДЕТСКАЯ ПСИХОЛОГИЯ. Под редакцией Д. Б. ЭЛЬКОНИНА Л.С.ВЫГОТСКИЙ СОБРАНИЕ СОЧИНЕНИЙ том ЧЕТВЕРТЫЙ. МОСКВА ПЕДАГОГИКА.（ヴィゴツキー，L. S.　柴田 義松・森岡 修一・中村 和夫（訳）(2004)．思春期の心理学　新読書社）

Yamauchi, T. (2016). Body growth and life history of modern humans and Neanderthals from the perspective of human evolution. In H. Terashima & B. S. Hewlett (Eds.), *Social learning and innovation in contemporary hunter-gatherers: Evolutionary and ethnographic perspectives* (pp. 285-291). New York, NY: Springer.

第3章

役割と発達

第1節

イクメン現象と親としての発達：
イクメンであろうとすることが父親に及ぼす影響は？

照井　裕子

1. なぜこの問題を研究しようと思ったのか
　　親役割のユニークさとジェンダー問題の実感から

　私たちは日常生活を送る中でさまざまな「役割」をもっています。たとえば「学生」であり，「バイト・スタッフ」であり，「兄」であり，「友人」であり，「男性」であり……というように，個人により複数の「役割」をもって生活しています。私はこうした「役割」の中で「親役割」に関心をもち，親という役割を担う個人がどのように発達していくのかということを基本的な研究テーマとしてきました。

　私は学生時代，もともとは意思決定というテーマに関心をもっていました。結局，意思決定が自分の研究テーマになることはありませんでしたが，人生における意思決定という観点から考えた際に，「親になる」つまり親役割を担うということのユニークさにふと思い至ったことは，私が親を対象とした研究を行う大きなきっかけの1つだったように思います。そのユニークさとは，一度親になったら基本的には親であり続けるということです。親であることは簡単には放棄することができない役割です。他の役割おいても一度担ったらずっと担い続ける種類のものがあります（たとえば，子どもであること，兄であることなど）。ただし，親という役割については，兄であることや子どもであることとは異なり，積極的か消極的かは別として自らの選択がかかわりうるという特徴があります。そのうえで，一度役割を担いはじめたら担い続けることが前提となっているという特徴は親役割ならではのものではないでしょうか。

　この親という役割に関しては，大きく分けて2つのとらえ方が研究上なされてきたと考えられます。1つ目は，子どもを育てるうえで必要となる世話やかかわりを実際に行う子育て行動の担い手としての役割といった意味で親役割をとらえるもので，研究によりその内容については幅広くとらえられています。

そして2つ目は，ジェンダーの視点を踏まえた性別役割といった視点からとらえる親役割という見方です。いずれも親としての発達を論じるために必要なとらえ方ですし，研究上同時に扱われているケースもありますが，本節ではとくに後者の性別役割に着目したいと考えています。本書のテーマの1つにもなっている個人の多様な生き方をとらえるということを視野に入れた場合，このジェンダー的な要素を含む性別役割という観点から親を理解することには大きな意味があるのではないでしょうか。

　学生時代，就職するか否か，就職する場合にはどのような職場を選ぶか，そんな話題の中で結婚や子どもをもつことについての希望は進路や就職先を選ぶ理由を説明するために言及され，それぞれの友人にそれぞれの希望がありました。そして，結婚の希望や子どもの有無の希望は別として，男性の友人は働き続けることを前提とし，女性の友人においてのみ"多様な"ライフコースの希望が語られました。友人たちと将来の希望を語る中で，男性は稼ぎ手，女性は家事・育児・介護の担い手という性別役割分業が暗黙の前提として私たちに根付いている（柏木, 2016）ということに実生活の中で実感させられたように思います。

　また，その他にも親と性別役割をめぐる問題について考えさせられたエピソードがあります。簡単に紹介したいと思います。そのとき，私はあるミーティングに参加していました。予定されていたミーティングの終了時刻を迎えましたが，ある議題についての結論が出ていませんでした。しかし，あと少しだけミーティングの時間を延長すれば結論がみえそうな状況です。ミーティング・リーダーは「あと30分会議を延長できないだろうか」とメンバーの都合を確認しはじめました。「延長しても大丈夫」という返事が続いた後，最後の男性が「延長は難しい」と発言しました。

　最後の男性の発言を受けて，ミーティング・リーダー（最後に発言した男性の直属の上司でもあります）は，「ちょっとくらいなんとかならない？」と伝えますが，「申し訳ないけれども明日息子の誕生日会があるからその準備に帰らないと。買い物もあるし」と延長が難しい理由を述べました。みなさんはこの場に居合わせたらどのような思いを抱かれるでしょうか。もしみなさんがミーティング・リーダーだったとしたら，このあとどのような発言をするでしょう

か？

　このエピソードでは，この後ミーティング・リーダーが「そうか，じゃ延長
は無理だね。今日はここまでにしましょう」と発言し，ミーティングはそのま
まお開きとなりました。

　このエピソードは海外の研究者も参加していたミーティングに筆者が出席し
ていた際に経験したものです。筆者の語学力の問題で2人の会話について十分
に聞き取れていない部分もあるかもしれませんが，エピソードの大筋を示しま
した。ミーティング・リーダーと最後の発言者は子育てをしやすい社会とされ
る北欧のある国の研究者でした。社会の中で共有されている価値観の違いや実
際の働き方，子育てのあり方についてあらためて考える機会をもたらしてくれ
たように思います。

　私が学生時代を過ごしていたときに比べ，育児を積極的に行ういわゆる「イ
クメン」という新たな父親像も社会的に身近なものとなっています。少しずつ
子育てをめぐる性別役割分業に対する人々の意識は変化しつつあるのだと考え
られます。社会全体として変化しつつある親をめぐる性別役割分業に対すると
らえ方は，実際どのように子育てに関係しているのでしょうか。

2.　どんな問いを立てたのか
父親は育児をすることで発達するのか？

　本節では，上述の関心を背景に，とくに父親の父親としての意識が性別役割
分業や育児行動といったことにどのような影響を受けているのかということに
ついて理解を深めたいと考えています。ここでは，現代の父親たちを取り巻く
性別役割分業をめぐる実情の理解と関係する先行研究の整理から具体的な問い
を立てていきます。

2−1.　親役割における性別役割分業：イクメンは増えている？

　はじめに，親役割における性別役割分業に関連した社会的な状況についてまず
は確認しておきます。性別役割分業を前提としたいわゆる母性愛神話・3歳児神

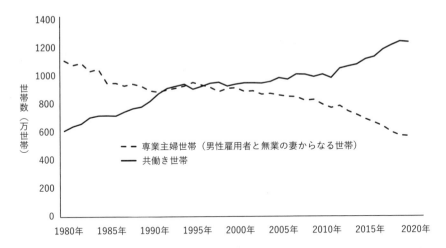

図1　専業主婦世帯数および共働き世帯数の年次変化（厚生労働白書より作成）

話といったものは1970年代に隆盛を迎えたと指摘されています（宮坂, 1999）。1997年には専業主婦家庭と共働き家庭の世帯数が逆転し，共働き家庭のほうが多くなりました。その後，右肩上がりに共働き家庭は増え続けています（図1）。こうした共働き家庭の増加は，性別役割分業を前提とした働き方や家事・育児の分担の見直しにつながっています。内閣府男女共同参画局（2020）の調査によると，「夫は外で働き，妻は家庭を守るべきである」という考えに反対する人が6割を超えており，性別役割分業を否定的にとらえる人が多くなってきていることが示されました。

　2010年の流行語ともなった「イクメン」は，同年，厚生労働省によるイクメンプロジェクトの立ち上げがきっかけになったと考えられます。イクメンプロジェクト立ち上げから官民挙げて世に広められました。このプロジェクトでは，「イクメン」を「子育てを楽しみ，自分自身も成長する男性のこと，または，将来そんな人生を送ろうと考えている男性のこと」として，男性がより積極的に育児にかかわることができるようなムーブメントを巻き起こすことが狙いとされています。実際，読者のみなさんの多くも「今の子育て中の父親たちは子育てをするようになっている」と感じているのではないかと思います。街を歩くと日常的に父子で歩いている親子連れの姿を目にします。たとえば，保

健センターが母子保健事業として行う乳幼児健康診査において父親が同行した
り，父親のみが子どもを連れて来所するケースが増加している（沼田，2015）な
ど，父親たちの子育てへのかかわりは変化してきているようにみえます。

　ただし，父親の育児時間を確認してみると実はそれほど大きな変化がないこ
とがみえてきます。社会生活基本調査（総務省統計局，2016）によれば，6歳未満
の子どもをもつ夫の週全体の平均育児時間が1日あたり2006年33分，2011年
39分，2016年49分です。それに対して，女性の育児時間は2006年で男性の約
5.7倍（189分），2016年においても約4.5倍（225分）と，より多くの時間を子育
てに費やしています。男性は10年間で平均育児時間が16分増加していますが，
劇的に育児時間を増加させたわけではないことがわかります。夫婦それぞれの
就業形態別に育児時間を確認しても，夫が非正規，あるいは無業である場合を
除いて妻に比べてかなり短く，とくに妻が就業している家庭では妻に仕事と家
事・育児といった二重負担状態がかかっている家庭が少なくないという状況が
読み取れます。

　なお，この育児時間調査には「育児時間が0分」という人も含まれています。
実際に週のうちに少しでも育児を行った父親は，6歳未満の子どもをもつ場合
30.4％でした。この少しでも育児を行っている父親の週全体の平均育児時間を
確認すると1日あたり148分となります。育児を行っている父親であっても母
親に比べると育児時間が少ないことには変わりがありません。しかし，育児を
行う父親とそうではない父親の間には大きな差があることがみてとれます。

　ここで確認しておきたいのは，父親が子育てに積極的にかかわることを肯定
的にとらえる価値観やそれに基づく父親も子育てにかかわるようになってきて
いるといった世間のイメージは浸透しているものの，実際に育児にかかわって
いる父親は父親全体からすると限られていそうなこと，つまり父親の育児への
かかわりは二極化しているととらえることができるということです。

2−1−1．父親の性別役割観と育児行動

　二極化している父親による育児へのかかわりですが，どのように父親の抱く
性別役割観と関係しているのかを先行研究により確認します。先に述べておく
と，性別役割観がどのように育児行動に関係しているかについては，一致した

研究結果は得られていません。たとえば，佐々木（2012）は，家庭内において夫婦で分業をするといった性別役割意識が高い場合，子育てへのかかわりが低くなることを指摘していますが，森下（2006）においては，父親の性役割観は育児への関心という父親の内面に影響を及ぼすものの，子どもとの遊びや世話といった具体的育児行動には影響を及ぼさないとされています。また，松田（2002）は，父親の育児へのかかわりの程度の規定要因 として，父親の性別役割分業意識や資源ではなく，一にも二にも長時間労働からくる父親の時間的余裕の有無にあると結論づけています。ワーク・ライフ・バランスといった観点から，以前に比べ仕事だけでなく家庭生活を含んだ個人の生活が尊重されることの必要性が認識されるようになってはいますが，たとえば前項で紹介したエピソードにみられるようなありようとは異なる労働環境に置かれている個人が多いのではないでしょうか。父親本人の育児をめぐる役割についての価値観と同時に，父親自身の労働環境からくる育児に割くことのできる時間の問題も大きく，これらが一致しない結果の背景にある可能性が考えられます。

2−1−2. 育児行動が父親にもたらすもの

　先に示した「イクメン」か否かは子育てを通じた父親の成長にかかわっているのでしょうか。先行研究においては，子どもとの遊びや世話といった直接的な育児行動が家族への愛情を増加させること（森下, 2006），家庭への協力的なかかわりが子どもへの肯定的感情を強めたり（柏木・若松, 1994），父親の前向きなストレス・コーピングや自我同一性の発達とポジティブに関連すること（尾形・宮下, 2000; 尾形ほか, 2005）などが明らかになっています。また，プレックとマシャドレッリ（Pleck, J. H. & Masciadrelli, B. P., 2004）では，父親の育児行動が短期的にはワーク・ファミリー・コンフリクト（仕事と家庭生活の間の葛藤）の増大や自己評価の低下などのネガティブな効果をもたらすことがあることを指摘しました。そして，エリクソン（Erikson, E. H.：エリクソン, 1977）のいう「次世代を確立させ導くことへの関心」であるジェネラティヴィティの発達につながるとしました。

　とくに，積極的に育児にかかわる父親の経験はその経験の内実についても研究蓄積がみられています。たとえば庭野（2007）は，主体的に子どもの世話役

割を果たすようになった7名の父親たちへの聞き取りで，「性別役割分業意識の変容」のみならず，「仕事に対する意識の変容」（出世へのこだわりの消失と，仕事も生活も楽しむことを志向するようになる）や，「自分自身の内面に関する意識」（社会性や感受性が豊かになる）が変化したと報告しています。また菊地・柏木（2007）も，育児休業を取得した父親7名へのインタビューから，「働き方の変化」「家庭役割への変化」「親としての変化」という3つの側面で仕事中心の生活ではみえなかったであろう気づきを体験していると結論づけました。

　このように，父親が育児を行うことによる成長・発達や，父親自身の生活世界を広げるようなポジティブな経験になっているとの報告が確認できます。

2−1−3.　本節の問い

　社会的な流れとしては「イクメン推奨」にあることは否めません。「家族を養い守るのは自分の責任である」「家族のために，仕事は継続しなければいけない」といった稼得役割に関する意識を問う質問に対して賛成する割合が，30代および40代の既婚男性に限るとそれぞれ74.1%，79.1%となること（内閣府男女共同参画局, 2020）を踏まえると，多くの父親たちは稼得役割を担うべきと考えている中で，積極的な親役割をはじめとする家庭人としての役割への関与が期待されている状況にあるといえます。しかし，実際に育児にかかわれている父親はイクメン推奨の中で劇的に増えているわけではなさそうなことを先に確認しました。こうした状況を踏まえると，育児をしたいけれどもできない父親たちが一定程度存在していることが想定されます。松岡ほか（2006）は，育児期の男性においては，周囲の他者の中で子どもの視点からみた理想像と現実の自分とのギャップが大きいと父親が判断する場合に，自尊感情が低下することを指摘しています。つまり，子育て期の父親にとって，子どもにかかわることが自分の理想に当てはまるか否かが父親の心理に影響を与えることが示唆されたといえるでしょう。

　これまでの研究においては，父親自身の育児行動と親としての役割に対する価値観の関連が検討されてきました。また，育児行動は父親としての発達を含む心理的状態にかかわる要因として独立に扱われてきました。概して父親の役割分業に関する価値観は育児行動を左右しうるし，育児行動は父親としての発

達を促すといったモデルに基づいた検討が行われてきたわけです。しかし，現代の日本の父親たちの置かれている状況を考えると，父親としての役割に関する価値観と育児への実際のかかわりという行動の組み合わせにより，父親自身の発達や自己のとらえ方が異なる可能性を含めた検討が必要といえるのではないでしょうか。たとえば育児をしたくてもできない（できていない）という父親たちを理解しうるような，こうした検討の中で，父親本人の育児における役割観と行動の組み合わせが父親自身の発達にかかわる内面にもたらす帰結も丁寧に把握していく必要があると思われます。こうした問題意識を背景に，本節では性別役割についての父親の価値観と実際の育児行動の交互作用が父親自身の親としての自分をとらえる意識にどのような影響を与えるのかを検討します。

3.　どんな研究をし，何がわかったのか
夫婦平等役割観の違いにより育児行動のもつ意味が違う？

　上に示した問いを検討するために，乳幼児期の子どもを育てる父親を対象に行った質問調査のデータに基づいた分析から明らかになったことをここで確認していきます。

3−1.　調査方法

3−1−1.　調査手続き
　協力してくれたのは，首都圏内で乳幼児を子育て中の父親たちです。保育所・幼稚園・子育てサークルを通じて，457名分の配布を行い，回収されたのは165名分でした（回収率36.1%）。回答に明らかな不備や無効回答の多かったものを除いた145名分を分析対象としました（有効回答率31.7%）。調査は2011年に実施しました。

3−1−2.　調査協力者
　調査協力者の平均年齢（*SD*）は35.78歳（4.56），妻の平均年齢（*SD*）は33.70歳（3.98）でした。子どもの数は1人が42名（29.0%），2人が83名（57.2%），3

人が20名（13.8%）でした。父親の就労状況については，フルタイム137名
（94.5%），その他3名（2.1%），無回答5名（3.4%），妻の就労状況はフルタイム15
名（10.3%），パート・アルバイト10名（6.9%），無職114名（78.6%），その他2名
（1.4%），無回答6名（4.1%）でした。本研究の調査協力者の属性の特徴として，
父親がフルタイムで働き母親が専業主婦であるという組み合わせの家庭が7割
を超えていることがあげられるでしょう。

3-1-3.　調査内容

　父親自身の年齢や就労状況や子どもの数など基本的属性を尋ねたほか，父親
としての自己意識尺度，夫婦役割平等観尺度，育児行動尺度を準備しました。
なお，同時に他の尺度にも回答してもらっていますが，本節の目的に直接関係
しないため詳細は省きます。

　「父親としての自己意識尺度」は乳幼児をもつ4名の父親に対するインタ
ビューにより得られた結果に基づいて，大日向（1988）による母親役割の受容
に関する尺度と共通するものを中心に全13項目の尺度を作成しました。回答
は「まったく当てはまらない」から「とてもよく当てはまる」の4件法で求め
ました。

　「育児行動尺度」は，高瀬・河口（2005），福丸ほか（1999）などを参考に，乳
幼児の子育てにおける"子どもをお風呂に入れる""子どもと一緒に遊ぶ""子
どもの食事の世話をする"といった日常的な育児行動7項目を準備しました。
「ほぼ妻がする」から「ほぼ自分がする」の5件法で回答を求めました。

　「夫婦役割平等観尺度」は，"夫婦は同等に○○をする"といった項目を準備
し，○○の部分にはそれぞれ"家事""育児""仕事"を入れた全3項目を準備し
ました。「まったく理想としない」から「とても理想とする」の4件法で回答
を求めました。

3-2.　結果の概要

　以下に結果の概要を示します。分析はHAD（清水, 2016）を用いて行いまし
た。

3−2−1. 使用した尺度の因子分析および主成分分析

　父親としての自己意識尺度は因子分析（最尤法・プロマックス回転）を行いました。因子負荷量が±.40以下の項目を除いて分析を行い，最終的に2因子9項目を最適解と判断しました（表1）。第1因子は6項目から構成され，「肯定的自己意識」と命名しました。第2因子は3項目から構成され，「否定的自己意識」と命名しました。それぞれのα係数は，第1因子が.83，第2因子が.68でした。

　また，育児行動尺度と夫婦役割平等観尺度は主成分分析により一次元性を確認しました。それぞれのα係数は，育児行動尺度が.82，夫婦役割平等観尺度が.79でした。

表1　父親としての自己意識尺度因子分析結果

項目	F1	F2
〈肯定的自己意識〉		
父親であることに充実感を感じる	.83	-.04
父親であることに生きがいを感じている	.80	-.11
子どもをもったことで人生が豊かになったと思う	.68	.19
父親であることが好きである	.63	-.22
父親になったことで人間的に成長できたと思う	.63	.19
父親になったことで気持ちが安定して落ち着いた	.51	-.01
〈否定的自己意識〉		
育児に自信がない	.12	.70
自分は父親として不適格なのではないだろうかと思う	-.01	.63
子どもを育てることは負担に感じる	.01	.61
因子間相関	—	-.30

3−2−2. 各変数間の相関

　父親としての自己意識，育児行動，夫婦役割平等観それぞれの関連を検討するため，相関係数を算出しました（表2）。その結果，父親としての肯定的自己意識と否定的自己意識間で弱い負の相関が確認されました。父親としての育児行動は，すべての変数との間で相関が確認されました。具体的には父親としての肯定的自己意識と弱い正の相関，否定的自己意識と弱い負の相関が，夫婦役割平等観とは中程度の正の相関がみられました。

表2　各尺度の相関係数

	夫婦役割平等観	肯定的自己意識	否定的自己意識
育児行動	.363**	.248*	-.239*
夫婦役割平等観		-.011	-.053
肯定的自己意識			-.215*

* $p < .05$　** $p < .01$

3−2−3. 育児行動および夫婦役割平等観が父親としての自己意識に及ぼす影響

　父親としての肯定的自己意識そして否定的自己意識に育児行動と夫婦役割平
等観の与える影響を確認するため，階層的重回帰分析を行いました（表3）。父
親としての肯定的自己意識そして否定的自己意識のそれぞれを従属変数に，モ
デルⅠでは育児行動と夫婦役割平等観を独立変数とし，モデルⅡではこれらに
加えて育児行動と夫婦役割平等観の交互作用項も独立変数としました。その結
果，父親としての肯定的自己意識についてはモデルⅡにおける決定係数（R^2）
の増分が優位であったことから，モデルⅡを採用することにしました。この結
果から，父親の育児行動をとることが父親としての肯定的自己意識を高めるこ
とがわかりました。育児行動と夫婦役割平等観のそれぞれの尺度得点の平均値
−$1SD$群（低群）と平均値 +$1SD$群（高群）による2変数の交互作用関係を示し
たのが図2です。単純主効果を確認すると，夫婦役割平等観低群では育児行動
の効果が非有意ですが，夫婦役割平等観低群では育児行動高群に比べて低群は
父親としての肯定的自己意識が低いことがわかりました。そして，父親として

表3　父親としての自己意識を従属変数とした階層的重回帰分析の結果

	肯定的自己			否定的自己		
	β	R^2	ΔR^2	β	R^2	ΔR^2
モデルⅠ						
育児行動	.289*			-.268*		
夫婦役割平等観	-.117	.072		.046	.065+	
モデルⅡ						
育児行動	.299**			-.267*		
夫婦役割平等観	-.075			.049		
育児行動×夫婦役割平等観	.252*	.134**	.061*	.019	.065	.000

+ $p < .10$　* $p < .05$　** $p < .01$

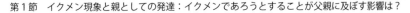

第1節　イクメン現象と親としての発達：イクメンであろうとすることが父親に及ぼす影響は？

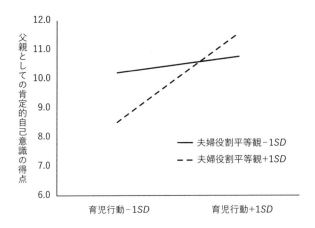

図2　父親としての肯定的自己意識における育児行動×夫婦役割平等観の交互作用

の否定的自己意識についてはモデルⅠでのみ決定係数（R^2）の有意傾向が認められ，父親が育児行動をとることが父親としての否定的自己意識を低くする可能性が推測されました。

3−3.　考察

　これらの結果から，父親の育児行動の程度が高い場合には父親の肯定的自己意識を高め，低い場合には否定的自己意識を高めるといように，育児行動が父親としての意識に影響を与えることが確認されました。先行研究においても，たとえば田辺ほか（2011）では，育児行動が父親である自己を受容することに正の影響を及ぼすことが示されています。また森下（2006）は，子どもとの直接的なかかわりの程度は家族への愛情や安らぎなど，本研究で取り上げた父親意識にかかわるような情緒的な側面に影響を及ぼすことを指摘しています。これらのことから，本研究でも先行研究で指摘されてきたことと同様の結果が得られたととらえることができるでしょう。

　そして，本研究においては，とくに父親としての肯定的自己意識については交互作用が認められました。つまり，父親の育児行動は父親としての肯定的自己意識を向上させますが，それだけではなく父親の夫婦役割平等観の高低の組

み合わせにより異なるということが確認されたということになります。具体的には，夫婦役割平等観が高い場合には，育児行動の程度が高ければ父親としての肯定的自己意識も高く，育児行動の程度が低ければ父親としての肯定的自己意識も低くなる一方で，夫婦役割平等観が低い場合には，育児行動の高低に父親としての肯定的自己意識が左右されないことが確認されました。

　柏木・若松（1994）は，母親に比べて父親が，子どもを自分の分身のように感じる意識である〈分身感〉を高く有することを確認したうえで，それが父親の家事・育児行動の程度により異なることを見出しました。具体的には，父親の育児・家事行動の程度が著しく低い場合，子どもに対する〈分身感〉を高く有している一方，育児・家事行動の高い父親の場合は〈分身感〉が薄れ，ほとんど母親の抱く〈分身感〉と同程度になるというものです。

　これについて，自分自身が直接子育てにかかわらないでいる場合，「子どもは分身」「生きた証」というような，自分が親であることについて観念的に確認されることにより，〈分身感〉が高まるのではないかと考察されています。そして，その一方で，子育てへの直接的なかかわりを通じた子育ての苦楽の経験は，抽象的・観念的な自己確認を防げるため，〈分身感〉が低くなると考えられるわけです。

　こうした指摘は，本研究における夫婦役割平等観の低い父親の結果に通じるものと考えられます。夫婦役割平等観が低く性別役割による分業意識の高い父親の場合には，育児行動のあり方というよりも，父親になった，父親であるという事実が父親としての自己意識にそのまま反映される，つまり父親としての自己を観念的にとらえる傾向にあると考えることができます。一方で，夫婦役割平等観が高いにもかかわらず，育児を実際に担うことができていない場合，観念的な意味においてすら父親としてのポジティブな自己意識をもちにくいともとらえられるのではないでしょうか。

4. それが実践にもつ意義は何か
イクメン推奨に縛られる親を理解する視点とは？

　本節の問いは，父親において，性別役割に関する平等的な価値観と実際の育

児行動が，父親自身の親としての自分をとらえる意識にどのような影響を与えるのかということでした。本研究の結果，父親としてのポジティブな自己意識に及ぼす育児行動の影響は夫婦平等役割観の程度により異なることが示されました。そして，育児行動により親としての発達が促進されていることや（日隈ほか，1999；森下，2006），父親自身の自己受容を高めること（田辺ほか，2011）などが指摘されてきましたが，本研究においては父親の抱く夫婦間の役割に関する価値観が平等か否かにより育児行動のもつ意味が異なることが示されました。先に確認したとおり，社会的には父親が育児にかかわることが推奨される価値観が広がる一方で，実際に子育てにかかわれている父親の増加はその価値観の広まりに比してゆるやかなものと考えられます。本研究で示された，育児に関する自らの行動について夫婦間で平等に役割を分担しようとするがゆえに結果的に父親としてのポジティブな自己評価をもちきれないという，父親の置かれた状況による理想と現実をめぐる問題を，父親の育児行動における課題の1つととらえることができるのではないでしょうか。また，ここで示すことができたのは，父親としてのポジティブな意識への影響の仕方のみですが，父親に求められる役割に関する価値観が社会全体として変化する中での父親の心理的な課題が実際の育児行動との関連の中に存在していることを明らかにすることができました。

　江上（2005；2007）は，母親を対象とした調査において，母親の母性愛を信じる傾向を「母性愛信奉傾向」とし，育児状況により母性愛信奉傾向が育児において良くも悪くも作用しうるとして両刃の剣であるとの解釈を行っています。また赤木（2001）は，子育てはかくあるべしという考えが入り込みやすいこと，そしてそれは場合によっては子育てを縛り，息苦しいものに変質させてしまうことを指摘しています。父親の夫婦間で平等に役割を分担するという価値観もまた，状況次第で父親自身の自己認識を縛ってしまうものになりうることがわかったといえます。

　親という役割をどのように遂行するのか，これには個人それぞれの価値観と置かれている状況が複雑にかかわってきます。社会全体として，さまざまな立場に置かれた親たちがそれぞれに育児をできるような環境づくりは必要でしょう。その一方で，個人の選択や生き方に焦点を当てたときに，「できているこ

と」にどのように目を向けていくのか，あるいは「できなさ」に個人がどのように向き合っていくのかということも大切な問いであるように思います。本研究で特徴的な結果を示した，夫婦で平等に役割を分担したいけれどもできていないというような父親たちのように，育児において「かなえたいけどかなわない」状況にある中で，どのように発達をとらえるのかという問題ともいえるのではないでしょうか。個人の抱く価値観の中で設定した個人の価値観や状況が親としての自身を肯定的にとらえにくくしているのではないかという観点からの検討，あるいはそうしたとらえが見出されないことがもたらす父親の発達における意味といったことを検討することは，発達心理学における1つの課題ととらえることができるのではないかと思います。相対的に伝統的な役割観をもつと考えられる父親たちが，育児行動を行わなくても父親としての自己を肯定的にとらえられているといった結果も踏まえて，今後もさらなる研究が必要であると考えられます。

[引用文献]

赤木 和重 (2021). 子育てのノロイをほぐしましょう——発達障害の子どもに学ぶ—— 日本評論社.

江上 園子 (2005). 幼児を持つ母親の「母性愛」信奉傾向と養育状況における感情制御不全 発達心理学研究, *16*(2), 122-134.

江上 園子 (2007). "母性愛"信奉傾向が幼児への感情表出に及ぼす影響——職業要因との関連—— 心理学研究, *78*(2), 148-156.

Erikson, E. H. (1950). *Childhood and society*. New York, NY: W. W. Norton & Company. (エリクソン，E. H. 仁科 弥生 (訳) (1977). 幼児期と社会Ⅰ みすず書房)

福丸 由佳・無藤 隆・飯長 喜一郎 (1999). 乳幼児期の子どもを持つ親における仕事観，子ども観——父親の育児参加との関連—— 発達心理学研究, *10*(3), 189-198.

日隈 ふみ子・藤原 千恵子・石井 京子 (1999). 親としての発達に関する研究——1歳半児をもつ父親の育児家事行動の観点から—— 日本助産学会誌, *12*(2), 56-63.

柏木 惠子 (2016). 人口の心理学の視点——命と死と生涯発達—— 柏木 惠子・高橋 惠子 (編). 人口の心理学へ——少子高齢社会の命と心—— (pp. 1-29) ちとせプレス.

柏木 惠子・若松 素子 (1994). 親になることによる人格発達——生涯発達的視点から親を研究する試み—— 発達心理学研究, *5*(1), 72-83.

第1節　イクメン現象と親としての発達：イクメンであろうとすることが父親に及ぼす影響は？

菊地 ふみ・柏木 惠子（2007）．父親の育児――育児休業をとった父親たち――　文京学院大学人間学部研究紀要, *9*(1), 189-207.

松田 茂樹（2002）．父親の育児参加促進策の方向性　国立社会保障・人口問題研究所（編）. 少子社会の子育て支援（pp. 313-330）東京大学出版会.

松岡 弥玲・加藤 美和・神戸 美香・澤本 陽子・菅野 真智子・詫間 里嘉子…森 ゆき絵（2006）．成人期における他者視点（子ども, 配偶者, 両親, 友人, 職場の人）の理想―現実自己のズレが自尊感情に及ぼす影響――性役割観との関連から――　教育心理学研究, *54*(4), 522-533.

宮坂 靖子（1999）．ジェンダー研究と親イメージの変容　家族社会学研究, *11*(11), 37-47.

森下 葉子（2006）．父親になることによる発達とそれに関わる要因　発達心理学研究, *17*(2), 182-192.

内閣府男女共同参画局（2020）．男女共同参画白書 令和2年版.

庭野 晃子（2007）．父親が子どもの「世話役割」へ移行する過程――役割と意識との関係から――　家族社会学研究, *18*(2), 103-114.

沼田 あや子（2015）．イクメン時代における母子保健での母親支援の課題――父親が関わる発達相談事例を通して――　心理科学, *36*(2), 19-28.

尾形 和男・宮下 一博（2000）．父親の協力的関わりと子どもの共感性および父親の自我同一性――家族機能も含めた検討――　家族心理学研究, *14*(1), 15-27.

尾形 和男・宮下 一博・福田 佳織（2005）．父親の協力的関わりと家族成員の適応――母親役割・妻役割達成感, 子どもの攻撃性, 父親のストレス・コーピングとの関係――　家族心理学研究, *19*(1), 31-45.

大日向 雅美（1988）．母性の研究――その形成と変容の過程：伝統的母性観への反証――　川島書店.

Pleck, J. H., & Masciadrelli, B. P. (2004). Paternal involvement by U.S. residential fathers: Levels, sources, and consequences. In M. E. Lamb (Ed.), *The role of the father in child development* (pp. 222–271). Hoboken, NJ: John Wiley & Sons.

佐々木 卓代（2012）．共働き家庭の夫の父親アイデンティティと子育て参加――仕事に対する認識と性別役割意識を媒介とするモデルの検証――　家族関係学, *31*, 63-76.

清水 裕士（2016）．フリーの統計分析ソフトHAD――機能の紹介と統計学習・教育, 研究実践における利用方法の提案――　メディア・情報・コミュニケーション研究, *1*, 59-73.

総務省統計局（2016）．平成28年社会生活基本調査.

高瀬 佳苗・河口 てる子（2005）．3カ月児をもつ父親の育児行動と育児に関する学習および態度との関連　日本赤十字看護学会誌, *5*(1), 60-69.

田辺 昌吾・川村 千恵子・畠中 宗一（2011）．乳幼児をもつ父親の育児・家事行動が父親自身のウェルビーイングに及ぼす影響　家族関係学, *30*, 153-166.

第2節

社会の中での役割と発達：
子どもを保育する先生にはどんな"先生"がいるのだろう？

大村　壮

1. なぜこの問題を研究しようと思ったのか
　　役割は個人の属性なのか？

　本節では役割が人の行動にどのように影響を与えるのかについて検討します。具体的には保育における保育者の役割に焦点を当てて，非認知能力を育む保育とはどんな保育なのかという話をしていきたいと思っています。そもそも私は可逆性と不可逆性に関する現象に興味がありました。不可逆的な現象としては，身体の成長や身体の老い，整形手術といったことがあります。可逆的な現象としては，化粧や役割といったことがあります。不可逆的な現象の特徴はその名のとおり，「元には戻らない」ということです。また，身体の成長や老いはさらに本人の意志とは無関係に不可逆的に進行するという特徴があります。それに対して可逆的な現象の特徴は「元に戻る」ということになります。

　役割の中には本人の意志とは無関係にその役割をもたされる状況があります。たとえば「親─子」のうち，子役割は自ら望んで子の役割を負っているわけではありません。それ以外に「きょうだい」なんかも同様です。自らの意志で姉になるという人はいません。それに対して，たとえば「先生─生徒」の役割はどうかというと，一方が教師を辞めるか，もう一方が学校を辞めることで先生役割から解放されたり，生徒役割から解放されることになります。こういった不可逆的な現象や可逆的な現象が人にどのように影響を与えるのかということに興味があり，そのときに出会ったのが保育者という対象です。

　一般的に保育園や幼稚園の保育者は「先生」と呼ばれています。保育者を「先生」と呼ぶのは子どもであり，保護者であり，そして同僚です。これは一見あたりまえのようですが，実際はそうではありません。保育園の中には保育者を「先生」と呼ばないところがあります。ではどう呼ぶのでしょうか。それは園によって異なります。「○○さん」であったり，呼び捨てであったり，あ

だ名であったりするのです。いずれにしても，子どもも保護者も，そして同僚も「先生」という呼称を使わないのです。そこにはどんな意味があるのだろうか。そもそも先生という呼称を使うのはどうしてなのだろうか，使わないのはどうしてなのだろうか。先生という呼称を使わないことで何が違うのかなどの疑問をもちました。そこから私は，呼称が役割を表していること，そして役割は他者との関係の中で決まってくることなどに興味をもち，研究しはじめました。

1−1.　役割とは何か

　それでは役割という言葉からどんなことを思い浮かべるでしょうか。役者や演技，仮面といった言葉を思い浮かべる人もいるのではないでしょうか。また当番や係といった言葉を思い浮かべる人もいるでしょう。では役割というのはどのように定義される概念なのでしょうか。『社会心理学小辞典〔増補版〕』（有斐閣，2002 年）によると，「社会や集団における所与の位置ないし地位を占める者に期待される行動様式。教師と生徒，夫と妻など，他者（相役）との関係の中で規定されている。役割は個人を社会に結びつける契機であると同時に，個人が他者の期待や態度を知覚し学習する過程を通して，自我を形成する上で重要な意味をもっている」とされています。つまり役割は個人で決まるのではなく，他者がいて初めて成立するというわけです。そのため先にも少し述べましたが，姉・兄が姉・兄でいるためには妹や弟が必要です。妹も弟もいない人は姉・兄にはなれません。このようにある役割をもつためには対になる他者が必ず必要になるのです。

1−2.　先生とは誰だろう

　みなさんもこれまでに，いろいろな先生を「○○先生」と呼んできたことでしょう。私も学生から「大村先生」と呼ばれます。また世の中には「先生」と呼ばれる人たちが他にもいます。たとえば医師がそうですし，政治家もそう呼ばれるようです。これらの人たちも同じですが，誰からも「先生」と呼ばれる

わけではないでしょう。たとえば私の場合，息子と娘から「先生」とは呼ばれません。子どもたちからはいまだに「とと」と呼ばれています。おそらく医師や政治家も同じでしょう。繰り返しになりますが，役割は関係に規定されます。そのため「教える─教わる」という関係にある学生からは「先生」と呼ばれますが，「教える─教わる」という関係にはない子どもたちからは「先生」とは呼ばれません。

　そもそもの役割の定義から考えると，学生との関係の中で私が先生役割を担うのは当然といえそうです。しかし話はそれほど単純ではありません。私は同僚からも「大村先生」と呼ばれたりしているのです。幼稚園や保育園でも同様のことが起こっています。これは先の役割の定義からすると少し変です。というのも，私と同僚の関係性は「教える─教わる」という関係にはありません。もちろん年齢やキャリアが若干異なるところはありますし，仕事（学務）を教えるということがあるのは事実ですが，それは会社員も同じことでしょう。しかし会社員で仕事を教える人のことを同僚が「先生」とは呼びません。なぜか保育園も含めて，教育場面において同僚同士で「先生」と呼び合うということが起こっているのです。

2. どんな問いを立てたのか
役割はヒトの行動にどんな影響を与えるのか？

　1項で述べたように本節の問いは「保育者の役割が保育実践にどのような影響を与えるのか」です。どうして私がこのような問いを立てたのかをお話ししようと思います。心理学の研究ではしばしば，単純化してしまうと「意識が行動に影響を与える」というロジックの研究が行われます。たとえば「行きたくないから学校を休むのだ」といった具合です。こんなに単純な研究は実際にはあまりみられません。多くはさまざまな要因が加えられ，複雑な構成になっています。しかし骨組みとしてはこの「意識が行動に影響を与える」というロジックになっている研究は少なくないのです。一方で，G・H・ミード（Mead, G. H.；ミード, 1973）やフェスティンガー（Festinger, L.；フェスティンガー, 1965）といった社会心理学者などは，いうなれば「行動するから意識が生まれる」と

いうようなロジックの研究を行っています。フェスティンガー（1965）は認知的不協和理論を提唱していますが，具体的には次のような実験を行っています（齊藤，1988に詳しい実験内容が載っていますので，そちらを参照してください）。

　実験協力者たちに非常に退屈な作業に取り組んでもらいます。その後，次にその作業に取り組む人に作業はとても面白かったと説明してほしいとお願いします。そして実験協力者を2つに分けます。1つのグループにはその謝礼として1ドル（低報酬群）を渡します。もう1つのグループには20ドル（高報酬群）を渡します。すべてが終わった後で実験者とは無関係を装った人物から，取り組んでもらった作業の正直な印象を聞かれて，実験協力者たちはどのように答えるだろうか，といった実験です。高報酬群と低報酬群のどちらかが「作業は面白かった」と答えています。それは低報酬群でした。高報酬群は「作業は退屈だった」と答えているのです。どうしてこのような違いが生まれたのでしょうか。

　実験協力者たちは高報酬群も低報酬群も退屈な作業をしてそれを退屈だと言えず，面白い作業だと言わされています。つまり，本当は退屈だと思っているのに面白いと言うという，認知（退屈だ）と行動（面白いと言う）の間にズレが生じています。ただし高報酬群は「高い報酬をもらったから，本当は退屈なのに面白いと言っただけだ」と，本心と行動をズラしたのは報酬をもらったからだと言い訳できます。それに対して低報酬群は報酬を言い訳にはできません。しかし，この認知と行動のズレは人にとって不快なのでどうにかしなければなりません。つまり認知と行動のどちらかを変えて認知と行動を一致させる必要があります。ただし行動はすでに起こったことなので変えることはできません。「作業は面白かった」と説明した行動をなかったことにはできないのです。変更できるのは認知になります。そのため低報酬群の実験協力者の場合，「退屈だ」という認知が「面白い」に変わったというわけです。こうした実験から導かれたフェスティンガーの理論のポイントは，「行動があり，意識はその行動に合わせて変容する」ということなのだと思います。

　また，ガザニガ（Gazzaniga, M. S.：ガザニガ，2006; ガザニガ & レドゥー，1980）という脳科学者は，分離脳患者の実験の中での，右脳が無意識の脳であり，左脳が意識の脳であるという議論において，左脳が右脳によって行われる行動の理

由を後付けしているということを述べています。それ以外にもマルクス主義心理学では，マルクス主義の思想をもとに，精神活動は現実的な物質的な世界によって，そして個人がその世界に対してもっている関係の仕方によって決定されると考えられています（ルニ, 1976）。これは言い換えるならば，個人の意識は個人として孤立しているのではなく，他者を含めた物質的な環境によって，もしくはその環境との関係のあり方によって決まるということです。こういった考え方に影響を受け，「先生役割」が保育者の保育実践に与える影響について問うことを考えました。

2－1. 役割が人に影響する

今回取り上げる役割というのは，以下でも述べていますが，状況や相手などによって変化するものです。そして役割は呼称とセットになります。他者からその役割で呼ばれるからこそ，よりその役割に沿うかたちで自らをとらえていくことになります。たとえば幼稚園や保育園，もしくは小学校での〇〇当番や〇〇係や〇〇委員という役割がありますが，なぜそのような役割を設けているのかを考えてみましょう。当番をすることで，自らをその当番に沿うかたちでとらえるようになります。たとえば少しだらしがない子どもがいたとします。その子に当番という役割を与えます。するとどうなるでしょうか。その子は「当番だからちゃんとしなくちゃ」と頑張る様子をみせることでしょう。つまり役割が子どもの成長を促すわけです。当番活動は子どもに責任などの社会的規範を身につけさせるきっかけになっているのです（辻谷, 2016）。そのため当番などの役割が幼稚園，保育園，小学校にあるのです。しかし役割にはそういったポジティブな面だけではありません。あらためて問い直すべき側面もあるのです。それが本節で考える「保育者の役割」ということです。

幼稚園はもちろんのこと，保育所や認定こども園でも，保育者は「先生」と呼ばれることが常でしょう。しかしすべての園で「先生」と呼ぶわけではありません。とくに保育園では「先生」という呼称を用いないところがあります。では「先生」という呼称は何を意味しているのでしょうか。「先生」とは，ある特定の職業を指す言葉ではなく，何らかの敬意が込められた呼称であり，敬

称ともいわれています。そしてさまざまな関係において用いられています。たとえば医師は患者から先生と呼ばれ，教師は教え子から先生と呼ばれます。こういった「先生」は役割の1つとされています。サービン（Sarbin, T. R.；サービン, 1956）によると，役割とは相互作用状況において，ある個人によって学習された行為の連鎖とされています。またゴフマン（Goffman, E.；ゴッフマン, 1985）は，役割とは，その役割にある者がその位置にある者に課せられる規範的な要請を遂行することが求められるものであるとしています。そして役割はある者単独で規定されるものではなく，あくまで社会的相互作用の中で明らかになるものです（ミード, 1973）。そのため，たとえば「兄・姉」役割は「弟・妹」がいなければ成り立ちえないものであり，その逆もまた然りです。このように「兄・姉」であるためには，その者（兄もしくは姉）一人がいればいいのではなく，他者（この場合，弟あるいは妹）との相互作用が前提となるのです。ある役割にある者に要求される特質は，その位置の肩書と結びついてその者の自己イメージや周囲の人たちが抱くであろうイメージの基礎を提供することになるのです（ゴッフマン, 1985）。つまり先生の場合は，先生らしくするという自己イメージと周囲からのイメージが形成されることになるということです。そうすると，「先生」は生徒や児童，幼児などの「教えられる者」と対になっており，また先生が先生らしくすると，教えられる者はより教えられる者らしくなっていくことになります（図1）。この関係が循環する中で両者の役割はより

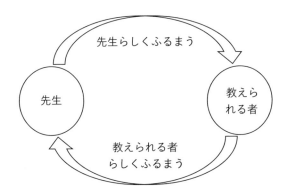

図1　関係性の中で形成される役割

固定的なものとなっていくと考えられます（大村，2014）。

　その一方で，先にもふれましたが，すべての園で保育者が「先生」と呼ばれるわけではありません。その場合，図1のような関係は成立しないと考えられます。「先生」と呼ばないため，保育者が先生役割を担うこともありません。ではどのような役割を担うのでしょうか。斎藤（1987）によると，斎藤自身が園長をしている園の子どもたちから「サイトウ」と呼ばれているらしく，その理由について，呼び方を制限せず，子どもの表現する力を保障するためであり，子どもたちが「こう言ったら怒られるかな」「こうは言ってはいけない」というような枠を意識せずに自由に言葉を使うためだと説明しています。すると子どもは保育者を「先生」とは意識せず，「サイトウ」個人として意識するのではないでしょうか。同様に，保育者同士の呼び方も重要だと思われます。しかしその一方で，保育者同士もほとんどの園では「○○先生」と呼んでいることでしょう。ただし一部の園では「○○先生」とは呼ばれておらず，子どもから「先生」以外の呼称で呼ばれている園では，保育者同士も「先生」以外の呼称で呼んでいることが多いようです（大村，2017）。また，子どもから「○○先生」と呼ばれており，子どもの前では保育者同士が「先生」と呼び合っていても，子どものいない職員室等では「先生」以外の呼称を用いている園もあります。

　それでは，「①保育者同士をいつも『先生』と呼び合っている園にいる保育者」，「②保育者同士を，子どもの前では『先生』と呼び合い，子どもがいないと『先生以外』で呼び合う園にいる保育者」，そして「③保育者同士をいつも『先生以外』で呼び合っている園にいる保育者」では実践している保育にどのような違いがあるのでしょうか。先ほどの図1の議論から，少なくとも①②と③では違いがあるのではないかと思われます。というのも，子どもや同僚から先生と呼ばれる中で次第に先生らしくふるまうようになっていくのならば，①と②は似た傾向が出てくると推測できるからです。それに対して③は，先生と呼ばれない以上，先生役割を担うことがないため，先生らしくなくなるのではないでしょうか。では先生らしさとは何でしょうか。そのヒントとなるのは教育要領です。2020年度版の教育要領にも「指導」という言葉が登場しています。一般的な辞書によると指導とは「ある目的・方向に向かって教え導くこ

と」とあります。つまり先生が子どもを教えて導くというわけです。先生らしさの核にはこの「指導」があるのではないでしょうか。そこで「先生」という呼称が先生役割を人々に強く意識させ、「先生」と呼ばれている保育者ほど先生役割をより強く担っていくことになると考えられます。

3. どんな研究をし，何がわかったのか
ヒトは役割に抗うことはできるのか？

　この役割と保育の関係について，実際に保育者に対するアンケートを実施しました。保育者280名を対象として，フェイスシート，同僚間の呼称，保育実践（6件法）に関する質問に回答してもらいました。呼称に関しては先ほど述べた①〜③に，④として「保育者同士を『先生』と呼び合ったり，『先生以外』で呼び合ったりしている園にいる保育者」を加えて①〜④に整理しました（表1）。そして保育実践に関しては梶田ほか（1984; 1985）で用いられていた個人レベルの指導論の測定項目をもとに，浅川（2009），浅村ほか（2014），菊地・内田（2012），鯨岡（2014），黒田（2013），中（1996），中澤ほか（1993），野口ほか（2005），野口ほか（2007），下山田・小林（1996）を参考に，梶田ほか（1984; 1985）の項目を加筆修正して38項目を作成しました。また梶田ほか（1984; 1985）と同様に，たとえば「造形や製作の時，まず子どもの『できた』という思いを受け止める——造形や製作の時，子ども思いより，まず作品の修正点を指摘する」というように，SD法のように保育実践を対にして提示して回答してもらいました。

　そして保育実践はプロマックス回転の最尤法で因子分析を行いました。その結果，固有値1.0以上で因子負荷量が.40以上のものを採用したところ，最適解を得た3因子が抽出されました。第1因子は7項目が採用され，「子ども主体の保育」と命名しました。第2因子は10項目が採用され，「保育者主体の保

表1　同僚間の呼称について

呼称	いつでも先生	子の前で先生	いつでも先生以外	先生と先生以外の混在
度数	143 ↑	110 ↑	12 ↓	14 ↓

表2　保育実践の因子分析結果

	Ⅰ	Ⅱ	Ⅲ	共通性
因子Ⅰ「子ども主体の保育」　α＝.841				
造形や製作の時、まず子どもの「できた」という思いを受け止める	-.825	.047	-.094	.661
造形や製作の時、子どもの思いより、まず作品の修正点を指摘する				
運動遊びでは、運動の出来栄えよりも運動を楽しくするように指導する	.719	.143	-.200	.578
運動遊びでは、うまくできることを目標にして指導する				
失敗してもいいから積極的に取り組むように指導する	.662	-.171	.204	.479
——失敗しないように慎重に取り組むように指導する				
鉄棒やマットなどの運動では、その活動に興味を持つように指導する	.656	.246	-.316	.553
——鉄棒やマットなどの運動がうまくできるように指導する				
成功したことを褒めたり認めたりする	.654	-.040	.003	.452
——失敗したことを注意したり叱ったりする				
子どもがうまくやることよりも、一生懸命にやることを重視する	.612	-.057	-.025	.426
——子どもが一生懸命にやることよりも、うまくやることを重視する				
予想外の出来事が起こっても、それを学びにつなげる	-.578	.214	-.080	.453
——予想外の出来事が起こっても、それを無視する				
因子Ⅱ「保育者主体の保育」　α＝.827				
あらかじめ立てた時間の予定に沿って指導する	.162	-.658	.086	.514
——予定を柔軟に変更し、子どもの動きに合わせて指導する				
保育者のペースで活動が進められている	.124	.616	.181	.420
——子どものペースで活動が進んでいる				
保育者が先回りして言葉かけをしている	-.189	.588	.056	.524
——子どもたちに考えさせる場を多く持たせている				
保育者が先回りして準備を整えてしまう	.070	.561	.188	.385
——多少時間がかかっても、必要な準備を自分で考えて行動するように関わる				
子どもに対して「〜してはいけません」「〜ダメ」等の言動がある	-.037	-.554	.018	.282
——子どもに対して「〜していいの？」等の言動がある				

130

項目				
いったん決めた指導計画を実行する——時と場合によって柔軟に指導の計画を変える	-.195	.532	-.276	.342
スムーズに遊べるように保育者がルールを作ったり考えたりして方向づける——子ども自身が遊びを考えたり、ルールを作ったりして遊ぶように見守る	.082	.524	.218	.358
ケンカが生じた時、保育者がすぐにこに入って解決する——ケンカが生じた時、子どもに解決を任せる	.037	-.484	.053	.235
保育者が遊びを引っ張る——子どもが遊びを発展させる	.163	-.447	-.063	.328
[〜ダメ]といって子どもの行動を止めることがある——子どもの行動を止めることがあまりない	-.190	-.423	-.273	.256
因子Ⅲ「積極的指導の保育」　α＝.758				
ワークブックやドリルなどを使って指導する——園で日常生活での体験を通して指導する	.002	-.007	-.718	.521
言葉や数の学習を積極的に進める——言葉や数の学習は子どもの自然な意欲に任せる	.129	.019	.584	.302
楽器の演奏がうまくできるように指導する——うまく演奏することよりも、音楽そのものを楽しむように指導する	-.330	-.199	.511	.413
早くうまくやり遂げられるように積極的に援助する——子どもが最後までねばり強くやり遂げられるように静かに見守る	-.022	.232	.477	.376
保育者のやりたいことを優先する——子どものやりたいことを優先する	-.026	.194	.432	.301
保育者が積極的に子どもに働きかけ、集団志向的であり、結果を重視する——子どもの興味や意欲を大切にし、個人を尊重して過程を重視する	.185	-.248	-.401	.434

育」と命名しました。第3因子は6項目が採用され，「積極的指導の保育」と命名しました。それぞれの α 係数は，第1因子が.841，第2因子が.827，第3因子が.758でした。信頼性は十分だと思われます（表2）。

　次に保育者同士の呼称によって保育実践にどのような違いがみられるのかについて分散分析を行いました。その結果，「こども主体の保育」において，呼称の影響は認められませんでした。「保育者主体の保育」においては，有意差が認められました（$F(3, 259)=5.77$, $p<.001$）。多重比較の結果，③のいつも先生以外で呼び合う保育者が，他の①②④の保育者よりも保育者主体の保育になっていないことが明らかになりました。そして「積極的指導の保育」においても有意差が認められました（$F(3, 264)=3.52$, $p<.05$）。多重比較の結果，いつも先生で呼び合う保育者のほうがいつも先生以外で呼び合う保育者よりも積極的な指導を行っていることが明らかになりました（表3）

　「③保育者同士をいつも『先生以外』で呼び合っている園にいる保育者」では，「①保育者同士をいつも『先生』と呼び合っている園にいる保育者」，「②保育者同士を，子どもの前では『先生』と呼び合い，子どもがいないと『先生以外』で呼び合う園にいる保育者」，「④保育者同士を『先生』と呼び合ったり，『先生以外』で呼び合ったりしている園にいる保育者」よりも保育者主体の保育になりにくいこと，そして「③保育者同士をいつも『先生以外』で呼び合っている園にいる保育者」は，「①保育者同士をいつも『先生』と呼び合っている園にいる保育者」よりも積極的指導を行う保育にもなりにくいことが明らかになりました。その一方，子ども主体の保育に関してはどのような呼称を用いていても影響を与えていないことも明らかになったのです。

　先にも確認しましたが，役割は社会的相互作用の中で明らかになるものです

表3　保育者同士の呼称による保育実践の比較

	①いつも先生	②子の前で先生	③いつも先生以外	④先生と先生以外の混在	多重比較
子ども主体	4.93 (0.61)	5.08 (0.54)	5.27 (0.60)	5.00 (0.69)	*n.s.*
保育者主体	2.83 (0.71)	2.78 (0.61)	2.03 (0.69)	2.98 (0.53)	③<①, ②, ④
積極的指導	2.59 (0.82)	2.51 (0.66)	1.93 (0.61)	2.24 (0.59)	③<①

※　（　）内は標準偏差。

（ミード, 1973）。ゴフマン（ゴッフマン, 1984）が，精神病院において患者が看護師の期待に応えてより患者らしくなっていく現象を指摘しているように，保育者が「先生」と呼ばれれば，より「先生」らしくなり，「先生」以外の愛称などで呼ばれれば，「先生」らしくなくなっていくのではないかと考えられます。本来，「先生」の呼称は子どもが保育者に対して用いる呼称といえるでしょう。それにもかかわらず，保育者同士でも「先生」の呼称を用いることで，より強固に先生のイメージを抱いてしまうのではないでしょうか（ゴッフマン, 1985）。そのため，①のいつも「先生」と呼び合っている保育者では，より保育者主体の保育，積極的指導の保育に傾いていってしまうのではないかと考えられます。それに対していつも「先生以外」で呼び合うことで，「先生」という役割にとらわれることなく，保育を実践することになるため，より保育者主導になりにくく，積極的指導も行われにくくなっていると考えられます。

4. それが実践にもつ意義は何か
"先生" が子どもの発達に影響を与えるのか？

　3項で役割の違いが保育実践に影響を与えていることが明らかになりました。ではその結果がどんな意義があるのでしょうか。最近，保育者主体の保育や積極的に指導するような保育ではなく，より子どもの自発性，自主性にまかせるような保育の重要性があらためて脚光を集めています。そこにはヘックマン（Heckman, J. J. ; ヘックマン, 2015）によって広く知られるようになった非認知能力（非認知スキルなどとも呼ばれている）がかかわっています。非認知能力は幼児期に身につけることの大切さが指摘され，どのような保育が非認知能力を伸ばすのかということに関して，さまざまな研究者が指摘していますが，それらをまとめると，子どもが周囲の大人との間に安定した愛着を形成し，自主的，主体的にふるまえるような保育ということになるでしょう（遠藤, 2017, 2019; 中室, 2020; 大豆生田・大豆生田, 2019）。大人が先回りして手を出したり口を出したりして子どもを大人がイメージする方向に誘導するというのではなく，逆に口を出さず手も出さないのみならず，子どもが不安になって身体接触を求めてきてもそれを拒否するような子どもに厳しい対応をするのでもありません。子どもが

やろうとしていることに口を出したり手を出したりすることなく，かといって子どもが甘えてきたときには十分に応答するといった，大人が子どもの安全基地になることが第一に重要であることがいわれているのです（遠藤，2017）。

　以上のことをまとめると，保育者が「先生」として子どもたちを指導するという保育者が子どもの先頭に立ち，子どもたちを導いていくような保育を脱するには，保育者の先生役割をみつめ直すことが大切であるといえるのではないでしょうか。先生という呼び方をしていない園というのは，先生役割の影響力に気づき，先生役割を脱するための方略として，先生という呼び方をやめたのではないでしょうか。もちろん呼び方を変えれば済む話ではありませんが，呼び方を変えることで，役割は確実に変化するでしょう。それは今回，引用したゴフマンやミードなどが指摘しているとおりです。保育において保育者と子どもの関係が第一に重要であり，それは議論を待つまでもないでしょう（林，2009）。子どもと対等の立場に立ち，「子どもを『人間としてみる』ということ」（佐伯ほか，2013）が重要なのだと思われます。

　このような「先生」という呼称の違いが出てくるのは保育施設ならではということになるでしょう。というのも初等教育以上の教育機関で授業を担当するのは教員しかおらず，「先生」と呼ばれている人しかいないでしょう。そのため，このような呼称による役割の違いという現象はみられないのではないかと思います。ということは，このようなテーマにとって保育者というのはうってつけなのかもしれません。

5. 本節の議論から最近のトピックについて考える
あだ名禁止

　最後に今回の役割の話を踏まえて少し前に話題になった小学校でのあだ名禁止について考えてみたいと思います。あだ名禁止の背景にはいじめの抑止があるようです。その一方，インターネットで検索してみると，スクールカウンセラーや小学校の先生があだ名禁止に対する反論を述べたりしています。今回の役割の話から小学生のあだ名について考えます。

　すでに「先生」の呼称の話で確認したように呼び名は相互を規定します。相

手にある呼び名を使う側はその呼び名を使う存在として自らを規定し，相手からも規定されます。同様にある呼び名で呼ばれる側は，その呼び名で相手から規定され，自らもその呼び名で規定します。ただし，1回だけしかその呼び名で呼ばないというような関係ならば，大きな問題ではないでしょう。大切なのは繰り返すことです。繰り返し呼ぶことで，その呼び名に沿った存在になっていくと考えられます。

　そのため，もし屈辱的なあだ名がずっと繰り返し用いられている関係ならば，屈辱的なあだ名で相手を呼んでいる側と，そのあだ名で呼ばれている側でそれぞれをそのあだ名に沿うようなかたちで規定し合うことになるでしょう。つまり，屈辱的なあだ名で呼ばれ続けている自分という自己認識と，屈辱的なあだ名で呼んでも大丈夫な自分という自己認識です。となると「あだ名を禁止するなんて大げさだ」とはいえないかもしれません。ただし，もともとそんな屈辱的な呼び名をつけるような関係が先にあるのではないか，という話もうなずけるところがあります。すると，あだ名はもともとの関係の結果であり，あだ名を禁止したところでいじめの抑止にはつながらないという議論が成り立ちそうです。

　何をどうみるのかによって見解は異なります。私は呼称が役割をより強く規定すると考え，上記のような「先生」の研究を行いました。そのため私の立場からすれば，繰り返し用いられるあだ名が両者の関係性を規定すると考えます。そして，そのあだ名にはつけられた本人も気に入っているようなものもあれば，本人はとうてい受け入れたくないようなものもあるでしょうから，いじめの芽を摘みたい大人からすれば，あだ名を禁止するというのも仕方のないことなのかもしれません。しかし，あだ名禁止という先生からの一方的な働きかけではなく，あだ名を使う子ども同士の主体的な話し合いに託し，先生は子どもたちの話し合いをサポートする，もしくは一個人として参加するというかたちがあるのではないでしょうか。

[引用文献]

浅川 繭子（2009）．子どもと保育者がともに主体である保育についての検討──自由保育と

一斉保育の比較から――　植草学園短期大学紀要，*10*，67-78.

浅村 都子・東 重満・河野 由紀子・橋村 美穂子（2014）．生涯にわたって成長を支える「主体性」を仲間との関わりの中で育む　これからの幼児教育，2013年度春号，2-5.

遠藤 利彦（2017）．赤ちゃんの発達とアタッチメント――乳児保育で大切にしたいこと――　ひとなる書房.

遠藤 利彦（2019）．「非認知」的な心――自己と社会性――　日本赤ちゃん学協会（編）．赤ちゃん学で理解する乳児の発達と保育 第3巻 言葉・非認知的な心・学ぶ力（pp. 53-96）中央法規出版.

Festinger, L. (1957). *A theory of cognitive dissonance*. Stanford, CA: Stanford University Press.（フェスティンガー，L.　末永 俊郎（監訳）（1965）．認知的不協和の理論――社会心理学序説――　誠信書房）

Gazzaniga, M. S. (2005). *The ethical brain*. New York, Washington, DC: Dana Press.（ガザニガ，M. S.　梶山 あゆみ（訳）（2006）．脳のなかの倫理――脳倫理学序説――　紀伊國屋書店）

Gazzaniga, M. S., & Le Doux, J. E. (1978). *The integrated mind*. New York, NY: Prenum Press.（ガザニガ，M. S. & レドゥー，J. E.　柏原 恵龍・大岸 通孝・塩見 邦雄（訳）（1980）．二つの脳と一つの心――左右の半球と認知――　ミネルヴァ書房）

Goffman, E. (1961a). *Asylums: Essays on the social situation of mental patients and other inmates*. New York, NY: Anchor Books.（ゴッフマン，E.　石黒 毅（訳）（1984）．アサイラム――施設被収容者の日常世界――　誠信書房）

Goffman, E. (1961b). *Encounters: Two studies in the sociology of interaction*. Indianapolis, IN: Bobbs-Merrill.（ゴッフマン，E.　佐藤 毅・折橋 徹彦（訳）（1985）．出会い――相互作用の社会学――　誠信書房）

林 悠子（2009）．実践における「保育者―子ども関係の質」をとらえる保育者の視点――保育記録の省察から――　保育学研究，*47*(1)，42-54.

Heckman, J. J. (2013). *Giving kids a fair chance*. Cambridge, MA: MIT Press.（ヘックマン，J. J.　古草 秀子（訳）（2015）．幼児教育の経済学　東洋経済新報社）

梶田 正巳・後藤 宗理・吉田 直子（1984）．幼児教育専攻学生の「個人レベルの指導論」の研究　名古屋大学教育学部紀要 教育心理学科，*31*，95-112.

梶田 正巳・後藤 宗理・吉田 直子（1985）．保育者の「個人レベルの指導論（PPT）」の研究――幼稚園と保育園の特徴――　名古屋大学教育学部紀要 教育心理学科，*32*，173-200.

菊地 紫乃・内田 伸子（2012）．子ども中心の保育――子どもの主体性を大切にする援助――　教育総合研究：江戸川大学教職課程センター紀要，*1*，8-15.

鯨岡 峻（2014）．子どもを「主体」としてとらえ，今を認めながら未来を示す保育を　これからの幼児教育，2013年度春号，12-15.

黒田 静江（2013）．子どもの主体性を育む援助のあり方を考える（愛隣幼稚園の保育2）　植

第2節　社会の中での役割と発達：子どもを保育する先生にはどんな "先生" がいるのだろう？

草学園短期大学研究紀要，*14*，13-19.

Le Ny, J.-F. (1970). *Psychologie et matérialisme dialectique*. Paris: Le Pavillon-Roger Maria Editeur. (ルニ，J.-F.　波多野 完治・真田 孝昭 (訳) (1976)．心理学と弁証法的唯物論　大月書店)

Mead, G. H. (1934). *Mind, self, and society* (C. W. Morris (Ed.)). Chicago, IL: University of Chicago Press. (ミード，G. H.　稲葉 三千男・滝沢 正樹・中野 収 (訳) (1973)．精神・自我・社会　青木書店)

中 俊博 (1996)．保育者の保育観──幼稚園と保育所の比較からみた──　和歌山大学教育学部教育実践研究指導センター紀要，*6*，129-142.

中室 牧子 (2020)．保育の "質" の効果──経済学における研究の進展と今後──　繁桝 算男・内田 伸子・酒井 邦嘉・中室 牧子．早期教育の光と影　教育心理学年報，*59*，259-260.

中澤 潤・中澤 小百合・松下 正人・石橋 由美・松井 美智子・山口 雅史 (1993)．子どもの持ちあじと保育者の持ちあじとのかかわり　祐宗 省三 (編著)．子どもの持ちあじを生かす園保育 (pp. 215-222)　フレーベル館.

野口 隆子・小田 豊・芦田 宏・門田 理世・鈴木 正敏・秋田 喜代美 (2005)．保育者の持つ "良い保育者" イメージに関するビジュアルエスノグラフィー　質的心理学研究，*4*(1)，152-164.

野口 隆子・鈴木 正敏・門田 理世・芦田 宏・秋田 喜代美・小田 豊 (2007)．教師の語りに用いられる語のイメージに関する研究──幼稚園・小学校比較による分析──　教育心理学研究，*55*(4)，457-468.

大豆生田 啓友・大豆生田 千夏 (2019)．非認知能力を育てるあそびのレシピ──0歳〜5歳児のあと伸びする力を高める──　講談社.

大村 壮 (2014)．保育所の保育士の役割の違いによる保育への影響について　常葉大学短期大学部紀要，*45*，159-166.

大村 壮 (2017)．幼稚園と保育所における保育者の役割の違いによる保育実践の比較　常葉大学短期大学部紀要，*48*，37-50.

佐伯 胖・大豆生田 啓友・渡辺 英則・三谷 大紀・髙嶋 景子・汐見 稔幸 (2013)．子どもを「人間としてみる」ということ──子どもとともにある保育の原点──　ミネルヴァ書房.

齊藤 勇 (編) (1988)．対人社会心理学重要研究集5　対人知覚と社会的認知の心理学　誠信書房.

斎藤 公子 (1987)．保育とはなにか──対談──(斎藤公子保育実践全集3)　創風社.

Sarbin, T. R. (1954). Role theory. In G. Lindzey (Ed.), *Handbook of social psychology* (Vol. 1, pp. 223-258). Reading, MA: Addison-Wesley. (サービン，T. R.　土方 文一郎 (訳) (1956)．役割 (ロール) の理論　みすず書房)

下山田 裕彦・小林 直樹 (1996)．子どもの解放と保育者の変容についての基礎研究　静岡大学教育学部付属教育実践研究指導センター紀要，*5*，53-64.

辻谷 真知子（2016）．保育場面における規範に関する研究の動向と展望　東京大学大学院教育学研究科紀要, *56*, 213-222.

管理職の養成と支援：
保育者も会社員と同じ発達モデルでよいのか？

山本　睦

1. 保育者のHRM（Human Resource Management）と職場慣行

(1) 保育現場が抱える人材難

　現在，保育職は人材不足が深刻で，ひと昔前にいわれていた少子化によって「子どもが集まらない」閉園の危機より，「保育者が集められない」ことによる閉園の危機が迫っているといわざるをえない状況にあります。私が子ども・子育て会議に参加しているある市では，2018年度の調査結果によると，2号認定（3歳以上児の保育ニーズ），3号認定（0，1，2歳児の保育ニーズ）が施設定員確保数に対して約470人分も不足しているのに対し，1号認定（3歳以上児の教育ニーズ）が720人以上分も確保数が超過している現状にあります。つまり，連携型あるいは保育所型こども園と保育所では待機児童の問題が取りざたされている一方で，幼稚園型こども園と幼稚園は定員割れを起こしており，全体でみると確保数は余剰な状況にあるということです。この保護者がもつニーズと施設の定員間で，需要と供給のバランスがとれていないことを解消するために，いわゆる「こども園化」が奨められたのですが，実際幼稚園と保育所の垣根は高いままであり，働く人のアイデンティティにも差異が深く根付いてしまっているようです。

(2) 教員養成課程では教えてくれないマネジメント・スキル

　専門外からみると，幼稚園だろうと保育所だろうと同じ「保育者」だし，施設種間移行の難しさを想像することはできないかもしれません。しかしこの現象は，保育者の量の問題としてではなく，質の問題としてとらえる必要があるのです。養成校を卒業する時点では，たいがいの学生が幼稚園教員免許と保育士資格の両方を有して保育現場に出ていきます。その後の職業継続には，もちろん公立園と民間園で平均就業年数に大きな違いが生じますが，それだけでなく，とくに同じ民間園であっても幼稚園と保育所で違いがあるように思

139

います。幼稚園は基本的に3歳以上児で構成されるため，各クラス1人担任です。保育所は3歳未満児のクラスでは，チーム保育（複数担任）が実施されます。私の所属は4年制大学の養成課程なので，4大卒正規職員であれば早い人は2年目からチーム長をまかされます。このような職場慣行があるにもかかわらず，養成校で教える内容に「マネジメント」に関する科目はなく，人材難の解消は本人のキャリア継続志向に頼るかのような政策（潜在保育士の発掘，マッチング事業など）しかとられていないのです。この複数担任の中でのチーム長という役職は，教わる機会がないぶん負担も大きいので「潰れてしまう」卒業生もいましたが，多くは女性が多い職場特有の悩みを乗り越えてその後のキャリア継続につながっているようです。チームを「代表する」「まとめる」ことに関する試行錯誤が，保育所では保育者キャリアが浅いうちからはじまり，その結果4年制の養成課程卒業者としての責任とアイデンティティの自覚がもたらされる契機となっているのではないかと感じます。

2．退職・再就職研究の動機と理論的背景

(1) 創造性研究とキャリア研究を接合媒介するのは「社会的評価」

　心理学でキャリア発達の研究というと，縦断的に個人の発達を追跡する方法がとられます。量的調査であっても，原因や実状を明らかにするために個人内の「過程」に注目します。調査対象となった参加者個人を理解するためには，最適な方法です。しかし，職場慣行に大きく影響を与える制度変更や行政指導が妥当であるのか，また改善するとしたら何から手をつけるのか，といった問題に研究の価値が求められることもあります。そうなると，個人内過程の理解では回答できません。

　私はもともと創造性研究の延長として，キャリア研究をはじめました。チクセントミハイ（Csikszentmihalyi, M.）やガードナー（Gardner, H.）の創造性や知能の研究は，21世紀になると"Good Work"（質の高い仕事と社会的責任を両立させること；Gardner et al., 2001）の研究へと発展したからです。創造性や知能が「仕事」に結びつくためには，個人が社会的に，言い換えると職業専門性の基準において，何らかの評価を獲得することが重要です。ところが実際に具体的

コラム2　管理職の養成と支援：保育者も会社員と同じ発達モデルでよいのか？

な職業専門性について考えていくと，「社会的評価」の基準は制度変更や行政のさまざまな「改訂」によってあっさり変わっていくことがわかりました。日本でも英国でも，ここ数年の間で劇的に負担が増した「書類作成」の業務がキャリア継続を困難にしていました（坂井・山本, 2018; 山本, 2020）。これは，保育者の職業専門性に文書作成による説明能力，つまり業務に必要な「書く力」が資質として重視されていることを示しています。しかし，採用試験において小論文はあっても，業務に必要な書類作成能力は問われません。保育者の人材不足は，キャリア継続に必要な能力が職業専門性として評価されることなく雇用されるシステムに問題があると考えられます。このことを指摘するためには，より社会的な研究視点が必要となります。

(2) 横断的社会的な研究の視点

　マクマホンとパットン（McMahon, M. & Patton, W., 1995）は，2018年まで何度も修正を重ねながら"System Theory Framework"（図1）というキャリア研究

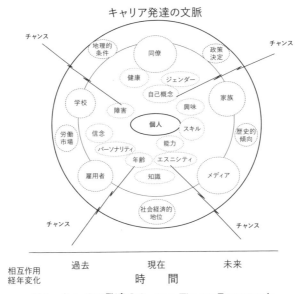

図1　キャリア発達のSystem Theory Framework
（McMahon & Patton, 1995, p. 18のFigure 1を翻訳作成；山本, 2019）

の視点を統合した理論を提唱しています。この理論モデルでは，中心に個人が配置され，同心円上に内側の個人の属性から外側の社会環境的な影響因へと整理されています。調査では個人内の過程に着目し「物語」的な分析に焦点化することももちろん重要なのですが，「調査参加者の話す内容」を整理していくと，1つの決断に対して図1上の多様な次元が混在していることに気づきます。この理論モデルでは次元の整理だけでなく，先に指摘した職業的専門性の評価基準が変わることも，最外部にある政策決定や労働市場の文脈から研究の視点として取り入れることが可能になります。

3. 保育職における管理職：現状の専門職としての問題点

(1)「再就職者は非正規雇用のみ」：日本の保育者キャリアパスの誤った常識

　2014年に英国では，保育（EY: Early Years）の資格制度を含めた改革が行われ，職業資格レベル6（4年制大学卒業が条件となる）であるEYT（EY Teacher）・EYP（EY Professional）という資格をもっていることが有資格者の条件となりました。今まで保育職として中心となっていた，実務経験によって与えられるレベル3の保育者たちは，規定上保育助手という役割で働くことになりました。制度改革後でさらにブレグジット（英国のEU離脱）が決まった国民投票の直後の2016年から，私は英国で再就職経験者を中心にインタビュー調査を実施しました。もちろん同時期に日本でもキャリア継続が相対的にしやすい公立園で同様の調査をし，日英比較を実施しました（Yamamoto, 2020）。最も顕著な違いは，日本の再就職者はすべて「臨時さん」「パートさん」と呼ばれる非正規雇用で働いているということでした。少し前までは5年継続して非正規職員として働くと，次の1年間はいったん退職し他の仕事を探さなければならないという不条理な制度に振り回されていました。現在は人手不足の現状から1年単位での契約更新が継続されるようになりましたが，当然管理職になることはありません。

　一方，小学校併設のプレクラス以外の英国の保育施設では，有資格者はクラス運営にかかわるカリキュラム作成から教育評価まですべて責任を負いますが，園長以外はほとんど全員がパートタイム契約です。パートタイムの正規

雇用という雇用形態です。妊娠によって産休・育休を利用しつつも家庭の事情等で一時退職を選ぶ有資格者が多いのですが，彼女たちはさまざまな特権のもと，優先的に再就職します。特権には，次の3つのことが含まれます。①退職期間にも園長から定期的にコミットがあり，出産した子どもも連れて園の行事に参加する機会が設定される。②自分の子どもは優先的に入園が保証されていて，再就職後の初出勤は子どもの入園日となる。③退職前の役職に自動的に戻れる。つまり，管理職だった人はそのまま管理職として復職できる。これらは先のレベル6以上の有資格者に対して与えられる特権であって，レベル3以下の保育者には与えられません。パートタイム雇用なので，決して給料は高くないのですが，必ずパートナー制で担任が割り振られていて，午前／午後や，曜日別の勤務交代制がとられているので，自分の子育てとの両立がしやすい雇用形態です。

(2) 英国の管理職は再就職者に何を求めているのか

英国では制度改革によって，保育職の有資格者は稀少性が高い存在となりました。彼女たちは，自分の子どもをもったことでさえキャリア形成の一部として評価されています。日本では再就職にとって必要な支援は「家族の支援」であるのに対し，英国ではパートナーとしてクラス運営をする「同僚の支援」でした（山本, 2020）。日本の保育者が語る「子ども」は保育対象だけでなく自分の子どもを意味することも多く，キャリア選択には「自分の子ども」の状況が大きく関与していました。

有資格の水準を引き上げたことで，ほとんどがCertified Teacher（英国の教員免許をもつ有資格者。EYTやEYPより高次資格）である園長は，自分の片腕としての再就職者をパートタイム雇用で複数集めています。個人のライフスタイルを尊重しつつ，パートタイムであっても専門職としてのアイデンティティをもつことを支えているのは，資格制度による「分業」と管理職への「昇進可能性の高さ」にあると思われます。フルタイムの正規職員がクラスの掃除も担当する日本では，いくら就学前教育の重要性が叫ばれたところで，業務負担が増すだけです。過剰な業務負担は，質の高い保育の提供や優秀な人材の確保にはつながりません。

資格制度による「分業」が日本，とくに女性が多い職場で実施できない理由は，資格の高次化が図られていないことだけではありません。おそらく資格制度を改善したとしても，日本の「みんな一緒」の職場文化では正規も非正規も〈差別〉なく働くことが，良好な職場環境だと考える職場風土があるからです。養成校に保育マネジメントを教える科目を設定する際には，〈差別〉と〈区別〉の違いがわかる管理職養成が必要です。その分別が「分業」を可能にし，結果として書類作成による業務負担が退職や潜在化の原因となることはなくなっていくのではないでしょうか。

[引用文献]

Gardner, H., Csikszentmihalyi, M., & Damon, W. (2001). *Good work: When excellence and ethics meet.* New York, NY: Basic Books.

McMahon, M., & Patton, W. (1995). Development of a systems theory of career development: A brief overview. *Australian Journal of Career Development*, *4*(2), 15-20.

坂井 敬子・山本 睦（2018）．保育士のキャリア形成における阻害要因の研究　平成25-29年度科学研究費助成事業フィードバック報告書.

山本 睦（2019）．システム論による保育者のキャリア発達分析の可能性——The System Theory Framework の展開——　常葉大学保育学部紀要，*6*，1-10.

山本 睦（2020）．保育職の再就職に関する阻害要因とキャリア再形成支援に関する研究　平成28-31年度科学研究費助成事業フィードバック報告書.

Yamamoto, C. (2020). Motivation for and priority of work in the re-employment of EY workers: A comparative study between Japan and England. *Japanese Journal of Applied Psychology*, *46*(Special Edition), 1-10.

第 2 部

時間と空間からとらえる発達

第4章

地域と発達

第1節

青年から成人への移行と地域：
移行期の地域間移動に着目することでみえるものは何か？

半澤 礼之

1. なぜこの問題を研究しようと思ったのか
将来について考える大学生とのやりとりから

　私たちは，自分が生活している場所，学んでいる場所，働いている場所をふだんからどれだけ意識しているでしょうか。また，そういったさまざまな場面においてその場所にいる私，というものを意識する出来事やタイミングはあるでしょうか。

　地方の教員養成大学の教員として教員志望の学生と接していると，彼らが現在学んでいる「場所」や将来働くであろう「場所」を意識しているなと感じることがあります。以下に，ゼミ生とのやりとりであった2つのエピソードを紹介したいと思います。

　　実習とかで学校現場に行くと，地元（の学校）との違いを感じることありますよ。地元帰ったら（地元で就職したら）けっこう違うよなって思うこともあります。地元でやってけないとは思いませんけど，（大学での学びを将来の仕事に）つなげていくには違いを埋めるってのがちょっとあるかもなとは思います。

　　（就職する際に）地元帰るか，こっち（大学の所在地）で就職するか迷ってるんですよ。でも，親が絶対帰ってこいって言ってて。悩みます。

　　　　　　　　　　　　　　　　　　　　※（　）は筆者による補足。

　1つ目は，現在の大学での学びと将来の仕事の接続に関する不安を表しているエピソードだと考えることができるでしょう。そして，その不安の背景には，学んでいる場所と働く場所の相違があることがみてとれます。2つ目は，

働く場所を自分の選択のみで決定できない悩みが表現されているエピソードだといえます。この悩みの背景の1つとして，過去に住んでいた場所と現在学んでいる場所，そして将来働くであろう場所の相違があると考えることができるのではないでしょうか。そのようにして考えると，このエピソードは教員養成の大学に所属する学生に限ったことではないかもしれません。このように，私たちは生活の中で自分がいる「場所」を意識することがあります。それはとくに，その「場所」を移動する可能性があるときに顕著になるのかもしれません。私の所属する大学は，かなりの人数が地元外からやってきます。そして，その多くは地元に帰っていきます。地域から地域を移動する学生とのやりとりの中から，移行期において「場所」はどのような意味をもっているのだろうかという疑問が生じました。

　山本・ワップナー（1992）は，私たちが生まれてから死ぬまでの人生のプロセスの中で生じる変化の過程を「人生移行」と呼んでいます。人生の区切りは青年期から成人期へといった発達段階の節目もあれば，一生の間に起きるさまざまの出来事を節目とすることもあると彼らは述べています。後者の節目は，たとえば大学入学や卒業，就職して会社で働くようになることなどがあげられるでしょう。また，このような人生の出来事や移動によって環境が変わることを環境移行といいます。上述のエピソードは，環境移行という「場所」の移動が青年から成人，学校から社会へという人生移行の中で起きる際に生じる悩みの1つを示していると考えることができるでしょう。

　本節は，学校から社会，青年期から成人期への移行について，先に述べた場所を「地域」という視点でとらえ，それをキーワードとして考えていくことを目的としています。また，上記の移行を考えるにあたり，とくに日本の大学生に焦点を当てていきたいと思います。ここで，学校から社会，青年期から成人期への移行をとらえるために「地域」という言葉に着目した理由について，先にあげたエピソードのような日常的な経験に加えて，次の2つを取り上げたいと思います。1つ目の理由は「日本の高等教育政策における『地域』の強調」です。2つ目の理由は「現代の青年理解における『地域』の重要性」です。

　これらの理由について，2-1，2-2ではとくに日本の状況を踏まえながら説明を行います。2-3ではそれまでの議論を受けるかたちで，「地域」や「地元」

といった概念をどのようにとらえればよいのかについて考察します。そのうえで3項では，移行期にある大学生を対象にして「地域」に関する事柄を取り上げた研究を紹介します。そして最後に4項で，青年から成人への移行期を考えるうえで「地域」に着目する意義についてあらためて確認を行いたいと思います。移行期において「地域」に着目することの重要性について，一緒に考えていきましょう。

2. どんな問いを立てたのか
「地域」という視点から移行期をとらえる

2-1. 日本の高等教育政策における「地域」の強調と学生の発達における大学での学びの重要性

　ここでは，社会への移行を取り扱う本節において「地域」に着目する理由の1点目を取り上げます。それは，日本の高等教育政策における「地域」の強調です。この強調については，たとえば文部科学省（2012）における大学改革実行プランとそれに基づくCOC（Center of Community）構想の推進（2013年：地〈知〉の拠点整備事業〈COC〉，2015年：地〈知〉の拠点大学による地方創生推進事業〈COC+〉）といった大学教育・政策のローカル化（とグローバル化；小山，2017）を取り上げることができます。これらの事業は，地方創生というかたちで大学における地域での学びを強調しました。そこでは，地方自治体や企業等と協働し，学生にとって魅力ある就職先の創出，地域が求める人材育成に必要な教育カリキュラムへの改革を行い，地方創生の中心となる「ひと」の地方への集積を目的にした人材育成に焦点が当てられました（畑・長岡，2019）。すなわち，地域にかかわりながら教育・研究を遂行する「地域志向教育」の推進が奨励されたのです（早川，2018）。これらの事業にはさまざまな問題点も指摘されています（たとえば，畑・長岡，2019; 早川，2018）。個々の取り組みの是非は当然あるでしょうが，高等教育において「地域」が強調されるようになったことは事実だといえるのではないでしょうか。そして，「地域の中の大学」で学ぶ現代の大学生たちは，そうした高等教育の時代的文脈の中に埋め込まれている（奥田ほ

か, 2016) ということができるでしょう。

　このように，日本の高等教育において地域が強調されているという事実が存在しています。そしてそれは当然のことながら，学校から社会への移行期に位置する日本の大学生に対する教育の中に，「地域」という視点や考え方が組み込まれていることを意味していると考えることができるでしょう。これはとくに三大都市圏（関東・関西・中京）よりも地方圏の大学において顕著かもしれません。学士課程教育を通じて多くの大学生が成長を実感できていること（畑野ほか, 2019）を踏まえると，大学での教育のあり方や学生の学び方は彼らの発達やキャリア形成にとって重要だと考えられます。そしてその重要性は，これまでにさまざまな研究によって明らかにされてきました（半澤, 2011）。たとえば畑野・原田（2015）では，アイデンティティのうち心理社会的自己同一性の向上と主体的な学習態度の向上が共変する可能性が示唆されています。また，保田・溝上（2014）では，組織に適応する過程である組織社会化に正の影響を与える要因の1つとして，学生時代の主体的な学習態度があることが明らかになっています。これらはいずれも大学教育の中での学生の学習態度に焦点を当てたものですが，何を主体的に学ぶのかという学ぶ対象という点からとらえれば，そこには「地域」が組み込まれた学びが存在するのであり，その意味においては「地域」を学ぶことが彼らの発達やキャリア形成に影響を与える可能性は十分考えられるのではないでしょうか。1つ例をあげれば，李・山口（2018）が弘前市内の大学生を対象に行った調査では，地域志向科目の受講が地元就職意識を一定程度高めていることが示唆される結果が得られています。

　高等教育政策における地域の強調と，移行期にある大学生の成長・発達における学びの重要性を総合してとらえると，青年から成人への移行期にある大学生を理解するうえで，「地域」という要因を含めた検討を行うことは重要だといえるのではないでしょうか。

2−2. 青年理解における「地域」の重要性：
若者の地元志向，地域間移動の研究から

　次は「地域」に着目する理由の2点目です。それは，学校や社会への移行を

対象とした近年の研究や論考において，青年をとらえるうえで「地域」に着目することの重要性がさまざまに指摘されていることによります。

　たとえば，近年の若者の特徴としての「地元志向」があげられます。平尾・田中（2016）は労働政策研究・研修機構（2015）のデータをもとに，人口移動縮小傾向の中で，若者の大都市志向の低下と地元志向の拡大が進んでいるとみられると述べています。このように，若者が生まれ育った地域から離れたがらない傾向，すなわち「地元志向」の傾向があることが各種の統計データで確認されており（杉山, 2012），そのような若者を対象としてさまざまな研究が行われてきました（たとえば，平尾・重松, 2006; 小山, 2017）。簡単に述べれば，社会学などの領域においては若者の地元志向の背景にある社会的・経済的な問題が議論され，キャリア教育や心理学などの領域においては地元志向の学生のキャリア志向をはじめとしたさまざまな特性が検討されてきたと考えることができます。

　たとえば轡田（2011）は，地元志向という現象に対してポジティブな評価とネガティブな評価の両方の立場が存在することを指摘しています。どのような評価かといいますと，前者は社会的包摂の観点から，地域活性化に貢献しうる人材を獲得できたのだという議論であり，後者は社会的排除の観点から，グローバリゼーションの中で行き場を失った活力の低い若者がローカルな場に滞留することは社会的コストの上昇を意味するのではないかという危惧です。

　また，米原・田中（2015）は，「地元志向」を組み込んだ新たな発達モデルの必要性を提起し，「地元への定住志向」と「地元への愛着」という2つの下位尺度からなる地元志向尺度を作成しています。そして，ビッグ・ファイブ（和田, 1996）や異文化志向（前村, 2011），自民族中心主義（岩田, 1989），親子関係（小高, 1998）といった変数との関連から，地元志向の大学生の特徴を明らかにしました。本節は地元志向そのものについて検討したり，その是非を議論したりするものではありません。ここでは，若者の地元志向がさまざまなデータによって示されており，その検討が進んでいるという事実が確認できれば十分だといえるでしょう。この青年の「地元志向」については，本シリーズの第3巻『つながるって何だろう？　現代社会を考える心理学』で実証的なデータをもとに議論が展開されています。関心のある方は手に取ってみてく

ださい。

　また，地域間格差の拡大する社会において地域のサステイナビリティの確保が必要であることや（田澤ほか，2013），先述した地元志向との関連の中で，移行期における地域移動，もしくは地域間移動と呼ばれる現象が検討の対象になることも多いといえます。日本においても，進学や就職に伴い，地域間移動を行う／行わない・行えない青年の姿は，さまざまなかたちで検討されてきました（たとえば，石黒ほか，2012; 小山，2017; 田中，2018; 田澤ほか，2013; 田澤・梅崎，2017）。

　このような地元や地域，もしくは地方と呼ばれる場所で生活している／生活しようとする青年の姿に焦点が当てられるようになった背景には何があるのでしょうか。その1つに，従来の青年を対象とした研究が取り扱ってきた「青年」とはいったい誰だったのかという問題があります。李・石黒（2008）は，従来の研究では都市の若者か，若者の「全国平均」に関心を向けていることが多かったと指摘しました。これは，若者問題を語るにおいて，地方にいることによるキャリアや生活への影響が十分に組み込んで検討されていないのではないかという指摘（石井ほか，2017）にもつながります。丹田（2018）は，乾（2010）や本田（2014）の議論をもとにして，1990年代半ば以前の青年の標準的キャリアの文脈における「地元」とはそのまま「地方」を意味するものであり，このことにおいて「地元」に残ることは，キャリアの標準像から外れる事象として理解されるものであったと述べています。しかし，すでに述べてきたさまざまな議論にあるように，現代においては社会的・経済的な状況を背景にして，これまでの研究で述べられてきたような平均や標準と呼ばれる青年像は崩れつつあるのが現状だといえます。

　以上のように，移行期において地元志向や地域間移動といった現象が取り上げられる現代において，青年を理解するうえで「地域」という視点を導入することは重要であると考えることができるのではないでしょうか。

2-3.「地域」や「地元」とはどこのことか

　2-1と2-2では「地域」に着目して青年から成人へ，もしくは学校から社会

への移行期をとらえることの重要性について述べてきました。それでは，そもそも「地域」とはどのようにとらえられる概念なのでしょうか。ここではその点について考えていきたいと思います。

　先述した地域志向教育の文脈の中で，早川（2018）は「地域」の概念整理を行っています。そこでは，地理的区分としての「地域」と意味的概念としての「地域」の2つに分けて考察が展開されており，COC事業に採択された大学のプログラムや地域学，フィールドワークといった学問領域の議論を参照しながら，「地域志向教育」において志向される「地域」とは，ある程度の自立的特性は有するものの，それ自体で完結する概念ではなく，「中央」あるいは「世界」のような対概念とともに存在するとまとめました。この議論は青年の発達について述べたものではありませんが，COCやCOC+といった大学教育との関連を含めて「地域」について整理を行っているという点において重要だと考えられます。青年が学ぶ対象，そして学ぶ場としての地域を考えるうえでは，「地域」を単独で理解するのではなく，対となる概念を想定する必要があることが示唆されるからです。

　また，地元志向で用いられる「地元」という言葉については，米原・田中（2015）がブロンフェンブレンナー（Bronfenbrenner, U., 1979）を参照しながら，「発達的な観点から『地元』を見ていくためには，例えば"卒業した高校の都道府県"といったような客観的な定義ではなく，個人がその環境，つまり自分の生まれ育った地域をどのように認知しているかという主観的な意味を含んだ定義をする必要がある」としています。このように「地元」を主観的にとらえる視点がある一方で，地理的な区分という客観的な基準で「地元」をとらえようとするものもあります（平尾・重松, 2006; 平尾・田中, 2016）。

　本節ではこれまで，「地域」や「地元」という言葉をとくに区分することなく使用してきました。この2つの言葉は重なるところが大きなものであると考えられます。ある「地域」が誰かの「地元」であるということは自明のことでしょう。「地域」から「地域」への移動というときには，そこに「地元」から地元ではない「地域」への移動（その逆も）という意味をもたせることができます。本節は移行期という発達の中で生じる現象を取り扱っていることから，「地元」は米原・田中（2015）の定義に沿って個人が地元と認知している

場所という個人の主観的な意味を含んだものとしてとらえます。そして，「地域」は「地元」という意味も含む，早川（2018）のように「中央」など他の概念との対で理解する必要があるものとしてとらえます。その理由は次の2つです。1つ目の理由は，2-1で述べたように，現代の日本の青年から成人への移行を理解するうえで「地域」という視点を導入する理由の1つが，早川（2018）が「地域」概念を整理する際の資料とした「地域志向教育」に代表される，高等教育における「地域」の強調だからです。2つ目の理由は，2-2で示してきたように「地域」が問題となる場合，そこに移動の問題が現れることが多いからです。移動は2つ以上の対がないと成立しません。以上のことより，本節ではこれ以降，「地元」や「地域」という言葉を上記のような理解で用いることとします。

2-4.「地域」という視点から移行期をとらえる

　これまで述べてきたことから，青年から成人，学校から社会への移行を理解するうえで，「地域」という視点は重要なものであると考えられます。しかし，従来の移行期を対象とした研究において，「地域」というものにスポットライトが当たることはあまりありませんでした。これまでの研究の多くは，「青年期から成人期へ」という発達段階上の移行，また「児童，生徒・学生から社会人・職業人へ」という役割の移行を中心に検討が行われてきたということができます。当然，発達段階上の移行や役割の移行も重要です。本節では，それらの移行期を対象とした研究を前提としながら，従来焦点を当てられることが少なかった「地域」という視点を導入し，そこから青年から成人，学校から社会への移行の中で生じている現象について考えていきたいと思います。

　移行期にはさまざまな事柄が生じます。本節ではその中でもとくに，学びを通じた職業に関する将来展望形成という点に着目します。2-1の議論から，「地域」は大学での学びと関連をもつことがわかります。また，2-2の議論からは働く場としての「地域」が強調されていることがわかります。したがって，「地域」に着目して移行期を理解しようとするうえで，学びを通じた将来展望形成に焦点を当てることは妥当なことだと考えられるのではないでしょう

か。

　本節ではこの移行をとらえるうえで，とくに教員養成大学に所属する学生を
対象とした研究を紹介します。それは，学校教育や教員養成の領域において，
これまで述べてきた「地域」の強調がさまざまに行われているからです（半澤
ほか, 2021; 宮前ほか, 2017; 冨山, 2019）。2015 年には中央教育審議会（2015）から
「新しい時代の教育や地方創生の実現に向けた学校と地域の連携・協働の在り
方と今後の推進方策について」（平成 27 年 12 月 21 日）という答申が出され，学
校教育と地域の協働の重要性はますます強調されている状況だといえます。つ
まりこの領域では，学びの場（大学）とその学びを反映させる場（職業）の双
方において，「地域」が強調されているわけです。したがって，教員養成大学
に所属する大学生は，「地域」という視点を組み込んで移行期を考えていくう
えで代表的な対象の 1 つであるということができるでしょう。

　加えて，ここでは三大都市圏ではない地方の大学生に焦点を当てます。それ
は，これまでに説明してきた「地域」の強調がとくに地方で顕著だと考えられ
るからです。地方の大学生に焦点を当てるということは，三大都市圏の学生の
移行期を取り扱わないということを意味しません。地方の大学生の「地域」と
いう観点からの移行期理解は，その対となる中央の学生を考えるための視点を
提供することにもつながります。この点については，「4. それが実践にもつ意
義は何か――「地域」という視点から移行期をとらえることでみえてくるもの
とは」で詳しく述べたいと思います。

3. どんな研究をし，何がわかったのか
教員養成大学に所属する学生の学びを通じた将来展望：
「地域」という側面に着目して

　ここではこれまでの議論を受けるかたちで，教員養成大学に所属している大
学生を対象にして「地域」に着目した研究を紹介します。紹介する研究は 2 つ
です。1 つ目は，「へき地・小規模校実習」という「地域」の色が強く出た教
育実習を経験した大学生が，その学びを通じて将来の職業に関する展望をどの
ように変化させていったのかについての研究です（半澤, 2021a）。2 つ目は，大

学生が移行期における地域間移動をどのようにとらえているのか，またそのとらえ方は大学での学習行動や将来の職業の展望とどのようなかかわりをもつのかを検討した研究です（半澤, 2021b）。これら2つの研究を通じて，大学生活の中で地域を強調した学びを経験すること，そして地域間移動を展望することが，学生の将来展望形成とどのような関連にあるのかについて考えていきたいと思います。

3−1.「へき地・小規模校実習」を経験した大学生の将来展望と学びの変容

　ここで紹介するのは，「地域」を強調した大学教育の1つであると考えられるへき地・小規模校体験実習[*1]を経験した教員養成大学に所属する大学生について，その経験が彼らの大学から社会への移行に伴う将来展望にどのような影響を与えているのか，またその展望は大学での学びにどのようにかかわっているのかについて探索的な面接調査を行った研究です（半澤, 2021a）。実習経験による将来展望の変化やその変化と大学での学びの関連を検討するため，この調査では縦断的な面接調査が行われました。「へき地・小規模校実習」に参加した学生という，従来の研究ではあまり取り上げられてこなかった対象を取り扱っていること，また縦断研究であるということから本調査は単一事例による事例研究となっています。したがってこの知見を一般化することができませんが，「地域」を強調した学びと将来展望形成の関連を議論する1つのきっかけになればと考えています。

　この研究の調査対象となったのは，「へき地・小規模校実習」を大学2年生のときと3年生のときに経験した教員養成大学の学生（女性）1名です。調査対象者は教員志望でした。また，この実習は卒業用件として必要な科目ではなく，希望者のみが受講できるものでした。この調査対象者に対して，上述の目的を明らかにするために，2年生の実習の後と3年生の実習の後の合計2回，半構造化面接を行いました。質問項目は，「将来希望するキャリア」「そのために今取り組んでいること」「へき地・小規模校実習を受けた動機」「地域間移動することをどう考えるか」「地域にかかわる教員になることをどう考えるか」を主たる内容とするもので，2回の面接の平均時間は60分でした。得られた音

表1 「地域」を強調した学びを経験したことによる，地域間移動の展望の形成と具体化（半澤, 2021a）

1回目面接時（2年生の実習終了後）：地域間移動の展望の形成

もともと（大学入学前は）大きな街に住んでて，でも，先生になるって考えたら，ここで，いろいろ行かなきゃいけない（さまざまな地域に赴任する可能性がある）ということはわかってるんですけど。そのとき，今回へき地の実習行ってみて，こういうところで働くのもいいなぁとか，や，むしろへき地がいいなとかそういうのは思いました。子どもたちもイキイキしてて楽しそうだったのが本当によくて。

2回目面接時（3年生の実習終了後）：地域間移動の展望の具体化

小規模校で働いてみたいんですけど，でも（教員としてのキャリアの中で）早くに行ったら，自分が小規模校で複式の授業，けっこうなんていうんですかね，ベテランの先生でもたまに苦戦している授業とか，すごい素敵な授業をみせてもらったりとかして。そう体験すると，このままへき地に行くとしんどいかなと思う気持ちが強くなりました。なので，行きたいって気持ちと，すぐは無理だなという気持ちが強くなりました。主免実習*2は大規模校だったので，あ，もちろん大規模校が楽ってことはないんですけど，まずは大学で勉強したことがそのまま，あ，まぁ，そのままいけるかわからないにせよ，こう，つながってるじゃないですか。そう思えるところを（教員としてのキャリアの中で）最初にっていうのもありなのかなとか，小規模校に行きたいって気持ちはあるんですけど，でも，そう思うこともあったりします。

※（ ）内は筆者による補足。下線部は筆者による強調。以下，本節のすべての表は同様。

声データを文字に起こして，「地域を強調した学びによる将来展望」と「その展望は大学での学びとどのようにかかわっているのか」という2つの観点から整理した結果が表1，表2です。1回目の調査から2回目の調査にかけてそれぞれの観点で変化が生じていることがみてとれます。

　表1のエピソードから，へき地・小規模校実習を経験することで地域間移動の展望が生じたこと，また，実習を重ねることでその展望がより具体化したことが読み取れます。1回目から2回目にかけて将来展望の形成が進んだと考えることができるのではないでしょうか。1回目の面接時には，へき地・小規模校への赴任を希望するのみでした（表1，1回目面接）。それが2回目には，その希望は維持されつつも，教育実習での体験を踏まえたうえでへき地・小規模校で教師として働く自分の将来の姿を描きにくくなっている様子がみてとれます（表1，2回目面接下線部）。この描きにくさは将来展望形成にとってマイナスではなく，実習の中で学びを深めたからこそ「このままへき地に行くとしんど

表2　地域間移動の展望に基づく学びのとらえ方の変化（半澤, 2021a）

1回目面接時（2年生の実習終了後）：「地域」を強調した学びの重視

やっぱり（へき地・小規模校体験）実習の経験があるから，これからは○○や○○（へき地・小規模校の教育や地域の教育にかかわることを学ぶ授業の名前）なんかはとくにちゃんと話を聞かないとダメだなって，今すごく思ってて。将来そこに行くことを考えたら。そういうのに活用できる勉強をしないとまずいなって思います。

2回目面接時（3年生の実習終了後）：「地域」で教えるために必要な学びの理解

あの，大規模校にけっこう長い期間実習行かせてもらって。そのあとに小規模校の複式のところに行かせてもらって。今までは，まるっきり別じゃないですけど，環境的にはすごい別だし，やることも別だってすごい分けて考えてたんですけど，そんなにそんなに，けっこう，先生の仕事としては変わる，変わるところもあるんですけど，授業づくりとか，でも根本的なところは変わらないっていうのと。あとそれがわかったら，自分がもし先生になったときに，大規模校じゃなきゃいけないとか，小規模は嫌だとか，そういう考えって必要ないなって思うようになりました。小規模校には行きたいんですけど，でも，いろいろ動く可能性はあるわけだし。っていうか，たぶん人生考えたら動くんだろうなと。だから，まずはどっちとか関係なく，基本的なところをしっかり勉強して，っていうかもう4年なんで，あの，しっかり勉強しておけばよかったなっていうのはあります。残りの期間頑張ります。

いかな」という，実際に即した展望が描けるようになったものと考えられます。大学生活の中での学びによって，学校から社会への移行期において地域間移動することをより具体的に考えられるようなったということができるでしょう。

　表2のエピソードからは，大学生活の中で学びを重ねることによって，地域で教えることを目指した学びをより広い視点からとらえられるようになった様子が読み取れます。1回目の面接時にはへき地・小規模校や地域の教育に特化した学びの必要性を強調していました（表2，1回目面接下線部）。それが2回目の面接時には，そのような地域に特化した学びのみに目が向くのではなく，教師として根本的・基本的なところを学ぶことが重要だという認識に変化していることがみてとれます（表2，2回目面接下線部）。へき地・小規模校実習という地域を強調した学びを経験したことによって，将来地域間移動を行う可能性があるからからこそ，ある地域に閉じない普遍的な学びが必要であるということに気づくことができたエピソードとして理解できるでしょう。

　表1，表2に示したエピソードから，「地域」を強調した学びを大学の中で経

験することが，地域間移動の展望の形成や具体化，そしてその展望に基づいた学びの変容を促す可能性が示唆されました。ここから，地域を重視した学びが将来展望形成を促し，その展望が現在の学びの変化を促すという過程を想定することができるのではないでしょうか。

3-2. 教員養成大学の学生の地域間移動に対するとらえ方と学習行動，将来展望

　ここで紹介するのは，大学生が地域間移動をどのようにとらえているのか，またそのとらえ方は大学での学習行動や将来の職業の展望とどのようなかかわりをもつのかを検討した研究です（半澤，2021b）。この研究の調査対象となったのは，卒業後の就職において地域間移動を行う予定の教員養成大学に所属する4年生（男性6名，女性9名）でした。調査対象者は全員「出身の地域」と「所属大学の所在地域」が異なっていました。調査は大学4年生の12月に行われ，15名中14名は卒業後に「出身の地域」で学校教員として働くことが決まっていました。つまり，この14名は地元に戻って仕事をするということになります。また，1名は「出身の地域」「所属大学の所在地」とは異なる地域で学校教員として働くことが決まっていました。

　この15名に対して上述の目的を明らかにするために半構造化面接が行われました。質問内容は，「大学進学動機」「大学での学びの様子」「就職先の地域を決めた時期や理由」「地域を移動することに対する考えや気持ち」「大学での学びと将来の仕事との関連をどう考えているのか」を主たるものとし，面接の平均時間は45分でした。得られた音声データを文字に起こして内容ごとに分節したうえで，その内容を分類した結果が表3です。2つのカテゴリー（以下，「　」で記載）と，それぞれのカテゴリーに3つずつ下位カテゴリー（以下，【　】で記載）が得られました。

　表3にあるように，大カテゴリーとして「地域間移動に対する不安とその対処」と「地域間移動に対する不安のなさ」という2つが得られています。就職に伴う環境移行によって地域間移動を行うことが不安として立ち現れる発話と，そうではない発話が得られたわけです。

第1節　青年から成人への移行と地域：移行期の地域間移動に着目することでみえるものは何か？

表3　地域間移動に対する意識と行動（半澤, 2021b）

カテゴリー	下位カテゴリー	下位カテゴリーの説明
地域間移動に対する不安とその対処	地元での仕事を展望した学び	地元に帰ることを展望して学びを進めていた／いるという過去や現在
	環境の違いの認識	現在学んでいる環境と将来働く環境は異なるという認識
	大人としての地元参入	地元に「児童・生徒・学生」ではなく「社会人」として参入するのだという意識
地域間移動に対する不安のなさ	地元であること	将来の移動先が地元であるという事実
	楽観的な将来展望	仕事に就くのは地元なので「なんとかなる」という将来展望
	学びへの信頼	過去に大学で学んだことは移動先がどこであっても通用するという信頼

　これらの関係が表れていると考えられるエピソードを以下に紹介します（表4, 表5）。

　表4, 表5のそれぞれのエピソードは, 表3に示したカテゴリー・下位カテゴリーの関係から次のように考えることができます。

　はじめに, 表4の地域間移動に伴う将来の職業への不安とそれを解消するための大学での学びが表れているエピソードについて考えてみましょう。このエピソードから, 学校から社会への移行において地域間移動を展望することで, 地域の違いである【環境の違いの認識】や役割の違いである【大人としての地元参入】という認識を抱いていること, またその移動に対して不安を抱いていることが推察できます。そして, 【地元での仕事を展望した学び】はそのような移動に対する不安への対処行動として理解できるでしょう。従来のストレス研究において, 対処の機能については問題焦点型と情動焦点型の2つが指摘されています（Folkman & Lazarus, 1980）。問題焦点型対処とは, その状況において生じている問題を解決することを通してストレス値を減じようとすることを目的としたものであり, 情動焦点型とは, 具体的な問題解決ではなく, ストレス状況で喚起された不快な情動状態を鎮め, 調整するための対処行動だとされています（神村ほか, 1995）。表4のエピソードで示されているのは, 地域間移動を展望することによる不安（とそれによるストレス）を, 大学での学びという問

表4　地域間移動に伴う将来の職業への不安とそれを解消するための
大学での学びが表れているエピソード（半澤, 2021b）

もともと地元に帰るつもりだったんですよ。だから，その，なるべく地元でも使えそうな授業とかとって【地元での仕事を展望した学び】。実習もへき地（校実習）にも行ったんですよ。うち（地元）って，そういうの，そういうとこ行く（赴任する）可能性もあるし【地元での仕事を展望した学び】。まあ，興味があったのもあるけど。でも，勉強すると，やっぱ違うかな〜って，ここ（大学）と地元じゃ違うんじゃないかなって思って【環境の違いの認識】。…（中略）…調べたら，やっぱり事情が違う部分がけっこうあって【地元での仕事を展望した学び】。そうすると子どもたちとか，あと保護者ですよね。でかい。それも違ってくるだろうなぁとか【環境の違いの認識】。…（中略）…なんか，単純に地元だからっていっても，わからないこともあるし，とくに先生として行くのって，住むのとは違うわけで【大人としての地元参入】。違いますよね？

※　【　】は各発話に該当する下位カテゴリーを表している。表5も同様。

表5　「地元」に帰ることを背景とする地域間移動への不安のなさが
表れているエピソード（半澤, 2021b）

とくに地域の差とかは考えてないですね。地元だし，はい。【地元であること】。大丈夫かなって。あまりそういうの意識して勉強とかもしてこなかったですし。（違う土地で）いろいろ新しい経験もできましたし。だから，それを地元に持ち帰ってみようっていうのは，はい。言われればそういうのはあるかもしれません。ただ，まあ，正直そういうのを意識して大学で勉強してたかっていうと，それはあんまりないですけど。…（中略）…でも，学んだことはきっとムダにはならないと思うんですよ【学びへの信頼】。なんでって聞かれるとわからないんですが，きっと大丈夫！ってなんとなく思ってます（笑）。とくに心配とかはしてないですね。何かしら先生になったときにはつながるんじゃないかなって。何がどうっていうのは具体的には言えないですが，つながる，つなげるんじゃないかなって思ってるのはあります【楽観的な将来展望】。…（中略）…なんででしょう。やっぱ地元だからですかね。地元だし。地元だからやっていけるんじゃないかな〜って思います。親もいますしね。昔の友だちもいるし。地元って安心感ないですか？【地元であること】

題焦点型の対処で軽減しようとする大学生の姿であると考えることができるのではないでしょうか。

　次に，表5の「地元」に帰ることを背景とする地域間移動への不安のなさが表れているエピソードについて考えたいと思います。このエピソードでは，地域間移動に伴う移行先が【地元であること】は，仕事に就くのは自分が大学生になるまで過ごしてきた地元であるので「なんとかなる」という【楽観的な将来展望】と結びついていると考えられます。そしてその結びつきが，移動の不安を抑制もしくはそもそも生じさせない要因の1つになっているといえるので

はないでしょうか。また，そこに【学びへの信頼】が加わり，地域間移動に対する不安もなく学びに対する信頼もあることから，結果として地域間移動を展望した学びが行われていない様子がうかがえます。

　以上の「不安とその対処」「不安のなさ」のエピソードはいずれも，現在学んでいる状況のみで構成されたものではないことが表4，表5からみてとれます。自分がこれまで（過去）住んでいた地域があり，そしてこれから（未来）社会に参入するうえで住むであろう地域があり，それらの対象との現在における相互作用によって，学んでいる今この現在における不安や不安のなさが生じ，それに基づくかたちで行動や態度が生じていると考えることができます。都筑（1999）は，青年期は過去，現在，未来を統合し，時間的展望（Lewin, 1951）を確立する時期だと指摘しており，その確立は青年期の発達の主題となるアイデンティティ（Erikson, 1959）と関連をもつとしました。この考え方は，青年期から成人期への移行期を理解するうえでも大事なものです。

　過去，現在，未来という視点からとらえると，不安のエピソードは，地域の移動によって過去―現在―未来のつながりが失われそうになったことに対して，大学での学びを通じてそのつながりを再びつくり出そうとしているものだと考えることができるのではないでしょうか。一方，不安のなさのエピソードは，過去―現在―未来のつながりの存在が本人にとっては認識されており，その背景に「地元であるから」という意識があるものとして理解できます。「地元であるから」は，地元志向の研究でも指摘されている（山口，2014）ソーシャルサポートを受けられる可能性の高さや，物的・人的資源の存在（親や友人）に基づくものだと考えられます。地元にあるこれらの資源が，このつながりの認識の背景になっているということができるでしょう。

　以上の結果から，地域間移動の展望は，過去―現在―未来のつながりをつくること（表5）にも，一時的にではありますがそのつながりを失わせること（表4）にもかかわる可能性が示唆されました。そして，そのつながりの有無によって現在の学びのあり方にも違いがみられました。したがって，地域間移動を考えることが社会に出た後の将来展望形成とかかわりをもち，それが現在の学びとかかわりをもつという過程を想定することができるのではないでしょうか。これは3-1で述べた「地域」を強調した学びと類似の過程だと考えることが

できるかもしれません。

3-3.　まとめ

　3-1では，「地域」を強調した学びが学生の地域間移動の展望を形成し，それを具体化させていくこと，またそれが大学での学びに対する見方を変えていく可能性が示されました。3-2では，地域間移動の展望が社会に出た後の将来展望の形成とかかわること，そしてそれが大学での学びのあり方に影響を与えている可能性があることが示されました。いずれの結果からも，大学生活の中で地域を意識すること／しないことがそれに基づく将来展望を形成し，その展望が現在の学びとかかわっていくという学びと将来展望形成の往還をみることができるのではないでしょうか。

　この，現在の学びと将来展望形成の往還自体は，目新しい話ではありません。たとえば教員養成の領域では，教育実習という将来の職業を強く意識するイベントの後に，大学での学びの中で重視することが変化する傾向がみられることが明らかになっています（三島ほか, 2009）。また，教員養成だけではなく，インターンシップの研究の領域においても，インターンシップ後に大学での学びのとらえ方が肯定的に変化することが示されています（中川, 2015）。つまり，将来を意識するような学びを行うことが将来展望形成を促し，それが現在の大学での学び方を変化させることは，「地域」という視点をとらなくてもすでに明らかになっていることだといえます。ここで重要なのは，先行研究によって明らかになっていたこの知見には，「地域」という視点が十分に含まれていなかったことだといえるでしょう。

4.　それが実践にもつ意義は何か
　　「地域」という視点から移行期をとらえることでみえてくるものとは

　本節は，「地域」という視点から，学校から社会，青年から成人への移行期を理解することを目的としていました。2では「地域」という視点を導入する必要性について，3ではその必要性に基づいて行われた2つの研究について紹

介しました。その結果，「地域」や「地域間移動」という視点から，学校から社会，青年から成人への移行期をとらえた際にも，現在の学びと将来展望形成の往還という従来の研究で明らかになっていた現象が確認される可能性が示されました。

　ここで，これまでの議論を受けるかたちで強調したいのは次の2点です。1点目は青年の発達（本節では将来展望の形成）にとって「地域」が意味のある要因になる可能性があるということです。そして2点目は，青年の発達における「地域」の重要性は，少子化やそれに伴う地域の持続可能性といった，現代社会の課題と接続するかたちで議論する必要があるということです。以下，順番に述べていきたいと思います。

　はじめに，1点目の青年の発達にとって「地域」が意味のある要因になる可能性について考えたいと思います。これまでの日本の心理学研究において，青年の発達を「地域」という観点から論じた研究は，米原・田中（2015）や溝上（2020）などがみられるものの，検討が十分とはいえません。これらの研究や本節で示したデータから，「地域」という観点を組み込んだ発達研究の必要性が導き出されるのではないでしょうか。青年の発達をそれがなされる場との関係で論じることも，重要な視点の1つであると考えられます。また，本節で紹介したデータは三大都市圏ではない地方の大学に在籍している学生を対象にしたものでした。彼らの発達について「地域」が重要な要因になる可能性が示されたのであれば，それは三大都市圏，もしくは早川（2018）が述べるところの「中央」の学生にとっても「地域」が重要な要因になる可能性は十分に考えられます。三大首都圏という「地域」で学ぶこと，またその「地域」に居続けることで移動しないことといった観点から彼らの発達を検討する研究も必要になるかもしれません。地方の学生を対象にした検討によって，従来の研究では焦点が当てられることの少なかった発達における「地域」という要因が可視化し，それが三大都市圏・中央の学生の理解をさらに深める可能性を拓いたということができるのではないでしょうか。この点については，地方在住の高校生を対象にしてアイデンティティに関する研究を行った溝上（2020）も，都市青年にとっての地元とは何かということを新たに考えなければならないと述べています。

　次に2点目の，青年の発達における「地域」の重要性を，たとえば地域の持続可能性といった現代社会の課題と接続するかたちで議論する必要性についてです。青年の発達を理解するうえで「地域」が重要になると述べたときに，その「地域」とは青年に影響を与えると同時に，青年からも影響を受ける存在としても理解することができます。なぜなら，その「地域」において青年は学び，成人は働いているからです。彼らがさまざまなかたちで「地域」にかかわることで，「地域」も変化する可能性があるでしょう。本節ではこれにかかわる具体的なデータや研究を提示しているわけではないので提案にとどめますが，これまで述べてきたように青年の発達を「地域」という視点でとらえるのであれば，青年と「地域」，そしてそれらの相互作用に焦点を当てた研究も必要になるといえるのではないでしょうか。

　以上，本節では「地域」に焦点を当てて学校から社会，青年から成人への移行期をとらえる重要性について述べてきました。今後，日本の心理学研究においてもこの領域の研究が蓄積されていくことを期待したいと思います。

[注]
＊1　へき地に立地していたり，児童・生徒の数が少数で複式指導が行われていたりする学校で行われる教育実習。詳細は川前（2015）を参照のこと。
＊2　調査対象者が所属する学部の卒業用件になっている実習。小学校の教育職員免許状の取得要件になっている。

[引用文献]

Bronfenbrenner, U. (1979). *The ecology of human development: Experiments by nature and design*. Cambridge, MA: Harvard University Press. （ブロンフェンブレンナー，U.　磯貝　芳郎・福富　護（訳）（1996）．人間発達の生態学〈エコロジー〉——発達心理学への挑戦——　川島書店）

中央教育審議会（2015）．新しい時代の教育や地方創生の実現に向けた学校と地域の連携・協働の在り方と今後の推進方策について（答申）．

Erikson, E. H. (1959). *Psychological issues: Identity and the life cycle; Selected papers*. New York, NY: International Universities Press. （エリクソン，E. H.　小此木　啓吾（訳編）（1973）．自我同一性——アイデンティティとライフサイクル——　誠信書房）

第1節　青年から成人への移行と地域：移行期の地域間移動に着目することでみえるものは何か？

Folkman, S., & Lazarus, R. S. (1980). An analysis of coping in a middle-aged community sample. *Journal of Health and Social Behavior*, *21*, 219-239.

半澤 礼之（2011）．大学生の学びとキャリア意識の発達――大学での学びによる発達を前提としたキャリア研究という視点――　心理科学，*32*(1)，22-29.

半澤 礼之（2021a）．教員志望の大学生の地域間移動の展望と大学での学び――へき地・小規模校体験実習を経験した学生の語りから――　北海道キャリア教育研究，*5*，34-40.

半澤 礼之（2021b）．教員養成大学の学生の移行期における地域間移動と時間的展望　ESD・環境教育研究，*23*(1)，11-16.

半澤 礼之・宮前 耕史・浅井 継悟（2021）．教員志望の学生における地域と学校教育の協働の重要性の認識尺度の開発　日本教育工学会論文誌，*44*(Suppl.)，93-96.

畑 正夫・長岡 素彦（2019）．大学が地域課題を学ぶ意義を問い直す　関係性の教育学，*18*(1)，39-49.

畑野 快・原田 新（2015）．大学生のアイデンティティの変化と主体的な学習態度の変化の関連――大学新入生の前期課程に着目して――　発達心理学研究，*26*(2)，98-106.

畑野 快・上垣 友香理・星野 聡孝・高橋 哲也（2019）．学士課程教育における学生の成長感の軌跡とその特徴――入学してからのリテラシーとコンピテンシーの伸びに着目して――　大学教育学会誌，*40*(2)，18-26.

早川 公（2018）．地域志向教育づくりの検証に向けた試論的考察――「アンチパターン」概念を手掛かりとして――　関係性の教育学，*17*(1)，73-84.

平尾 元彦・重松 政徳（2006）．大学生の地元志向と就職意識　大学教育（山口大学大学教育機構），*3*，161-168.

平尾 元彦・田中 久美子（2016）．大学生の地元志向とキャリア意識　キャリアデザイン研究，*12*，85-92.

本田 由紀（2014）．社会を結びなおす――教育・仕事・家族の連携へ――　岩波書店.

乾 彰夫（2010）．〈学校から仕事へ〉の変容と若者たち――個人化・アイデンティティ・コミュニティ――　青木書店.

石黒 格・李 永俊・杉浦 裕晃・山口 恵子（2012）．「東京」に出る若者たち――仕事・社会関係・地域間格差――　ミネルヴァ書房.

石井 まこと・宮本 みちこ・阿部 誠（編）（2017）．地方に生きる若者たち――インタビューからみえてくる仕事・結婚・暮らしの未来――　旬報社.

岩田 紀（1989）．コスモポリタニズム尺度に関する経験的検討　社会心理学研究，*4*(1)，54-63.

神村 栄一・海老原 由香・佐藤 健二・戸ヶ崎 泰子・坂野 雄二（1995）．対処方略の3次元モデルの検討と新しい尺度（TAC-24）の作成　教育相談研究，*33*，41-47.

川前 あゆみ（2015）．教員養成におけるへき地教育プログラムの研究　学事出版.

小高　恵（1998）．青年期後期における青年の親への態度・行動についての因子分析的研究　教育心理学研究, *46*(3), 333-342.

小山　治（2017）．グローバル志向は地元キャリア志向と矛盾するのか——地域移動類型を踏まえた地方出身者の分析——　大学評価研究, *16*, 87-98.

轡田　竜蔵（2011）．過剰包摂される地元志向の若者たち——地方大学出身者の比較事例分析——　樋口 明彦・上村 泰裕・平塚 眞樹（編著）．若者問題と教育・雇用・社会保障——東アジアと周縁から考える——　法政大学出版局．

Lewin, K. (1951). *Field theory in social science: Selected theoretical papers* (D. Cartwright (Ed.)). New York, NY: Harpers.（レヴィン, K.　猪股 佐登留（訳）（1956）．社会科学における場の理論　誠信書房）

前村　奈貴佳（2011）．移動と定住に関する心理的特性の検討——異文化志向と定住志向の測定および関連性について——　関西学院大学先端社会研究所紀要, *6*, 109-124.

米原　拓矢・田中 大介（2015）．地元志向と心理的特性との関連——新たな発達モデルの構築に向けて——　地域学論集：鳥取大学地域学部紀要, *11*(3), 139-157.

三島　知剛・安立 大輔・森 敏昭（2009）．教育実習生の実習前後における学習の継続意志の検討　日本教育工学会論文誌, *33*(Suppl.), 69-72.

宮前　耕史・平岡 俊一・安井 智恵・添田 祥史（編著）（2017）．持続可能な地域づくりと学校——地域創造型教師のために——　ぎょうせい．

溝上　慎一（2020）．地方在住の高校生のアイデンティティホライズン——心理社会的影響を考慮したアイデンティティ研究——　青年心理学研究, *32*(1), 1-15.

文部科学省（2012）．大学改革実行プラン．

中川　忠宣（2015）．インターンシップ授業の展開と社会人基礎力の育成への効果　生活体験学習研究, *15*, 19-28.

奥田　雄一郎・阿部 廣二・三井 里恵（2016）．大学生の地域愛着と時間的展望　共愛学園前橋国際大学論集, *16*, 157-164.

李　永俊・石黒 格（2008）．青森県で生きる若者たち　弘前大学出版会．

李　永俊・山口 恵子（2018）．「地域志向科目」が地方大学生の就職地選択行動に及ぼす影響について——弘前市における大学生質問紙調査から——　弘前大学大学院地域社会研究科年報, *14*, 3-14.

労働政策研究・研修機構（2015）．若者の地域移動——長期的動向とマッチングの変化——　資料シリーズ No. 162.

杉山　成（2012）．大学生における地元志向意識とキャリア発達　小樽商科大学人文研究, *123*, 123-140.

田中　美和（2018）．地方私立大生の進学決定プロセスに見る地元志向　キャリアデザイン研究, *14*, 47-60.

第1節　青年から成人への移行と地域：移行期の地域間移動に着目することでみえるものは何か？

丹田 桂太（2018）．青年にとっての「地元」をめぐる研究枠組みの考察――「標準的キャリア」概念に着目して―― 生涯学習基盤経営研究, *42*, 1-16.

田澤 実・梅崎 修（2017）．大学進学および就職時における若者の地域間移動――優秀な若者人材を地方に集めることは可能か？―― 生涯学習とキャリアデザイン：法政大学キャリアデザイン学会紀要, *14*(2), 93-101.

田澤 実・梅崎 修・唐澤 克樹（2013）．進学と就職に伴う地域間移動――全国の大学生データを用いて―― サステイナビリティ研究, *3*, 151-167.

冨山 哲也（2019）．地域の教師を地域で育成する「学校インターンシップ」――十文字学園女子大学における「学校インターンシップ」の取組―― Synapse：教員を育て磨く専門誌, *69*, 12-15.

都筑 学（1999）．大学生の時間的展望――構造モデルの心理学的検討―― 中央大学出版部.

和田 さゆり（1996）．性格特性用語を用いたBig Five尺度の作成 心理学研究, *67*(1), 61-67.

山口 恵子（2014）．「東京」に出ざるをえない若者たち――地方の若者にとっての地元という空間―― 現代思想, *42*(6), 224-236.

山本 多喜司・ワップナー, S.（編著）（1992）．人生移行の発達心理学 北大路書房.

保田 江美・溝上 慎一（2014）．初期キャリア以降の探究――「大学時代のキャリア見通し」と「企業におけるキャリアとパフォーマンス」を中心に―― 中原 淳・溝上 慎一（編）. 活躍する組織人の探究――大学から企業へのトランジション――（pp. 139-173） 東京大学出版会.

第2節

地域における子育て支援と親としての発達：
親の主体的な地域活動にみえる子育て支援の可能性とは？

照井　裕子

1. なぜこの問題を研究しようと思ったのか
親たちは一方的な支援の受け手なのか？

　私の研究関心は，主に乳幼児期の子どもを育てる親の発達です。これまで私は地域活動を立ち上げ活動している母親や，すでに地域の中に根差し地域における子育て資源となっている活動に参加する母親とかかわりながら研究をしてきました。ここではなぜ私が親発達を地域という枠組みでとらえようと思うに至ったのか，研究フィールドに赴いて母親たちとかかわる中で生じた研究上の疑問も含め簡単に振り返ってみたいと思います。

　親になることや子育てを通じた親発達に関心をもちはじめた当初，私の身近に乳幼児を育てている人はいませんでした。関心をもったのはよいけれども「親」として子育て中の人にちゃんと接したことがないという状況で，素朴にまずは親がたくさんいる場所に出かけていくことにしました。人づてにある子育てサークルにボランティアのようなかたちでお邪魔させてもらったのが最初です。ちなみに，子育てサークルとは，「子育て中の親たちが子どもを連れて集まり，子ども同士を遊ばせながら，学習や情報交換をしたり，運動会やクリスマスなどの行事を共同で実施したりするグループ」（厚生省, 1998）とされており，就園前の子どもを育てる親にとって身近な地域の子育て資源の1つといえます。子育てサークルはそれぞれさまざまな活動内容，規模，形式，開催頻度で活動しており，サークルごとに特徴がみられます。

　私がかかわっていた子育てサークルはその地域の母親たちにより立ち上げられ，地域内で乳幼児をもつ家庭にとっては身近な育児サークルでした。私がお邪魔した当時は70組前後の親子の登録があり，複数のグループに分かれて活動を行っていました。子どもの年齢に応じ代替わりをしながら続いてきた育児サークルで，当時で20年以上も続いてきたいわゆる老舗サークルでした。子

育てサークルは，そもそも1970年代に大都市およびその周辺で母親たちにより自主的につくられるようになり，80年代を通じ全国的に広がったことが知られていますが（木脇, 1998），この子育てサークルもこうした流れの中で立ち上がり，その後地域の母親たちにより継承され活動を続けてきた子育てサークルの1つと考えられます。

　ふだんの活動では，親子が週に1度集まって一緒に遊んだり，年に何度か夏祭りや運動会といった行事を楽しんだりしており，私自身は月に何度かこれらの活動にお邪魔して子どもたちと遊んだり，活動の準備や片づけのお手伝いをしたりするボランティアのようなかたちで参加させてもらっていました。

　先に述べたとおり，私は子育てをしている人と身近に接する機会が当時ありませんでした。そして，この子育てサークルにお邪魔して，最初に素朴に感じたのは子育て中のお母さんたちのパワフルさでした。毎週の活動をそれぞれがさまざまに役割分担をしながら続け，その中で母親同士がさまざまな情報交換をしたり，あるいは自分の子どもにかかわらずメンバーの子どもの面倒をみあったりしながら，お互いに多くのかかわりをもち子育てをする母親たちの姿が印象に残りました。子育てサークルの活動は母親たちの計画や準備に支えられており，母親たちが互いに協力しながら親子にとっての場をつくっている姿にそのパワフルさを感じさせられたということになります。

　ここで母親たちとかかわる中で得た印象は，子育て支援の文脈や研究の中で，親が一方的な支援の受け手として描かれがちであることへの疑問，もう少しいうと親の主体性の扱いがみえない（あるいは非常にみえにくい）ことへの疑問につながりました。1990年代以降，国は少子化対策として，子育て支援の必要性を謳い，ある意味で子育ては簡単なものではなく，親たちが不安や悩みを抱えながら子育てしていることが社会的に認知されるようになりました。そして，地域の子育て支援施設の拡充が進められ，子育て支援をどのように“提供するか”が大きなトピックとして扱われることになりました。私が当時感じたのは，子育て支援の中で，親は大変な子育てを支援してもらう存在，一方的な支援の受け手として描かれていたということへの違和感です。近年の子育て支援のあり方は，専門職従事者から地域住民を巻き込むような「協働」的な地域づくりが課題とされたり，地域に暮らす者同士の「支え─支えられてお互い

171

様」という関係を大切にした活動が重視されるようになっていますが（大日向，2008），私が地域で子育てをする母親たちとかかわりはじめた当時はちょうどその少し前，行政主導型の子育て支援の拡充の流れが強かった時代です。当時感じた，自分がかかわる母親たちは「一方的な支援の対象なのか？」という素朴な問いは，親を理解しようとするときの根本的な見方につながっています。

　ブロンフェンブレンナー（Bronfenbrenner, U., 1979）の生態学的システム理論では，個人を取り巻くシステム（環境）をマイクロ，エゾ，マクロという4つの水準に分け，発達しつつある者とそれぞれのシステムは相互に影響を与え合い，その影響を通じて人は発達するとしています。私が感じた疑問は言い換えれば，親がここでいうシステムに影響を及ぼす存在であること，そしてその相互関係の中で発達するという視点が見出せないことへの疑問だったともいえるでしょう。こうしたことを背景に，母親自身が地域に生み出す資源や主体的に地域で活動することそのものを理解し，地域や周囲の人とのかかわりで互いに影響を及ぼし合う存在としての親をとらえる必要があるのではないかと考え研究を行うに至りました。

　ここまで，地域の中で影響を及ぼし合いながら発達する親への関心の背景を述べました。以下ではさらに，地域の中で子育てをする親について考えさせられたエピソードを2つ紹介したいと思います。

どうしてそんなに知り合いがいるの？

　第一子出産後に引っ越しをした友人の新居に遊びに行きました。久しぶりに会って話をしている中で，いわゆる「ママ友」とのエピソードを友人はいろいろ話して聞かせてくれました。子育てをめぐるあれこれや，仕事への復帰をめぐるそれぞれの考えなど母親あるあるが話題になる中，そのうちあることに気づかされました。それは，引っ越してきて数か月だというのに，友人の話の中に登場する「ママ友」あるいは知り合いがたくさんいそう……ということです。その理由を聞くと，友人は少し考え，「子どもを連れて歩いてマンションのエントランスに入ろうとすると，後ろからベビーカーの音がしてね，声をかけられて『このマンションの方ですか？　私もそうなんです！　〇号室の＊＊です！』と自己紹介がはじまっ

> て，子どもの年齢とか話したりしてつながったり……」と教えてくれました。「で，誰かとつながるとどっかでまた別の誰かにつながって……」

　このエピソードからは，地域の中で親子が出会いを積極的に求めてつながっていく姿がみえてくるのではないかと思います。同時に，積極的に出会いを求めざるをえない子育て環境という社会的な課題も透けてみえるエピソードでもあります。そして私に，地域の中で子育てする親がそこでどのように人とかかわり子育てをしているのかという問いを得るきっかけを与えてくれたエピソードといえるのかもしれません。

　次のエピソードは私の関心を知る方が自身の経験について教えてくれたものです。

隣家の泣き声に励まされる

　第二子が生まれて間もない時期のお子さんの寝かしつけをめぐるエピソードです。そのころタカシさんのご家庭では，最初に第二子の寝かしつけをタカシさんの妻がはじめ，少し時間を置いてタカシさんが第一子の寝かしつけをするということになっていました。

　第一子は1歳。毎日絵本を読んだり身体をトントンとさすったりしながらタカシさんは寝かしつけをしていました。絵本を読み聞かせる間に寝入ってくれたらしめたものですが，なかなかそうはいきません。「早く寝てくれ～」と思いながらトントンを続けますが，子ども自身も眠いのに寝つくことができないので不機嫌さも増し，泣き続けることもしばしば。その日もなかなか眠らない子どもを相手に「もういい加減に寝てくれ!!」とイライラした気持ちになっていたそうです。そしてそのとき，「うわぁぁん！」と大きな泣き声が隣家から聞こえてきました。その瞬間，タカシさんは「あっ，隣でも誰かが頑張っている。俺は一人じゃない」となぜか思えてちょっと気持ちが楽になったのだと教えてくれました。

　このエピソードを聞いたとき，これは絶対に地域の中での子育てというトピックに関連しているはずで非常に「面白い！」と思わされたのですが，ど

う解釈してよいのか，自分の行っている研究にどのようにかかわる面白さがあるのかがずっと消化できていませんでした。その意味で，自分の研究にかかわりそうな現象の意味を問うという大きなきっかけを与えてくれたエピソードです。ここまで述べた私の問題意識と合わせて，このエピソードから考えられることは何なのかという「問い」についても本節で考えてみたいと思います。

2. どんな問いを立てたのか
親はどのように自分のための場を地域につくっていくのか？

　ここまで述べてきたように私は，子育て支援の文脈において，親たちが一方的な支援の受け手ではないこと，子どもとの関係だけではなく，地域の人々や資源とのつながりの中で影響を及ぼし合いながら発達していく主体的な存在として親をとらえる必要があると考えています。こうした問題意識を背景に，地域の中で子育て支援となりうる資源を生み出す親に焦点を当て，地域とかかわりながら子育てをする親の理解から子育て支援への示唆を検討します。具体的には，地域活動を立ち上げ運営する母親たちの事例を取り上げます。

　本節ではこの事例に基づいて，親たちが自ら地域資源をどのようにつくり出してきたのか，つまり地域に影響を及ぼしうる活動を立ち上げてきたプロセスを確認し，理解したいと思います。そして，その活動の場は親たちにとってどのようなものであったのかを明らかにし，地域の中で主体的な活動を行うことを子育て支援の文脈における可能性を見据えながら考えてみたいと思います。

　以下では，親がどのように地域とかかわるようになるのかという点を簡単に整理したうえで，本節で取り上げる活動の特徴について確認します。

2-1. 親にとっての地域の場

　そもそも親たちはどのように地域で過ごしているのでしょうか。私たちは日々，自宅や学校，職場などを中心としたさまざまな場所を往来しながら日常生活を営んでいます。日々出入りする場所は当然のことながら発達に伴って変化をします。親になるという経験は，この日々出入りする場所が大きく転換す

るライフイベントの1つといえるでしょう。地域と親のつながりを知るために，ここではどのように親たちが地域に赴いていくのかについて確認しておきたいと思います。なお，ここでいう地域は親子を取り巻くさまざまな地域資源や地域の中で出会う人を含みます。

　妊娠出産は，母親の対人関係を縮小させることが指摘されています（森永・山内, 2003）。小島（2013）は母親たちの外出行動に着目し，出産からおよそ3～4か月は外出の機会自体が少なく，産後4～7か月ごろにかけて外出の頻度が急増することを指摘しました。産後の母親自身の身体の回復期という側面や，子どもについても積極的な外出の必要性が見出しにくい時期には，外出機会自体が少ないということなのだろうと考えられます。また，産後間もない時期ほど実家への訪問が多いこと，子育てサークルに参加したり，ママ友の家に訪問する機会は1歳半ごろから増えはじめることも明らかになっています（小島, 2013）。つまり，親たちが妊娠出産を経て一度縮小させた対人関係や外出先をその後の子育てを通じて少しずつ地域において拡大させていく様子がうかがえます。

　亀井（2008）は生後0か月から15か月までの間の縦断研究から，母親たちのおつきあいの変化に着目した分析を行いました。その結果，出産直後から6か月ごろまでの母親は子育て情報の取得や自分と同じ境遇の友だちを求めるなど自分自身のためが中心で，子どもが1歳を過ぎるころから子どもにとってのお友だちを得るために対人関係を広げている可能性を指摘しています。加藤・請川（2019）の子育て支援施設に参加する母親たちを対象とした調査を通じ【子どもの遊び場としての機能】や母親自身が【一時の解放感】を味わうことを求めていることを明らかにしています。子どもの成長に伴い親たちは地域の中でアクセスする場を広げていきますが，「自分のため」と「子どものため」の兼ね合いをはかりながら地域とかかわる親の姿が透けてみえてきます。

　親たちによる運営が主体的になされるものの代表的な地域活動として子育てサークルがありますが，先に述べたとおりさまざまな活動内容，形態がありつつも，基本的には「子どものため」という活動は目指される方向性のうちの1つに入っていると考えられます。自治体が実施するような地域子育て支援の場においても，母親自身は子どもの育ちのために参加するという意識の高さにつ

いての指摘がみられます（諸井・杉本, 2010）。もちろんこうした支援施設におい
ては，相談機能や情報提供の機能も持ち合わせていますし，親同士の交流の場
ともなりうるものです。その意味で，「自分のため」にアクセスできる場とな
りますが，もう少し言葉を補うならば「子育てをする自分のため」の場である
のではないでしょうか。もちろん，子育て支援の機能の幅や地域の中で親子が
アクセスできる場は人により求めるものは異なります。「子どものため」の場や
「子育てをする自分のため」の場を否定するものではありません。一方で，子育
て支援の可能性を探るうえで，この「自分のための場」が地域の中でどのよう
に立ち上がるのかを取り上げる意味は大きいのではないかと考えています。

2−2.　取り上げる活動の概要

　本節で取り上げるのは，首都圏内の新興住宅地で年に1回開催される地域参
加型の音楽祭の事例（照井ほか, 2014）です。活動立ち上げの当時，唯一その地
域にある保育所には子育て支援センターが併設されており，親子遊びの会，絵
本の読み聞かせ会のほか，親たちの自由なおしゃべり会などが開催されていま
した。とくにおしゃべり会では，母親たちの興味・関心に基づいた提案で新た
な自主サークルが生まれることもあり，この音楽祭にかかわる母親たちの多く
もこのおしゃべり会に参加した経験をもっていました。音楽祭がはじまるきっ
かけは，このおしゃべり会に参加していた母親に対して，子育て支援室の担当
保育士から地域で老若男女を巻き込んだ音楽祭を行うプランの投げかけがなさ
れたことにあります。保育士の情報提供と誘いに応じて活動にかかわることに
決めた母親たちを中心に，保育所の支援を受けながら活動はスタートしまし
た。毎年数か月かけて音楽祭の企画を検討し，出演希望者を募ったり，自分た
ちも出演者として演目の練習を重ねたりしながら音楽祭当日に向け活動を行っ
ていました。回を重ねる中で親子ともに出演者となることもありましたが，子
どもたちが音楽祭と直接的にかかわった活動を何かするということは基本的
にはなく，「子どものため」という要素が活動の中にみられない，その意味
で「自分のため」あるいは「地域のため」の場を純粋に親たちがつくり上げて
いった活動である点が特徴的といえます。

　私と共同研究者2名は，第3回の活動から「伴走班」と呼ばれるスタッフとしてこの活動にかかわっており，音楽祭の準備から本番までの数か月間に立ち会いながら映像記録を残すなど，本番までの準備プロセスを共有するメンバーとして活動に参加していました。私たちがかかわりはじめた時点においては，ほとんど保育所のかかわりはなくなっており，母親たちによる運営がなされていました。つまり，音楽祭の立ち上げ時には，ある意味で保育所主導的な側面があったわけですが，第3回までの間に母親主導へと大きく転換をとげたことが考えられました。

　以下では，活動の転換を確認しながら，地域の中で「自分のための場」をつくり出すことが母親たちに何をもらしていたのかを確認していきます。

3.　どんな研究をしたのか
地域における母親たちの主体的活動はどのように展開したのか？

　上述のとおり，保育所の子育て支援室を利用していた母親たちを中心に地域住民参加型の音楽祭を立ち上げた事例（照井ほか，2014）に基づいて，どのように音楽祭は立ち上がったのかを確認したうえで，立ち上げの経験や自分たちがつくり上げた地域における音楽祭という場を母親たちがどのようにとらえているのかについて検討していきます。

　調査では，第3回の音楽祭に実行委員としてかかわっていたメンバー5名に対する半構造化グループインタビューを行いました。音楽祭の立ち上げの経緯，第1回〜第3回音楽祭のそれぞれにおける音楽祭の内容，運営方法といったことを話してもらいながら，母親たちが担った役割や，これらに付随する思いや考えについて確認しながらインタビューを進めました。なお，協力者は，第1回もしくは第2回の音楽祭から継続して音楽祭にかかわっており，全員がかかわりはじめの時点で未就学の子どもをもっていました。

3−1.　音楽祭が母親主体の活動になるプロセス

　先に述べたように，はじめは保育所からの投げかけがあってスタートした活

動でした。母親たちの振り返りを整理すると，第1回から第2回になるときに，活動運営にかかわる実際的な側面で転換を迎えていました。具体的には第2回の音楽祭の開催にあたり，誰が音楽祭の主催者なのかをはっきりさせ，母親たちが実行委員会を立ち上げていました。これに応じて企画内容も実行委員会の手によるものになりました。また，第1回で保育所の予算を用いた活動の財源も地域の小売店等に協賛を依頼し，活動場所の確保も保育士ではなく実行委員によるものとなりました。そして第3回の時点では，活動に直接的なかかわりを保育所がもつことはなくなっていました。

　母親たちは，保育所からの「地域で音楽祭やらない？」という投げかけに応じて活動にかかわるようになりました。その意味では，すでに地域の子育て資源にアクセスしていた母親たちです。そして，地域で音楽祭をするという計画に関心を寄せ実際にかかわりをもとうとするような母親たちです。しかし，音楽祭を自分たちで主体的に運営ができていたわけではありません。きっかけが保育所の投げかけであったということもありますが，第1回の音楽祭については，「お膳立てをしてもらって」（エピソード1）やエピソード2の「おんぶにだっこ」「自分たちの意思はあるようであまりなかった」というように，受け身な活動であったとされています。これらの語りは，第2回において活動が母親たちの主体的な運営になったこととの違い，比較するものとして語られました。また，活動の形態が変わったことが「自分たちがやることなんだって自覚」（エピソード3）であったり「前進」（エピソード2）という自らの変化を生んでいるととらえていたことが推察されました。

　第3回においては，直接的な保育所の関与はなく，母親たちのみによる活動となりましたが，これについて「ほんとに自立したっていうか，第一歩だったかな」（エピソード4），「一歩成長できた」（エピソード5）というように，第2回からさらに自立を進め成長の手応えのある音楽祭になったと意味づけられました。

　さらにここで保育所の行った支援も含めて，活動の展開について考えてみたいと思います。母親たちが保育所から受けた支援として具体的に語られたのは，エピソード6の「地域の人たちをつなげてくれる核になってくれる」というように，保育所の支援により母親同士はもとより地域の人たちとつながる

表1　第1回および第2回の音楽祭に関する母親の語り
（照井ほか，2014よりエピソードを抜粋し作成）

エピソード1（第1回および第2回について発言）

大変だったけれども本当の意味で音楽祭をつくるっていう作業は2年目以降ですよね。1年目はやっぱりお膳立てをしてもらって，コーディネートするということがメインでやってた……

エピソード2（第1回および第2回について発言）

それまでは保育所におんぶにだっこだから，自分たちの意思はあるようであまりなかったんですよね。でも，自分たち実行委員会が主催するんだってことで動きはじめてからは，いろんなものがクリアになって，クリアになったことで前進できたんだろうなって思うんですよね。

エピソード3（第2回について発言）

主催が誰なのか，Q保育所が主催ではなくて，実行委員が主催なんだよっていうことをはっきりさせるってことで，それは自分たちがやることなんだって自覚にね，変わったし……

表2　第3回の音楽祭に関する母親の語り
（照井ほか，2014よりエピソードを抜粋し作成）

エピソード4

○○先生もいなくなって，ほんとに自立したっていうか，第一歩だったかなって思うんですよ。だからすごく不安だったんですけど，先生のいない……でも大丈夫じゃんっていう。

エピソード5

着実に今年のほうが，一歩成長できたって思う。やったことも，やったし，完全に。でもなかなか追いつけないな，自分が目指しているところまでなかなかレベルアップできないなっていうことがありますよね。

ことができた，つまり地域の人をつなげる核としての保育所の支援についての発言です。母親たちによる評価を伴った具体的支援としては唯一得られた内容でした。第1回および第2回においては，母親たちは，活動にあたって必要となる地域の人や場に保育所の紹介を通じてつながりながら活動が展開していたことを前提に，「個人個人ばらばらだったらきっとこんなふうにならなかった」（エピソード6）というように，地域のさまざまな人たちに保育所を通じてつながったことで今の音楽祭に至ったとして高く評価しているものと考えられました。

表3　保育所とのかかわりに関する母親の語り
(照井ほか, 2014よりエピソードを抜粋し作成)

エピソード6

やっぱり, 地域の人たちをつなげてくれる核になってくれる人(保育所のスタッフ)がいたことが大きいね。個人個人ばらばらだったらきっとこんなふうにならなかったよね。

エピソード7

(第2回音楽祭まで)実行委員の中にいていただいて。でも, 先生が何でもかんでもやってくれたわけじゃないです。そこがすごくありがたかったんですけど, 一緒に寄り添っていてくれた。それで必要な人を紹介してくれた感じだったですよね。

エピソード8

でもなんかいいんですよ。子育て支援って, なんかサービスを受けたいというよりかは, お金を払ったらいくらでもサービスを受けられるところがあるけれども, Q保育所みたいに, 場を, 受け皿みたいに安心してはじけていいよって, 用意してくれるところはなかなかないです。サービスではないよね。

エピソード9

そうそう, サービスじゃないんですよね。自分たちが伸びていきたいっていうか, 生き生きとしていきたいっていうか, 本当の意味での支援だな, (自分自身が)育っているなって。なかなかね, 小さい子抱えていると日常難しいですもんね, なんかやりたいって思っても。

　そして, さらにここで得られたのは保育所の支援のスタンスに関連した語りです。母親たちは保育所の子育て支援に対する方向性の1つとして, 単なるサービスの受け手ではない母親たちによる活動への期待があったこと, そしてそのためのきっかけづくりがなされるものの, それ以降, 基本的には母親に活動運営をゆだねようとする意図そのものが大きいと考えていました。代表的にはエピソード7のように, 実際に支援を担当した保育士のかかわりについても「何でもかんでもやってくれたわけじゃない」ことが「ありがたかった」とし, 支援されすぎないことに大きな意味を見出していることが特徴的だったといえます。「サービスを受けたいというよりか…(中略)…安心してはじけていいよ」(エピソード8)という場を提供してくれる保育所のスタンスは, 「サービスではない」と結論づけられました。

　協力者たちは地域の他のいわゆる子育て支援にかかわるさまざまな情報を入手し, 利用をしながら子育てをしてきた母親たちでもあります。協力者たちに

とって，多くの既存の支援が「サービス」であり，既存のサービスとはまった
く異なるものとしてＱ保育所の支援をとらえていることがうかがえました。エ
ピソード9にみられるように，「自分たちが伸びていきたい」「生き生きとして
いきたい」という母親たちのニーズをかなえ，その結果として「（自分自身が）
育っている」という実感が得られたＱ保育所の支援を「本当の意味での支援」
としました。

　すでに述べたとおり，それぞれの親にとって求める子育て支援は異なりま
す。しかし，支援されすぎないことが母親たちに評価されたことは，支援する
側にとって示唆を与えてくれる結果の1つではないでしょうか。

3-2.　音楽祭は母親たちにとってどのような場となったのか？

　第3回の音楽祭を終えた時点で，母親たちは音楽祭の活動について，「役割
がないから，素の自分でやりたいことでかかわっていく」（エピソード10）場と
して楽しめる，あるいはエピソード11のように「別にやらなくてもいいって
いえばそうだし，無理やりやっていることでもない」，そして「ママつながり
でもないし，昔からの友だちでもない」けれども「心地よい」というように，

表4　音楽祭という場をどのようにとらえているのか
（照井ほか，2014よりエピソードを抜粋し作成）

エピソード10
役割がないから，素の自分でやりたいことでかかわっていくっていうか，だから刺激もしあうし，だから私は楽しいのかもしれない。

エピソード11
ないですよね。他，探してもそういうところが。幼稚園とか小学校とかにある役員だとまた違うし。別にやらなくてもいいっていえばそうだし，無理やりやってることでもないし，なんとかちゃんのママつながりでもないし，昔からの友だちでもないし，何なんだろうって。でも心地よい。なんかね，不思議。他にないですよ。

エピソード12
子どものためにとかじゃなくて，きっと自分が楽しくかかわっていれば，こういう場所についてくるだけで子どもは楽しいんだし，それで私と子どもが楽しいと思えば，子どもがあくまでも自分たちがやりたいことの中に巻き込んでいこうって。

母親という役割を離れて人とつながっている場，その中で自分のしたいことができている場としてとらえていることがうかがえました。さらに，エピソード12のように，「子どものためにとかじゃなくて，きっと自分が楽しくかかわっていれば」子ども自身も楽しいはずで，「子どもがあくまでも自分たちがやりたいことの中に巻き込んでいこう」というように，子どものために活動をするのではなく，自分自身がやりたいことをして楽しみつつ子どもも楽しむことを目指す場としてとらえられていることが推察されました。

4. それが実践にもつ意義は何か
親をとらえる視点の拡張と子育て支援への示唆

　本節では，親たちが一方的な子育て支援の受け手ではないことを確認しました。そして，地域のつながりの中で互いに影響を及ぼし合いながら発達する親という視点の重要性を強調しました。今回，本節では，他の親にとっての地域資源となりうる活動を生み出した母親たちに焦点を当て，地域活動の展開プロセスとそこでの親の経験の理解を試みました。これまでの議論および事例の紹介を踏まえて，ここでは3点の子育て支援への示唆について考えてみたいと思います。

4-1. 子育て支援における親の個をすくい取ることの可能性

　1点目は子育て支援における母親の個人的側面に着目する重要性の確認です。子育て支援文脈における母親の「個」の側面への着目の重要性はすでに指摘されていますが，本節で取り上げた事例に基づきつつ，あらためて確認しておきたいと思います。
　音楽祭にかかわる母親たちは，音楽祭を，親としての役割に応じて参加する活動とは区別していました。もともと「自分のため」という側面をもちながらスタートした活動ですから，ある意味で当然ではあるのですが，同じ年代の子どもをもつ母親同士でありながら，音楽祭にかかわるメンバーを"ママ友"ではない関係としてポジティブにとらえていることが明らかになりました。母親

同士の関係は，基本的に「親役割を担う自分」としての関係とされていますが（實川・砂上, 2009），これに対して音楽祭にかかわった母親たちは「自分のため」を尊重された活動の場にかかわる中で，親役割を離れ，個人として一緒に活動を行うことでともに楽しみ，成長を感じる新しい人間関係を構築したといえます。これは，社会活動が成人女性の場合には心理的ウェルビーイングと強く関連しており，成人期女性の発達的特徴を考える際に目を向ける必要性があるとの指摘（西田, 2000）にも通じるものでした。

　音楽祭にかかわる母親たちは，子どものためではなく自分が楽しくかかわること，自分たちのやりたいことに子どもを巻き込んでいくというスタンスで活動に参加しており，ある意味で「個」を発揮したい，そのような地域の場を求めていた母親たちであったと考えられます。こうした母親たちにとって，個の発揮につながりうるような「はじけられる場」の提供は大きな意味をもつことになりました。

　先にも述べたとおり子育て支援は幅広く，さまざまな展開がなされています。そして個々の親にとって必要な支援も異なりますが，「個」を発揮することを求めた場合，紹介した事例の母親たちの語りからもそうした場自体が非常に限られていることが推測されます。地域の中でどのように個を発揮しながら親たちが過ごしていけるのか，あらためて考える必要があるのではないでしょうか。親役割を担う自分を前提とした母親同士の関係ですが，親役割を離れて活動できる場という視点で地域の資源を見直す，子育て支援を見直すという作業は重要であるように思われます。母親としてではなく一人の個人として親を理解する点の重要性をここでは確認しておきたいと思います。

4-2. つなげる支援の可能性

　2点目は地域と親をつなげる支援の可能性です。音楽祭という目的があったからこそではありますが，紹介した事例では保育所がゆるやかなお膳立てとして，日常の子育て生活における母親自身のネットワークではつながりにくいであろう地域のさまざまな施設や人に母親たちをつなげるという役割を果たしていました。一個人の母親がもっている地域のネットワークとは異なる次元で，

子育て支援センターや保育所・幼稚園・こども園は地域とのネットワークを有しているはずです。これらの場では，母親同士をつなげることは子育て支援の一環として行われていますが，母親たちの生活や活動を広げるような地域資源とつなげるという発想もまた違うかたちでの子育て支援につながりうることを教えてくれた事例であると考えられないでしょうか。

4-3. 支え—支えられてお互い様というけれど……

　本節では，母親たち自らがつくり上げた地域の場の中で，他の場では得がたい個としての人間関係を得て，自らの変化を自覚しながら活動にかかわる姿をとらえてきました。この音楽祭に地域の人が出演したり，新たにその活動にかかわるようになったという意味で，母親たちは地域にある影響を与えたといえます。保育所からの「地域の音楽祭やらない？」という誘いがきっかけになっていることもあり，地域に貢献するということと自分たちのやりたい方向性をどのように考えるのか，伴走班の活動の中で母親たちが揺れ動く姿を目の当たりにすることもありました。自分たちがつくり出す場が地域貢献というかたちで地域に影響を与えるということを自覚するからこその揺れ動きだったと考えられます。地域の保育所から受けた支援も，本節でみてきたように母親たちは自覚していました。つまり，地域いう大きな枠組みでとらえると地域に支援もされ地域を支援（に貢献する）という支え—支えられてお互い様の実感を有していたのではないでしょうか。

　今回取り上げたような音楽祭以外でも，親たちが地域づくりを目指して活動している，子どもの預け合いや子育てサークルなどは，自分たちの活動の位置づけや目的が明確で，地域にもたらす活動の意味の自覚につながりやすいのではないかと思います。しかし，子育ての日常の中では，こうした地域と自分との関係はどれほど自覚されているのでしょうか。日常の子育てにおいて地域の中で「支え—支えられる」という感覚をもつのは非常に難しいことなのではないでしょうか。

　本節の冒頭で紹介した，「隣家の泣き声に励まされる」というエピソードで，泣き声が聞こえてくるということはタカシさんの子どもの泣き声もお隣に聞こ

えているはずです。その意味では「泣き声が聞こえるのはお互い様」というお隣同士の関係ではあると思います。しかし，隣家の方はタカシさんを「励ましたつもり」はないでしょう。おそらくは泣きやまないお子さんを寝かしつけるという目の前の子育てに向き合っていたのではないでしょうか。亀井（2008）は，親が周囲の他者とかかわる中でどのような資源を流通させているのかを検討していますが，そこで示された流通する資源は圧倒的に受け取る資源についての言及が多く，たとえば自分が提供したサポートや相互扶助といった側面への言及は限定的なものでした。子育ての中で，親たちが周囲に与える支援あるいは与えうる支援については，ほとんど目が向けられていないともとらえられるのではないでしょうか。自分自身が受ける支援については自覚しやすいとしても，自分が支える側になっていることについては無自覚なのかもしれません。

　タカシさんの隣家の方が「励ました」と自覚する必要はないのかもしれませんが，子育て支援の文脈において支え―支えられてお互い様という地域なり社会なりをつくろうとするときに，この支えている実感を親自身が何らかのかたちでもてることの意味は考える必要があるように思います。本節で紹介した事例においてこの点について直接扱ったわけではありませんので，問題提起にとどめたいと思いますが，人間が誰かとかかわる際には自然と能動―受動の関係があるわけですから，「支え―支えられる子育て」が目指される中で，どれだけそれが親たちにとって実感を伴ったものなのかは，これからの子育て支援や地域とかかわりながら発達する親をとらえるうえで重要な視点になりうるように思います。「支え―支えられている」という実感が子育てにとって本当に必要なのかということもそもそも新たな問いとして考える必要があるということになるでしょう。

[引用文献]

Bronfenbrenner, U. (1979). *The ecology of human development: Experiments by nature and design.* Cambridge, MA: Harvard University Press. （ブロンフェンブレンナー，U.　磯貝　芳郎・福富　護（訳）（1996）. 人間発達の生態学〈エコロジー〉――発達心理学への挑戦――　川島書店）

實川 慎子・砂上 史子（2009）．子育て期の母親同士の人間関係の特質――母親の自己における「個としての自分」と「親役割を担う自分」に注目して―― 日本保育学会第62回大会発表論文集，327.

亀井 美弥子（2008）．母親の視点から見た育児ネットワーク　岡本 依子・菅野 幸恵（編）．親と子の発達心理学――絨毯研究法のエッセンス（pp. 210-224）　新曜社.

加藤 直子・請川 滋大（2019）．母親が子育て支援施設への参加を深めていく過程――「正統的周辺参加」論によるアプローチ―― 保育学研究，57(2)，256-266.

木脇 奈智子（1998）．子育てネットワークに関する考察――子育てサークルの類型と今日的課題―― 家族関係学，17，13-22.

小島 康生（2013）．外出行動からみた子育ての実態――生後2年にわたる縦断的検討――日本発達心理学会第24回大会発表論文集，614.

厚生省（1998）．厚生白書（平成10年版）.

森永 今日子・山内 隆久（2003）．出産後の女性におけるソーシャルサポートネットワークの変容　心理学研究，74(5)，412-419.

諸井 泰子・杉本 信（2010）．未就園児をもつ母親の援助要請行動の生起過程――子育て支援事業への参加目的と援助要請への促進態度・抑制態度との関連から―― 乳幼児教育学研究，19，25-36.

西田 裕紀子（2000）．成人女性の多様なライフスタイルと心理的well-beingに関する研究教育心理学研究，48(4)，433-443.

大日向 雅美（2008）．子育て支援は地域の時代に　大日向 雅美（編）．子育て支援シリーズ第3巻　地域の子育て環境づくり（pp. 3-20）　ぎょうせい.

照井 裕子・岡本 依子・菅野 幸恵（2014）．母親たちの主体的活動としての音楽祭――保育所の支援からの自立プロセス―― 子育て研究，4，42-52.

コラム 3 過剰適応からみる青年の発達：日中間にどんな差異があるのか？

任　玉洁

1. 発達と適応との関係に関する個人的な経験から

適応の問題に関心をもったきっかけは，自分の経験でした。私は子どものころから「よい子」と呼ばれて，両親など周囲にいる大人の都合に合わせて，聞き分けのよい子どもでした。しかし，大学に入ってから，自分で決めないといけないことが急に増えてきました。これまで大人の要求に従って行動するという適応方略が効かなくなったと気がつきました。しばらくして自分は大学生活に適応することができないと感じました。そのときに，年齢とともに適応方略も変えないといけないと思いました。日本に留学に来て，部屋探しや一人暮らし，アルバイトなどさまざまなことが体験できるようになりました。しかし，日本の生活環境への適応にずいぶん時間がかかると強く感じました。このような生活環境の変化は発達に大きな影響を及ぼすのではないかと考えます。そのため，大学院に入ってから，大学生の適応に関する研究をはじめました。

2. 過剰適応に関する日中比較研究

以上の経験から，発達と適応の関係，とくに児童期から「よい子」と呼ばれる人が青年期に至って，どのような適応状態になるのかに興味をもちながら，「過剰適応」という概念に出会いました。

適応は，社会的・文化的な環境への適応を表す「外的適応」と，心理的な安定や満足といった適応を表す「内的適応」という二側面から構成され，この二側面のバランスがとれた状態を指します（北村, 1965）。適応と異なり，過剰適応は「外的適応の過剰」と「内的適応の低下」という二側面から構成され（益子, 2013），社会的環境への適応行動でありながら，心身の健康に不利をもたらすという意味で，不適応や異常な適応であると指摘されています（北村, 1965）。

187

　石津（2006）は，自分の欲求を押し殺し，表面上適応しているようにふるまう傾向を「過剰適応」と呼びます。発達と適応の関連からみると，児童期までは外的適応に重きが置かれているが，青年期には内的適応の重要性が高まっています（藤元・吉良, 2014）。児童期に形成された適応方略を見直さず，そのまま青年期まで引き継ぐと，過剰適応に陥ることが危惧されます。

　過剰適応は日本における独自の概念であると認知されています（益子, 2013）。過剰適応の類似概念として，中国には「乖孩子」（よい子）という言葉がありますが，過剰適応に関する研究はいまだになされていません。近年，中国における「乖孩子」の心理的な問題が徐々に注目されてきました。李（2010）によれば，「乖孩子」は他者からみた理想的な子を演じることで，きちんと自分を理解する機会を放棄し，自己意識や自信を失うおそれがあります。日本の先行研究でも，過剰適応を「よい子」の対人場面における心理的な問題としてとらえています（石津・安保, 2009; 益子, 2013など）。そのため，「よい子」あるいは過剰適応という問題は日本人だけではなく，中国人の中でもよくみられると考えられます。そこで，①中国人大学生における過剰適応に関する研究も必要ではないか，②過剰適応が日中の大学生の発達にどのような影響を与えるのか，③日中の大学生がなぜ過剰適応になるのか，④過剰適応の形成要因には日中の大学生に共通点と相違点があるのかなど，一連の問いを立てました。

3.　過剰適応の特徴と形成要因：日中間の共通点と相違点に着目して

　以上の問いに基づいて，一連の研究を行いました。まず，中国人大学生の過剰適応を測定するため，過剰適応尺度（石津, 2006）を中国語に翻訳して，中国語版過剰適応尺度の信頼性と妥当性を確認しました（任・石津, 2021）。その後，青年期における重要な課題である進路選択に着目して，過剰適応からの影響とその影響における日中の相違点を検討しました（任, 2021）。そして，今までの博士課程における研究では，日中大学生の過剰適応の形成に影響を及ぼす要因を探索し，日中の共通点と相違点を検討しました（任, 2018; 2019）。

　過剰適応が進路選択に与える影響に関して，以下のことを明らかにしました。「外的適応の過剰」が進路選択を促進し，「内的適応の低下」が進路選択を

妨げるという点で日中の大学生は共通しています（任, 2021）。一方，内的適応が得られることは日本人大学生の進路選択に重要な役割を果たしているが，外的適応が得られれば，内的適応の状態が低くても，進路選択を活発に行えることが中国人大学生にとって可能であると推測されました（任, 2021）。

　また，性質からみると，過剰適応は他者志向的な適応方略（外的適応の過剰）と，自己抑制的な性格特徴（内的適応の低下）から構成されています（石津・安保, 2008）。人の行動方略や適応方略または自己抑制が，相手や事情の状況によって変わると考えられています（小西・重橋, 2017; 王, 2017）。さらに，先行研究では過剰適応を対人関係上の行きすぎた適応としてとらえている場合が多いため，任（2018）では，過剰適応的な行動が生じやすい対人関係を検討しました。その結果，日中の大学生ではいずれも，兄弟，教師，恋人，バイト先の上司などより，親，友人，一般の他者に対して，過剰適応的な行動が生じやすいと示唆されました（任, 2018）。一方，日本人大学生の場合，友人に対する過剰適応の得点が最も高かったが，中国人大学生の場合，親に対する過剰適応が最も高かったということを確認しました（任, 2018）。

　また，これまでの博士課程における研究では，行動的な側面と認識的な側面から，親子関係や友人関係，一般の他者との関係が過剰適応の形成に及ぼす影響を検討して，たくさんの結果が得られました。たとえば，母親の情愛的な養育態度は日本人大学生の外的適応を過剰にさせる一方で，女子大学生の内的適応の低下を防ぐ役割を果たすため，女子の内的適応を良好な方向に調整する可能性があります（任・林, 2020）。また，母親の過保護な養育態度は外的適応と内的適応のバランスを崩すことによって，日本人大学生の過剰適応を促進することを明らかにしました（任・林, 2020）。さらに，日本人大学生の場合，母親の養育態度に強く影響を受けていますが，父親からの影響はほとんどみられませんでした（任, 2019）。それに対して，中国人大学生の場合，母親の養育態度だけではなく，父親の養育態度も過剰適応に影響を及ぼすことが新たに確認されました（任, 2019）。

4. 過剰適応の改善に関する国際比較研究

　以上のように，過剰適応に関する日中比較研究を行うことによって，過剰適応と発達との関連や，過剰適応の形成要因において，日中の大学生には共通していることもあるし，異なっていることもたくさんあることが明らかにされました。このように，文化・社会的背景を含めて検討することは，過剰適応の国際研究を発展させることにおいて，重要な意味をもっているといえます。

　今後は，これまで得られた知見に基づいて，「どう支援・改善すれば適応を促すことができるのか」という問いに着目して，日中いずれも応用できる対策や，日中の差異を考慮し，より適切な対策を提示したうえで，改善策の効果を検討していきたいと考えます。

　さらに，グローバル化に伴い，外国に留学する若者は増加傾向にあります。2019年に日本の高等教育機関や日本語教育機関に在籍する外国人留学生総数は31万人にのぼり，前年度より4.4%増加しています（日本学生支援機構，2019）。こうした留学生の増加に伴い，国境を移行することが，留学生の発達や適応に及ぼす影響を検討する必要があるのではないかと考えます。そこで，日本に来た諸国の留学生を対象として，国際比較の視点から，過剰適応に関する研究を進めていきたいと思います。

[引用文献]

藤元 慎太郎・吉良 安之（2014）．青年期における過剰適応と自尊感情の研究　九州大学大学院人間環境学研究院紀要，*15*，19-28.

石津 憲一郎（2006）．過剰適応尺度作成の試み　日本カウンセリング学会第39回大会発表論文集，137.

石津 憲一郎・安保 英勇（2008）．中学生の過剰適応が学校適応感とストレス反応に与える影響　教育心理学研究，*56*(1)，23-31.

石津 憲一郎・安保 英勇（2009）．中学生の過剰適応と学校適応の包括的なプロセスに関する研究——個人内要因としての気質と環境要因としての養育態度の影響の観点から——　教育心理学研究，*57*(4)，442-453.

北村 晴朗（1965）．適応の心理　誠信書房.

コラム3　過剰適応からみる青年の発達：日中間にどんな差異があるのか？

小西 純子・重橋 のぞみ（2017）．大学生における不適応的な自己抑制——抑制行動に影響を与える要因の検討——　福岡女学院大学大学院紀要 臨床心理学, *14*, 27-34.

李 雅卿（2010）．乖孩子的伤，最重　首都师范大学出版社.

益子 洋人（2013）．過剰適応研究の動向と今後の課題——概念的検討の必要性——　文学研究論集（文学・史学・地理学）, *38*, 53-72.

日本学生支援機構（2019）．2019（令和元）年度 外国人留学生在籍状況調査結果　日本学生支援機構（JASSO）. https://www.studyinjapan.go.jp/ja/statistics/zaiseki/data/2019.html（2020年7月12日アクセス）

任 玉潔（2018）．大学生における親・友人・一般の他者に対する過剰適応の違いに関する日中比較研究　日本青年心理学会第26回大会発表論文集, 44-45.

任 玉潔（2019）．両親の養育態度が大学生の過剰適応に与える影響の日中比較研究　日本青年心理学会第27回大会発表論文集, 63-64.

任 玉洁（2021）．大学生における過剰適応が進路選択に与える影響——日中比較研究——　青年心理学研究, *32*(2), 61-76.

任 玉洁・林 雅子（2020）．親の養育態度が大学生の過剰適応に及ぼす影響——性差の視点から——　パーソナリティ研究, *29*(1), 23-26.

任 玉洁・石津 憲一郎（2021）．中文版过剰适应量表在大学生群体中的信度和效度　心理技术与应用, *9*(1), 30-40.

王 暁（2017）．中学生における対象別評価懸念と過剰適応の関連についての日中比較　東北大学大学院教育学研究科研究年報, *65*(2), 61-71.

第5章

環境移行・適応と発達

学校移行期における適応：
移行への期待は適応に有害か?

千島 雄太

「大学デビュー」という言葉があるように，学校移行は人が変わるきっかけを与えてくれます。高校生のときに，周りに同調したり，本当になりたい自分になることができずに不満のある生活を送っていたりしたとしても，一度卒業してしまえば，それまでの人間関係や生活環境から解放され，新しい自分で新しい生活を送ることができると期待する人も少なくありません。本節では，このような学校移行とそれに伴う適応について取り上げます。まずはじめに，私がなぜこのテーマに関心をもったかを説明し，その経験から生じた問いについて，実証研究を紹介しながら答えていきます。

1. なぜこの問題を研究しようと思ったのか
自身の経験から

学校移行の問題に関心をもったきっかけは，個人的な経験でした。私は，高校生のとき，部活に勉強にとそれなりに充実した生活を送っていましたが，高校3年の大学受験期に入ると，ストレスを感じるようになりました。好きでもない教科を勉強して成績を伸ばさなければならないこと，志望校のレベルが高くて合格しそうにないことなど，さまざまなことがプレッシャーとなり，一時期，胃痛のために入院したこともありました。そのような中で，大学生になったらもっと好きな勉強だけに打ち込んで，幅広い交友関係をもって，あらゆることを吸収して世界観を広げて，なりたい自分になっていって……と，大きな期待を寄せていました。とくに，国際関係学や比較文化学に興味をもっていたため，大学でそれらを専門的に学べることにワクワクしていたことを覚えています。このような大学生活への「期待」が受験勉強を頑張るための，1つの原動力であったことは間違いありません。

その後，第一志望ではなかったものの納得のいく大学に合格することがで

き，思いどおりの生活が待っているはずでしたが，現実はそううまくはいきませんでした。授業は思ったよりも退屈で，新しい人間関係にもなじめず，自分が大学で何をしたいのかわからなくなり，徐々に大学から足が遠のいていってしまいました。入学前にもっていた熱意や目標を失い，大学にも行かずに怠けている自分に嫌気がさし，「こんなはずじゃなかった」という悲痛な思いに苛まれていたことを覚えています。それからしばらくして，心理学に出会ったことがきっかけとなり，学業的なモチベーションを取り戻し，なんとか無事に大学を卒業することができました。卒業後は大学院で青年心理学を専攻し，環境移行と適応の問題やアイデンティティ発達に関する研究に取り組みはじめました。

2. どんな問いを立てたのか
経験を問いに昇華させる

　以上のような，個人的な経験がきっかけで学校移行に関する研究をはじめたわけですが，その経験は取り組むべきさまざまな問いをもたらしてくれました。たとえば，自分の経験した大学移行期のつまずきとは何だったのか？　何が原因で大学適応を損なうことになったのか？　受験勉強のバーンアウトか？　それとも大学生活に過度に期待したのがいけなかったのか？　そもそも，学校移行期というのは問題が生じやすい時期なのか？　そうであれば，どのように対処すればよいのか？　などです。

　きっかけは個人的な経験だったとしても，これらの問いに研究として取り組むことで，同じような体験をした人や，これから環境移行を迎える人にとって役に立つと考えています。研究を積み重ねることで，移行をスムーズにするにはどのような教育的支援が必要か，またはどのような教育制度の設計が重要かなどについても，提言することができるはずです。本節では，学問的な問いとして以下の3点を取り上げ，それぞれについて私自身が行ってきた実証研究を引用しながら解説します。

　①学校移行期には，どのような適応上の問題が生じやすいのか？
　②移行への期待は，初期適応に悪影響をもたらすのか？

③「期待外れ」にはどう対処すべきか？

　ここで，本題に入る前に，まずこの章のテーマでもある「適応」について，立ち位置を説明しておきたいと思います。適応とは，個人と環境の適合のことで，個人が置かれた環境に対してフィットしていることを意味します。そのため，学校適応を測定するためには，個人の欲求と学校からの要請のギャップを指標とする場合もありますし（大久保・加藤，2005），フィットしている感覚をとらえる学校適応感尺度なども存在します（大久保，2005）。学校移行期は，新たな環境での生活がはじまる時期ですから，この環境との適合はより重要になってきます。また，キャリア心理学の分野においては，適応の1つの指標として「リアリティショック」という概念が用いられることもあります。これは，環境移行に向けた期待と，移行後の現実のギャップから生じる否定的反応のことで，主に就業にかかわる組織参入の文脈で取り上げられてきました（糸嶺，2013参照）。本章では，この個人と環境の相互作用に焦点を当てつつ，幅広い知見を取り入れるために，学校満足感，学業意欲，友人関係の満足感，不登校傾向なども適応の一様態として取り上げます。

3. どんな研究をし，何がわかったのか
移行期に生じる期待の実態を探る

　私自身は学校移行期の期待に着目した研究を進めてきましたが，ここではまず，一般的にみて学校移行期にはどのような心理プロセスが働き，どういった問題を生じさせるのかについて整理しておきましょう。以下では，日本の学校制度に基づいて研究結果を大まかに分類していますが，国や地域によって制度や移行の様相が異なることにご留意ください。

3-1. 学校移行期には，どのような適応上の問題が生じやすいのか？

3-1-1. 小学校から中学校への移行
　小学校から中学校へと移行する際，児童・生徒は大きな学校環境の変化を経

験します。たとえば，学級担任制から教科担任制への変化，定期試験による順位づけ，学校内での新しい友人関係，部活動への参加などがあります。クラスの雰囲気も非行行動が多くなり，教師の支配的な態度が増え，教師からのサポートが得られにくくなることが報告されています（Madjar & Cohen-Malayev, 2016）。このような学校環境の変化は，児童・生徒の適応とどのように関連しているのでしょうか。

　サイモンズとガルトン（Symonds, J. E. & Galton, M., 2014）のレビューによると，学校への感情的な関与（好き，楽しい，面白い，価値があるなど）は，中学校移行後に下がることが指摘されています。学業的自己概念の推移については，知見が一致していないとしていますが，最近のメタ分析では，国語や数学の教科における学業的自己概念は，年齢とともに減少するという結果も出ています（Scherrer & Preckel, 2019）。また，学業成績や学業の価値については，中学校移行後に下がることを示した研究が多くみられます。たとえば，ガルトンら（Galton, M. et al., 2000）は，6年生から7年生への移行の際に，40％近くの子どもが学業成績の落ち込みを経験することを報告しています。さらに学業成績だけでなく，授業の予習の頻度（Seidman et al., 1994），学業の内在的価値（Rudolph et al., 2001; Ryan et al., 2013），内発的動機づけ（Scherrer & Preckel, 2019）も減少することが示されています。ベネッセ教育総合研究所（2016）における大規模な縦断調査でも，日本の小学6年生の学業への好意度や内発的動機づけは，中学校移行後に下がることが示されています。

　また，中学校への移行自体がストレスフルな経験として認識されやすく（Jindal-Snape & Miller, 2008），学校移行のストレスは，学業成績の悪さ，学校での心配事，学校への愛着の低さを予測することが明らかにされています（Goldstein et al., 2015）。

3−1−2. 中学校から高校への移行

　中学校から高校への移行は，友人や学校環境の変化だけでなく，授業内容がより高度になり，進路の決定もより自律性が重んじられるようになります。ベナー（Benner, A. D., 2011）のレビューによれば，中学から高校への移行の際には，学業成績や学業への取り組みが低下すると指摘されています。このような

高校入学後の学業的な成功体験のなさは，高校時点だけでなく，大学に進学した後に大学の退学を予測することもわかっています（Smith, 2006）。長期的な悪影響を避けるためにも，高校進学後に勉強についていけないという状態を避けることが重要といえるでしょう。また，学業だけでなく，学校への関与自体も中学校のころと比べて低下します。たとえば，課外活動への不参加（Barber & Olsen 2004; Seidman et al., 1996），学校を欠席する回数（Barone et al., 1991; Reyes et al., 1994; Roeser et al., 1999），問題行動など（Roderick, 2003）が増えてきます。心理面については，学業や学校への関与ほどは顕著な傾向はみられないものの，孤独感や抑うつが高校進学後に悪化するという報告がいくつかなされています（Barber & Olsen, 2004; Benner & Graham, 2009; Newman et al., 2007）。

3−1−3. 高校から大学・社会への移行

　高校生活から大学・社会への移行は，まったく新たな人間関係の構築，専門的な学業や仕事への取り組み，一人暮らしの開始など大きな変化が生じます。それに伴い，適応状態も変化することが考えられます。先行研究をみてみると，高校卒業以降に，適応が向上するという結果が多く報告されていますが（たとえば，Wagner et al., 2013），一方で低下するという報告もあり（たとえば，Fryer, 2017; Moreira & Telzer, 2015），知見が一致していない部分があります。これは，高校卒業後の進路には個人差が大きく，環境の変化も多岐にわたるため，一概にはいえないということかもしれません。どのような進路に進んだかによってパーソナリティの成熟度が異なるかについて検討した研究では，職業訓練校（専門学校）への進学や就職をした者ほど，大学に進学した者よりも，誠実性の上昇度合いが高いことが示されています。これは，職業アイデンティティの確立や，社会人として責任のある仕事がまかされるようになるためと解釈されています（Lüdtke et al., 2011）。

　日本人の大学への移行に絞ってみてみると，大学入学以降に適応を損ないやすいという傾向がみられます。フライヤー（Fryer, L. K., 2017）は，大学新入生を入学直後から1年間追跡調査し，学習態度の変化を検証しました。学習態度には，学習内容の深い探求や，表面的な学習，学習環境の主観的な評価などが含まれていました。分析の結果，入学当初に良好な学習態度をもっていた新入

生は，1年後にその学習態度を悪化させているケースが多いことが示されました。つまり，1年間で大学での学習内容を深く探求する態度が弱まり，授業や学習環境への不満が増えるということです。また，大学適応感を指標として，新入生の追跡調査を行った研究もあります（大隅ほか, 2013; 大隅・小塩, 2014）。調査時期は，4月，7月，10月の3回で，大学適応感は「今の大学生活に満足している」「この大学の学生であることに誇りをもっている」などから構成されていました。分析の結果，大学適応感は入学当初から継続的に下がり，友人との交流に熱心な者ほどその傾向が顕著でした。これは，大学以外の交友関係が広がっていくことが関連していると考察されています。

3−2. 移行への期待は，初期適応に悪影響をもたらすのか？

　これまで，学校移行がどのように適応と関係するか学校段階ごとにみてきましたが，個人差や環境による違いはあるものの，概して新しい環境の変化に順応する際には，学業面や心理面で問題が生じやすいことがわかりました。3−2では学校移行への「期待」や「期待外れ」に焦点を絞り，適応との関係を詳しく論じていきます。

　とくにここでは，研究が蓄積されている「大学生活」への期待を主軸として，研究知見を紹介します。最初に，イメージしやすくするために，溝上（2001）の中に出てくる大学2年生のレポートを紹介します。

　　一体，自分は何のために大学に入ったのか。夢のため，将来の目標のため，やりたいことを思いっきりするため。理想は常に在ったはずなのに，ふたを開けてみれば，「今」自分が何をしているのか，それすら答えられない。受験生の頃の私たちは，とにかく早く大学生になりたかった。とにかく希望の大学に入りさえすれば，何かが変わる。そう信じていた。大学とは，自由で，楽しくて，やりたいことが思い切りやれる，夢がいっぱい詰まった場所のはずだった。大学とは楽園だった。ところが，そのイメージは実際に「大学生」になってみて，もろくも崩れ去るのである。(pp. 137-138)

　このレポートからは，大学入学前に抱いていた大学生活の幻想が崩れ，思いどおりに生活が送れていないことの悔しさが伝わってきます。はたして，このような経験をする学生は多いのでしょうか。実は，ベネッセ教育総合研究所（2007）の調査によると，約70%の大学生が入学前と入学後の大学生活のイメージにギャップを感じていることが報告されています。とはいえ，大学生活のイメージや期待といってもさまざまな内容がありますので，いくつかの領域に分けて検討している研究を紹介し，その適応性について論じていきます。

3－2－1．大学生活への期待と現実

　大学生活には，学業，友人関係，サークル活動などさまざまな領域があります。多領域にわたる大学生活への期待を検討した研究の先駆けとなったのは，ベイカーら（Baker, R. W. et al., 1985）の研究です。彼らは，大学生活が新入生の予想どおりにならないことを"Freshman myth（新入生神話）"と名づけました。大学生の期待を「学業」「人間関係」「感情（心理的ストレスや身体症状がないこと）」「大学への愛着（大学に出席・在籍すること）」の4つの領域に分けて検討したところ，学業・人間関係・大学への愛着の領域で，入学時の期待の得点が2か月後の現実の得点を上回ったことを報告しています。ここでの期待とは「勉強に集中しているだろう」といった未来の予想で，現実とは「勉強に集中している」などの実際の状況です。後続の研究においても，学業・人間関係・感情の期待の得点が2か月後の現実の得点を上回ること（Gerdes & Mallinckrodt, 1994），学業と人間関係の期待の得点が3〜7か月後の現実の得点を上回ること（Smith & Wertlieb, 2005）などが報告されています。研究知見の部分的な違いはあるものの，ほとんどの領域で「期待外れ」が生じていることがうかがえます。

　これらの研究を参考に，私たちは日本の大学で同様の調査を行いました（千島・水野, 2015）。まず，日本の大学生の期待の実態を調べるため，予備調査として大学生に「あなたは，大学に入学する前に，大学生活に対して，どのような期待をもっていましたか？」と尋ね，自由記述で回答を求めました。それらを収集した結果，「自由な生活（例：自由な時間がたくさんあると思っていた）」「人間関係（例：いろいろな人とかかわれると思っていた）」「学業（例：好きな分野を自

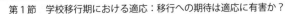

第1節　学校移行期における適応：移行への期待は適応に有害か？

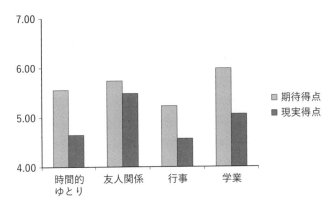

図1　大学生活への期待得点と現実得点の比較（千島・水野, 2015より作成）

由に学べると思っていた）」「課外活動（例：サークルに期待していた）」「享楽（例：大学生になればたくさん遊べると思っていた）」「自己成長（例：自分の視野が広がるだろうと思っていた）」の6領域が得られました。次に，その分類結果に基づいて期待項目と現実項目を作成し，大学1年生316名を対象に本調査を行いました。因子分析の結果，「時間的ゆとり」「友人関係」「行事」「学業」の4因子が得られました。さらに，期待項目と現実項目の差を検定したところ，すべての因子で期待が現実を有意に上回りました（図1）。とくに大きな差を示したのは，「時間的ゆとり」と「学業」でした。つまり，大学では遊ぶ時間がたくさんあり，好きな勉強に専念できると思っていたが，実際はそうではなかったという新入生が多いという結果です。おそらく多くの人が，この結果に納得がいくのではないでしょうか。

3−2−2. 大学生活への期待は，大学適応を予測するか？

　このような大学への期待は，大学適応を予測するのでしょうか。ゲルデスとマリーンクロット（Gerdes, H. & Mallinckrodt, B., 1994）は，新入生を6年間追跡し，入学2か月後に経験した期待と現実のズレが，その後の大学の中途退学を予測することを示しました。しかし，この研究では期待と現実の「ズレ」を変数にしており，期待そのものがどの程度適応と関連するかについては，未解明のままでした。そのため，私たちは期待と現実を別々に変数として扱い，その

交互作用を検討することで，期待外れによる不適応を表現しようと試みました。つまり，「期待が高く，現実が低い場合に，大学適応が損なわれる」という仮説です。

　まず，大学新入生に，入学前を振り返ってもらうかたちで期待を測定した研究の結果を紹介します（千島・水野, 2015）。「期待」と「現実」と「期待×現実」の交互作用を同時に投入して，大学適応を従属変数として重回帰分析を行いました。「期待」の効果としては，どの領域においても期待は適応と弱い正の関連を示しましたが，この効果はとても弱く，ほとんどが「現実」の影響に打ち消されてしまいました。たとえば，友人関係にどの程度期待していたかにかかわらず，実際に友人ができていないほど，大学での適応状態が悪いということです。考えてみればあたりまえの結果ですが，「期待」の影響を考慮しても「現実」が強く関連することを示した点で意味があります。これは，「期待と現実のズレ（期待―現実）」のみに注目していたらわからなかったことです。さらに，「期待×現実」の効果として，時間的ゆとりと友人関係の領域で，有意な交互作用が示されました。図2では時間的ゆとりの結果を示しています。ここでは，従属変数の大学適応の変数として，大学生活への意欲の減退を意味するアパシー傾向を用いています。アパシー傾向が最も高いのは，時間的ゆとりの「現実」が高く「期待」が低い場合です。つまり，期待したよりも，実際の大学生活で遊ぶ時間がたくさんある人ほど，アパシー傾向が高いということです。これは，「期待が高く，現実が低い場合に，大学適応が損なわれる」という仮説を支持しない結果となりました。

　この調査は，新入生に入学前を振り返ってもらうものだったため，実際の入学前の期待を測定できているかはわかりません。記憶が曖昧になっていることも考えられますし，現在の生活がうまくいっていないがために，「あんなに期待していたのに……」というストーリーを無意識的につくっている可能性もあります。その問題を解消するには，実際に入学前に期待を測定し，縦断調査で現実を測定する必要があります。次に紹介するのはその調査結果です（千島, 2018）。

　高校3年生と浪人生の，すでに進学大学が決まっている者352名を対象に，インターネット調査を行いました。一時点目で入学前の期待を測定し，1年後

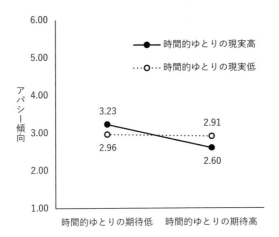

図2　時間的ゆとりの期待と現実の交互作用（千島・水野, 2015より）

に期待に応じた現実と大学適応を測定しました。1年の間を空けたインターネット調査だったこともあり，最終的な有効回答者数は63名でした。まず，期待と現実の差を検討したところ，友人関係・行事・学業の領域で，期待得点が現実得点を上回り，期待を回顧法で尋ねたときとほとんど同様の結果が得られました。次に，前回と同様に「期待」「現実」「期待×現実の交互作用」を投入した重回帰分析を行った結果，いずれの領域においても「期待」と「期待×現実の交互作用」は有意な関連が示されず，「現実」のみが大学適応と関連していました。つまり，縦断調査においても「期待」の効果は確認されず，入学前にもっていた期待は，ほとんど1年後の適応を左右しないことがわかりました。

3−2−3.　入学前の大学生活への期待は，「入学前」の適応と関連しているか？

　これまでの結果から，入学前の期待そのものは，入学後の適応にはそれほど強い関連がないことが示されました。これまでは「入学後」の適応について扱ってきましたが，次に視点を変えて，「入学前」の適応との関連をみてみたいと思います。

　先ほどの縦断データを使って，一時点目（入学前）の期待と適応などの変数

表1　大学生活への期待と入学前の適応変数の相関

	現在の 生活満足感	未来志向	進学先の 満足度	センター試験 得点率
時間的ゆとりへの期待	.15**	-.03	.04	.03
友人関係への期待	.32***	.37***	.34***	.32**
行事への期待	.25***	.22***	.27***	.20*
学業への期待	.15**	.41***	.35***	.32**

* $p < .05$, ** $p < .01$, *** $p < .001$

の関連をみてみます。ここで扱う変数は，現在の生活満足感，未来志向の態度（例：将来の成果を得るために，行動することが多い），進学先の満足度，センター試験の得点率です。相関係数の表（表1）からは，友人関係・行事・学業への期待は，それらの変数と小〜中程度の相関があることがわかります。とくに，センター試験の得点率と関連があるのは興味深い結果です。一時点の横断調査の結果なので因果関係は不明ですが，大学生活を楽しみにしている人ほど，一生懸命受験勉強に取り組み，センター試験で高得点を取っているという可能性も考えられます。いずれにせよ，これらの結果から，入学前の期待は入学前の適応と正の関連があることがわかりました。

3－2－4.　中学校生活への期待と適応の関係

　ここまで，大学生活について取り上げてきましたが，ここでは年齢を下げて，中学校生活への期待に関する研究を紹介します。年齢が下がったとしても，期待をもつことは，入学前の適応と関係しているのでしょうか。まず，期待の内容についてですが，これまで「友人関係」と「学業」が主に取り上げられていたため（Cillessen & Mayeux, 2007; Sirsch, 2003），私もその2つの領域で期待を測定する項目を作成しました（千島・茂呂, 2019）。そのうえで，小学校における生活満足感，不登校傾向との相関係数を求めたところ，どちらの領域においても期待が高いほど生活満足感が高く，不登校傾向が低いことが示されました。これらは，大学生を対象にした研究と同様の結果です。

　さらに，私たちは教育的効果の一例として，小学校と中学校が連携して行う集団宿泊活動が，小学校6年生の中学校生活への期待や不安にどのような影響を及ぼすかを調べました（千島・茂呂, 2019）。対象となった集団宿泊活動は，5

第1節　学校移行期における適応：移行への期待は適応に有害か？

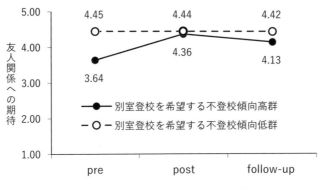

図3　不登校傾向と時期の交互作用（千島・茂呂, 2019より）

つの小学校が合同で実施するもので，その児童らのほとんど全員が，4か月後に1つの同じ中学校に進学することになっていました。つまり，中学校への移行をスムーズにするために，事前に知り合いになっておこうという発想です。彼らは，1泊2日を宿泊施設でともに生活し，コミュニケーションワークによる交流や，中学校教師による出前授業に取り組みました。アンケート調査のタイミングは，集団宿泊活動の1週間前（pre），直後（post），3か月後（follow-up）の3回でした。毎回，中学校生活への期待と不安を測定し，preでは小学校での不登校傾向なども測定しました。分析の結果，小学校における不登校傾向（別室登校の希望）が高い児童において，集団宿泊活動の後に中学校での友人関係への期待が高まっていました（図3）。そしてその効果は，3か月後のfollow-upでも持続していました。つまり，不登校傾向が高い児童にとって，集団宿泊活動は中学校での友人関係への期待を高めるものであったということです。小学校への関与の低さは，学校移行後の不適応を予測する重要な要因とされており（West et al., 2010），実際に小学校時の不登校傾向は，中学校時の不登校傾向と強く関連しています（五十嵐, 2011）。そのためこの結果は，支援が必要な児童にとって，集団宿泊学習が有効であることを，データで裏づけたことになります。前述のとおり，期待は「現在の」適応感とも関連していますので，移行後の期待の向上は，不登校傾向の改善にもつながっているかもしれません。

　以上のような小中連携活動は，青年期における発達的な変化の観点からも

理にかなっています。レヴィン（Lewin, K., 1951）によると，児童期から青年期にわたる時間的展望の発達の1つには「現実と空想の分化」があります。つまり，青年期に入るにあたって，現実的でない空想や願望と，実際に将来起こりうる予測とが分化していくというわけです。この発達的変化については，いくつかの研究で実証されています（飛永, 2007; Verstraeten, 1980）。たとえば，飛永（2007）は，小学生・中学生・高校生に，「あなたは将来何にでもなれて，何でもできるとします。将来あなたがしたいことや，なりたいものを教えてください」と教示して自由記述を求め，内容の比較を行いました。その結果，小学生では空想的な内容（例：魔法を使う）が多かったのに対して，中学生や高校生でそのような内容が減り，具体的な将来の生活に基づいた内容（例：一人暮らし）が増えていました。今回の集団宿泊活動のような，実際の中学校教員による授業や，将来の同級生との交流は，中学校生活の想像を現実的なものにさせます。そのため，このような活動は，児童の認知発達を促す取り組みとしても位置づけることができるでしょう。

3-3. 「期待外れ」にはどう対処すべきか？

　ここまで，期待が移行後の適応とそれほど強く関連しないことを述べてきましたが，「期待外れ」を主観的に強く感じる場合や，それによって失望感がもたらされる場合は，不適応と結びつく可能性があります。そこで，ここでは期待外れにどのように対処すべきかを考えてみます。

　1つ目の対処方法として，期待を高くもたないという方法はどうでしょうか。期待を高くもたなければ，期待外れも生じないはずです。ただし，これは現実的ではありませんし，期待と移行前の適応が関連していることからも得策とはいえません。そもそも期待外れや失望というものが，実際の期待とは関係なしに後から意図的につくり出されることもあります。そのため，期待外れを未然に防ごうとするのは至難の業といえます。そこで，2つ目に考えられるのは，期待外れの後の対処法を工夫することです。期待外れだと感じた後に，どう対処するかによって，その後の不適応を防ぐことができるのではないでしょうか。以下では，この問いに取り組んだ研究をお示しします（水野・千島, 2018）。

　まず大学生に，大学入学前の期待と入学後の現実の生活にギャップがあったか尋ね，ギャップがあったと回答した130名を分析に使用しました。続いて，そのギャップ（期待外れ）の経験によって，どの程度否定的な反応が生じたかについて尋ねました。具体的には，「失望（例：がっかりした）」「後悔（例：大学を選ぶときにもっと考えればよかった）」「不安（このままでいいのか危機感をもった）」などの項目を，予備調査の結果に基づいて作成しました。次に，期待外れへの対処方略を尋ねました。対処方略は，「鼓舞（例：大学生活を理想に近づけるのは自分の行動次第だと思った）」「転籍の検討（例：別の大学に入り直そうと思った）」「消極的受容（例：どうしようもないと思った）」「肯定的なとらえ直し（例：期待と違っていてもいいかなと思った）」の4下位概念で構成されています。大学適応の指標としては，前回同様アパシー傾向を用いました。

　「ギャップへの否定的反応」「対処方略」「それらの交互作用」を独立変数として投入した重回帰分析の結果，以下の3点が示されました。①否定的反応が強いほどアパシー傾向が高い。②対処方略のうち，鼓舞が高いほどアパシー傾向が低い。③否定的反応が高いとき，肯定的とらえ直しが高いとアパシー傾向が低い（図4）。これらをまとめると，期待外れによって生じた失望感は大学の不適応と関連するが，これから期待に近づけるように自らを奮い立たせたり，

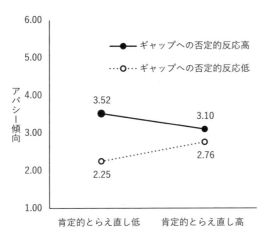

図4　ギャップへの否定的反応と肯定的とらえ直しの交互作用（水野・千島, 2018より）

期待外れをポジティブに受け入れたりすることで，不適応を回避できるということです。つまり，失望を経験したとしても，対処方略次第でその影響を好転させることができるのです。この結果は，「期待外れ」という現象を過度に恐れる必要がないことも示唆しています。

4. それが実践にもつ意義は何か
未来と今をつなげる

　本項では，移行前の期待をいかにして実際の進路探索や学業行動につなげるかという観点から，話を展開していきます。これまで，移行前にもつ期待と移行前の適応が関連することを示してきましたが，ここでは期待の「質」に着目します。つまり，いくら期待外れに対処可能だからといっても，非現実的な期待をもつことは有益といえるのか，どのような期待のもち方がより効果的か，という疑問に答えていきます。そして最後に，期待が実際の行動を促すプロセスについて，教育実践の効果検証の結果をもとに考察します。

4-1. 非現実的な空想の功罪

　非現実的な未来を想像することは，ポジティブな感情を喚起することが知られています。エッティンゲンら（Oettingen, G. et al., 2016）では，さまざまな場面（達成場面・対人関係場面・健康場面）のシナリオを用意し，未来がどうなるかについて記述を求め，記述内容が極端にポジティブかどうかを「空想」の得点としました。たとえば，クイズ大会で，他の参加者が強いことがわかったうえで，自分の成績がどうなるかを予想させ，自分が全問正解で必ず優勝するなどと答えた場合，空想の得点が高くなります。この空想の得点は，抑うつと負の関連があり，空想的な未来を想像するほど，よい気分になることがわかりました。
　しかし重要なことに，彼女らはその後の短期的な縦断調査によって，この効果は一時的なものであり，長期的にみると空想は抑うつを高めることを示しました（Oettingen et al., 2016）。このメカニズムとしては，空想の実現可能性の低

さが関連していると考えられています。実際に，エッティンゲンとメイヤー
（Oettingen & Mayer, D., 2002）は，将来についての漠然としたイメージである
「空想（fantasy）」と，実現可能性の判断を伴った考えである「予期（expectation）」
の2つを比較し，空想が高いほど行動が少なく，よい成果を導かないことを明
らかにしています。

4-2. 未来と現在はつながっているか？

　それでは，空想的な未来ではなく，現実的で実現可能性のある未来を思い描
くためには，どうすればよいのでしょうか。それは，「ポジティブな未来」と
「現状」の両方を考え，そこに至るまでの道筋を立てることです。たとえば，
エッティンゲンら（Oettingen et al., 2001）は，専門学校生を対象に，数学の成
績が上がるという未来を題材として，未来だけを考える条件，現状だけを考え
る条件，未来と現在を対比させる条件を設けました。未来だけの条件では，数
学の成績が上がることによる利点を書きました（例：知識が増える，優越感を覚
える，就職に有利だ）。現状だけの条件では，数学の成績上昇を妨げている現実
について書きました（例：怠け者だ，うっかりしている，他の生徒に気を取られる）。
対比する条件では，その両方を書きました。その2週間後，教師がそれぞれの
学生について，どのくらい数学に熱心な態度を示し，努力していたかを評定
し，試験も行いました。結果として，未来と現実を対比した条件のみで，未来
の予期と数学への態度・努力・成績が関連していました。つまり，未来と現在
を対比したうえで未来を予期すると，実現に向けた行動が伴い，実際に実現で
きるというわけです。現在と未来がかけ離れたものではなく，1つの連続した
ものととらえることによって初めて，歩き出すことができるのです。
　そうはいっても，未来と現在をつなげるという作業は，容易なことではあり
ません。なぜなら，未来の自分というのは，そもそも現在の自分と似ている人
ではなく，「他人」のように認識される傾向があるためです。たとえば，未来
の自分を評定する際には，現在の自分よりも，「第三者的な視点」で評定され
やすいことがわかっています（Pronin et al., 2008）。同様に，未来の自分に関す
る評定を行う課題時の脳活動は，現在の自分に関する評定よりも，他者に関す

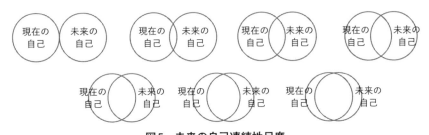

図5　未来の自己連続性尺度
(Ersner-Hershfield et al., 2009 より翻訳)

る評定の際の脳活動に近いことが報告されています（Hershfield, 2011）。

　以上のような，未来の自己と現在の自己が異なるものとして（または似通ったものとして）認識されることについては「未来の自己連続性（future self-continuity）」という概念によって研究が蓄積されています（Ersner-Hershfield et al., 2009）。未来の自己連続性を実験操作する研究では，連続性を意識する条件ほど，貯金をしようとすること（Hershfield et al., 2011），定期的に運動をするようになること（Rutchick et al., 2018），学業成績が向上すること（Nurra & Oyserman, 2018）などが明らかにされています。つまり，未来の私は今の私の延長線上にあるという認識を高めると，よりよい未来を実現するための道筋がみえてきて，未来志向の行動が促されるのです。また，未来の自己連続性の感覚の個人差をとらえるための尺度も開発されています（Ersner-Hershfield et al., 2009）。図5のとおり，現在の自分と未来の自分のつながりを視覚的に尋ねるものになっています。2つの円が多く重なっているほうを選ぶほど，収入が多く（$r = .34$；Ersner-Hershfield et al., 2009），自制心が強く（$r = .31$；Adelman et al., 2017），学業的な先延ばしをしにくい（$r = -.33$；Blouin-Hudon & Pychyl, 2015）ことが知られています。

4-3. 将来に向けた行動を促すための教育的介入

　将来に向けた行動を促すためには，未来と現在を対比させつつ，それらが連続したものであるという認識をもつことが重要なことがわかりました。では，それを可能にするような効果的な介入方法は，どのようなものが考えられるで

しょうか。ここでは，その一例として，「ロールレタリング」による教育実践活動を紹介します。

　ロールレタリングとは，自分自身で一人二役となって手紙を往復させることで自己内対話を行う技法です（春口, 1995）。たとえば，手紙の相手を友人とした場合，友人に書いた手紙を，自分自身で受け取り，友人の立場から返信を書きます。これによって，友人の視点を取得することができ，友人に対して思いやりが生まれるだけでなく，自分自身を客観的にみつめる練習にもなります。これは，ゲシュタルト療法の，エンプティチェアという方法がもとになっています（Greenberg & Webster, 1982）。エンプティチェアとは，2つの椅子を向き合わせて置き，片方の椅子に座って，もう片方の椅子に相手が座っていると想像しながら話しかけるというものです。さらに，その椅子を行ったり来たりすることで，一人二役の自己内対話を行います。ロールレタリングは，この作業を手紙で行います。

　私は，この手紙の相手を「未来の自分」にすることで，未来と現在を対比させつつ，連続性を高めることができるのではないかと考えました。そこで，高校生を対象に，3年後の自分との手紙の往復をする教育的介入を実践し，その効果を検証しました（Chishima & Wilson, 2020）。未来を3年後に設定した理由は，3年後であれば全員が高校を卒業するため，キャリア教育としての効果が高いだろうと考えたためです。

　まず，予備研究として，未来の自己連続性やキャリア成熟度，1週間の学習時間などを複数の高校で比べたところ，卒業後に大学進学ではなく就職を希望する生徒が多い高校で，それらの得点が低いことが明らかになりました。そのため，その高校で介入を行うこととしました。研究1では，高校1・2年生68名を対象として，2回のセッションを行いました。1回目のセッションは，3年後の自分のプロフィールを作成し，その自分に宛てて手紙を書くものでした。2回目のセッションは，3年後にタイムスリップして，その手紙を受け取ったことを想像し，未来の立場から現在の自分に向けて返信を書くものでした。介入の効果を測定するために，介入の前と後で，未来の自己連続性やポジティブ感情について測定しました。それらの得点をt検定で比較したところ，どちらも有意に上昇していました。たとえば，未来の自己連続性は1〜7の得点範

囲で，事前測定で平均4.26（*SD*＝1.52），事後測定で平均4.84（*SD*＝1.51）でした（*t*＝3.67, *df*＝59, *p*＝.001, *d*＝.47）。この結果から，未来の自分との手紙の往復は，未来と現在の自分のつながりやポジティブ感情を増幅させることが明らかになりました。

　ただし，研究1の結果では，手紙を送ること（往信）に効果があるのか，手紙を送り返すこと（返信）に効果があるのかはわかりません。ロールレタリングの手続きとして，通常は往信と返信を何回か繰り返す必要があるのですが，どちらの手紙に効果があるのかは，不明です。また，研究1では介入直後の変数のみを扱っていたため，しばらくした後に行動の変化が起こったのかは，明らかにされていません。そこで，それらの疑問を確かめるために，研究2を実施しました。

　研究2は，197名の高校1・2年生を対象としています。手紙の相手は，研究1と同じで3年後の自分です。手続きがやや複雑ですので，図6に図示しました。まず，高校の各クラスを「往信＋返信条件」と「往信のみ条件」にランダムに割り当てました。「往信＋返信条件」では，セッション1で事前測定の後に往信を行い，その1か月後のセッション2で返信と事後測定を行いました。さらにその1か月後には，セッション3でフォローアップ測定を行いました。「往信のみ条件」では，セッション1では事前測定のみを行い，セッション2で往信を行いました。ちなみに，教育機会の均等を保つために，「往信のみ条件」のクラスでも，フォローアップ測定の後に，返信の課題を行っています。事前測定で測定したのは，未来の自己連続性，キャリア計画（例：希望進路に進むための筋道がだいたいわかっている），学業的満足遅延（例：自分の夢の実現のために勉強を優先して頑張っている）でした。事後測定で測定したのは，未来の自己連続性と手紙の内容でした。フォローアップ測定で測定したのは，キャリア計画，学業的満足遅延でした。キャリア計画や学業行動の指標は，介入直後で上昇するものではないため，1か月後のフォローアップ測定でその上昇度合いを調べました。

　2つの条件間で，得点の上昇度合いについて比較した結果を，図7に示しました。図7Aの縦軸は，未来の自己連続性の上昇を表しています。得点が高いほど，事前測定から事後測定で未来の自分とのつながりを認識するようになっ

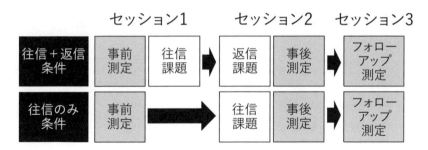

図6　研究2の手続き（Chishima & Wilson, 2020より）

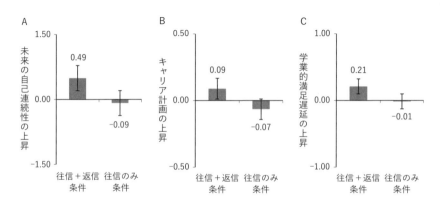

図7　得点の条件間の比較（Chishima & Wilson, 2020より）

たことを意味しています。分析の結果は，「往信＋返信条件」では「往信のみ条件」よりも，未来の自己連続性の上昇が有意に高いというものでした（$t=2.19$, $df=152$, $p=.030$, $d=.35$）。図7BとCの縦軸は，事前測定から2か月後（フォローアップ測定）の，キャリア計画と学業満足遅延の上昇を表しています。これらも同様に，「往信＋返信条件」では「往信のみ条件」と比べて，より上昇していました（キャリア計画で $t=2.26$, $df=165$, $p=.025$, $d=.35$；学業満足遅延で $t=1.85$, $df=171$, $p=.067$, $d=.28$）。結果をまとめると，未来と現在のつながりを感じ，その後の行動を促すためには，未来の自分へ向けて手紙を送るだけでなく，未来の立場からの「返信」が有効だということが示されました。

　次に補足的な分析として，手紙の内容による違いも探ってみます。どのよう

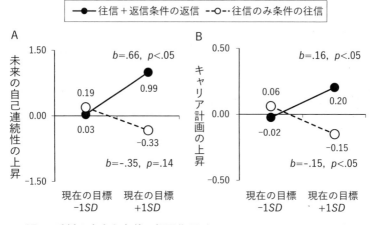

図8　手紙の内容と条件の相互作用（Chishima & Wilson, 2020 より）

な内容を手紙に書くかによって，効果は異なるのでしょうか。事後測定の時点で，「往信＋返信条件」では返信について，「往信のみ条件」では往信について，どのような内容をたくさん書いたかを，リストを用いて測定しました。そのリストには，「今送っている日々の生活について」「今目標にしていることについて」「3年後に頑張っていることについて」「3年後に悩んでいることについて」などがありました。条件×手紙の内容の交互作用を投入した重回帰分析の結果，「返信」の手紙の中で，現在の目標について書いている場合に，未来の自己連続性やキャリア計画が高まっていることがわかりました（図8）。たとえば，未来の立場から，"あなたは看護師になるための専門学校に行きたいと思っていますね。頑張って勉強すれば，受験にも合格して3年後に看護師になれますよ"といったことを書くと，未来と今のつながりを感じ，進路を実現するルートがみえてくるということです。一方で，「往信」の手紙の中で現在の目標を書いた場合は，そのような結果は得られず，むしろキャリア計画が減少していました。これは，現在から未来への手紙は，現状の記述や質問の投げかけなどが多く，現在と未来の「対比」をするまでに至らなかったためだろうと考えられます。

4−4. 結果のまとめと得られた示唆

　以上の結果から，未来の自分の立場になって，現在の自分に語りかけることが，思い描く未来を実現するための道のりを照らし出し，具体的な行動を促進することがわかりました。学校移行後の生活について思い巡らす際には，「学校卒業後の私は，今の私に何を感謝しているか」といった視点をもつと，今やるべきことがみえてくるはずです。

　小学校や中学校で，「〜年後の自分へ」という題材で手紙を書いたことのある人は多いと思いますが，返信を行ったことのある人はほとんどいないのではないでしょうか。今回の結果からいえるのは，「現在→未来」の一方通行では，現在を振り返って対比することになりにくく，キャリア教育としての効果は弱いということです。今後，教育現場において，「現在←未来」の方向性を意識した実践が増えることを期待しています。

　また，今回は手紙を用いましたが，手紙を書くこと自体に抵抗があったり，なかなか書き進められなかったりした生徒もいました。そういう場合は，LINEやTwitter，InstagramなどのSNSを使うという手も考えられます。話すほうが得意であれば動画を撮影してもいいかもしれません。手紙と同じようなエビデンスが得られるかどうかは未検討ですが，手紙というツールに固執する必要はないはずです。どのような方法が，未来に向けた行動を促すために効果的か，引き続き検討していきたいと考えています。

[引用文献]

Adelman, R. M., Herrmann, S. D., Bodford, J. E., Barbour, J. E., Graudejus, O., Okun, M. A., & Kwan, V. S. (2017). Feeling closer to the future self and doing better: Temporal psychological mechanisms underlying academic performance. *Journal of Personality*, *85*(3), 398-408.

Baker, R. W., McNeil, O. V., & Siryk, B. (1985). Expectation and reality in freshman adjustment to college. *Journal of Counseling Psychology*, *32*(1), 94-103.

Barber, B. K., & Olsen, J. A. (2004). Assessing the transitions to middle and high school. *Journal of Adolescent Research*, *19*(1), 3-30.

Barone, C., Aguirre-Deandreis, A. I., & Trickett, E. J. (1991). Means-ends problem-solving skills, life stress, and social support as mediators of adjustment in the normative transition to high school. *American Journal of Community Psychology*, *19*(2), 207-225.

ベネッセ教育総合研究所（2007）．学生満足度と大学教育の問題点　ベネッセコーポレーション．

ベネッセ教育総合研究所（2016）．子どもの生活と学びに関する親子調査2016　ベネッセコーポレーション．

Benner, A. D. (2011). The transition to high school: Current knowledge, future directions. *Educational Psychology Review*, *23*(3), 299-328.

Benner, A. D., & Graham, S. (2009). The transition to high school as a developmental process among multiethnic urban youth. *Child Development*, *80*(2), 356-376.

Blouin-Hudon, E.-M. C., & Pychyl, T. A. (2015). Experiencing the temporally extended self: Initial support for the role of affective states, vivid mental imagery, and future self-continuity in the prediction of academic procrastination. *Personality and Individual Differences*, *86*, 50-56.

千島 雄太（2018）．大学生活への期待は入学後の大学適応を予測するか？――大学進学予定者を対象とした1年間の縦断調査――　日本心理学会第82回大会発表論文集，1PM-106.

千島 雄太・水野 雅之（2015）．入学前の大学生活への期待と入学後の現実が大学適応に及ぼす影響――文系学部の新入生を対象として――　教育心理学研究，*63*(3), 228-241.

千島 雄太・茂呂 輝夫（2019）．小中連携による集団宿泊活動が中学校生活への期待と不安に及ぼす効果――不登校傾向に着目して――　発達心理学研究，*30*(2), 74-85.

Chishima, Y., & Wilson, A. E. (2020). Conversation with a future self: A letter-exchange exercise enhances student self-continuity, career planning and academic thinking. *Self and Identity*, *20*(5), 646-671.

Cillessen, A. H. N., & Mayeux, L. (2007). Expectations and perceptions at school transitions: The role of peer status and aggression. *Journal of School Psychology*, *45*(5), 567-586.

Ersner-Hershfield, H., Garton, M. T., Ballard, K., Samanez-Larkin, G. R., & Knutson, B. (2009). Don't stop thinking about tomorrow: Individual differences in future self-continuity account for saving. *Judgment and Decision Making*, *4*(4), 280-286.

Fryer, L. K. (2017). (Latent) transitions to learning at university: A latent profile transition analysis of first-year Japanese students. *Higher Education*, *73*(3), 519-537.

Galton, M., Morrison, I., & Pell, T. (2000). Transfer and transition in English schools: Reviewing the evidence. *International Journal of Educational Research*, *33*(4), 341-363.

Gerdes, H., & Mallinckrodt, B. (1994). Emotional, social, and academic adjustment of college students: A longitudinal study of retention. *Journal of Counseling and Development*, *72*(3), 281-288.

Goldstein, S. E., Boxer, P., & Rudolph, E. (2015). Middle school transition stress: Links with academic performance, motivation, and school experiences. *Contemporary School Psychology*, *19*, 21-29.

Greenberg, L. S., & Webster, M. C. (1982). Resolving decisional conflict by Gestalt two-chair dialogue:

Relating process to outcome. *Journal of Counseling Psychology, 29*(5), 468-477.

春口 徳雄（編著）（1995）．ロール・レタリングの理論と実際――役割交換書簡法―― チーム医療.

Hershfield, H. E. (2011). Future self-continuity: How conceptions of the future self transform intertemporal choice. *Annals of the New York Academy of Sciences, 1235*, 30-43.

Hershfield, H. E., Goldstein, D. G., Sharpe, W. F., Fox, J., Yeykelis, L., Carstensen, L. L., & Bailenson, J. N. (2011). Increasing saving behavior through age-progressed renderings of the future self. *Journal of Marketing Research, 48*, S23-S37.

五十嵐 哲也（2011）．中学進学に伴う不登校傾向の変化と学校生活スキルとの関連　教育心理学研究, *59*(1), 64-76.

糸嶺 一郎（2013）．新卒看護師のリアリティショックに関する研究の動向と課題――過去20年の文献から―― 茨城県立医療大学紀要, *18*, 1-13.

Jindal-Snape, D., & Miller, D. J. (2008). A challenge of living? Understanding the psycho-social processes of the child during primary-secondary transition through resilience and self-esteem theories. *Educational Psychology Review, 20*(3), 217-236.

Lewin, K. (1951). *Field theory in social science: Selected theoretical papers* (D. Cartwright (Ed.)). New York, NY: Harper & Brothers.（レヴィン, K.　猪股 佐登留（訳）（1956）．社会科学における場の理論　誠信書房）

Lüdtke, O., Roberts, B. W., Trautwein, U., & Nagy, G. (2011). A random walk down university avenue: Life paths, life events, and personality trait change at the transition to university life. *Journal of Personality and Social Psychology, 101*(3), 620-637.

Madjar, N., & Cohen-Malayev, M. (2016). Perceived school climate across the transition from elementary to middle school. *School Psychology Quarterly, 31*(2), 270-288.

溝上 慎一（編）（2001）．大学生の自己と生き方――大学生固有の意味世界に迫る大学生心理学―― ナカニシヤ出版.

水野 雅之・千島 雄太（2018）．大学生活への期待と現実のギャップ経験が大学適応に及ぼす影響　カウンセリング研究, *51*(2), 94-105.

Moreira, J. F. G., & Telzer, E. H. (2015). Changes in family cohesion and links to depression during the college transition. *Journal of Adolescence, 43*, 72-82.

Newman, B. M., Newman, P. R., Griffen, S., O'Connor, K., & Spas, J. (2007). The relationship of social support to depressive symptoms during the transition to high school. *Adolescence, 42*, 441-459.

Nurra, C., & Oyserman, D. (2018). From future self to current action: An identity-based motivation perspective. *Self and Identity, 17*(3), 343-364.

Oettingen, G., & Mayer, D. (2002). The motivating function of thinking about the future: Expectations versus fantasies. *Journal of Personality and Social Psychology, 83*(5), 1198-1212.

Oettingen, G., Mayer, D., & Portnow, S. (2016). Pleasure now, pain later: Positive fantasies about the future predict symptoms of depression. *Psychological Science*, *27*(3), 345-353.

Oettingen, G., Pak, H.-j., & Schnetter, K. (2001). Self-regulation of goal setting: Turning free fantasies about the future into binding goals. *Journal of Personality and Social Psychology*, *80*(5), 736-753.

大久保 智生（2005）．青年の学校への適応感とその規定要因——青年用適応感尺度の作成と学校別の検討—— 教育心理学研究，*53*(3)，307-319.

大久保 智生・加藤 弘通（2005）．青年期における個人—環境の適合の良さ仮説の検証——学校環境における心理的欲求と適応感との関連—— 教育心理学研究，*53*(3)，368-380.

大隅 香苗・小塩 真司（2014）．大学への適応の再検討——半澤氏・石田氏・竹中氏のコメントに対するリプライ—— 青年心理学研究，*25*(2)，181-186.

大隅 香苗・小塩 真司・小倉 正義・渡邉 賢二・大崎 園生・平石 賢二（2013）．大学新入生の大学適応に及ぼす影響要因の検討——第1志望か否か，合格可能性，仲間志向に注目して—— 青年心理学研究，*24*(2)，125-136.

Pronin, E., Olivola, C. Y., & Kennedy, K. A. (2008). Doing unto future selves as you would do unto others: Psychological distance and decision making. *Personality and Social Psychology Bulletin*, *34*(2), 224-236.

Reyes, O., Gillock, K. L., & Kobus, K. (1994). A longitudinal study of school adjustment in urban, minority adolescents: Effects of a high school transition program. *American Journal of Community Psychology*, *22*(3), 341-369.

Roderick, M. (2003). What's happening to the boys? Early high school experiences and school outcomes among African American male adolescents in Chicago. *Urban Education*, *38*(5), 538-607.

Roeser, R. W., Eccles, J. S., & Freedman-Doan, C. (1999). Academic functioning and mental health in adolescence: Patterns, progressions, and routes from childhood. *Journal of Adolescent Research*, *14*(2), 135-174.

Rudolph, K. D., Lambert, S. F., Clark, A. G., & Kurlakowsky, K. D. (2001). Negotiating the transition to middle school: The role of self-regulatory processes. *Child Development*, *72*(3), 929-946.

Rutchick, A. M., Slepian, M. L., Reyes, M. O., Pleskus, L. N., & Hershfield, H. E. (2018). Future self-continuity is associated with improved health and increases exercise behavior. *Journal of Experimental Psychology: Applied*, *24*(1), 72-80.

Ryan, A. M., Shim, S. S., & Makara, K. A. (2013). Changes in academic adjustment and relational self-worth across the transition to middle school. *Journal of Youth and Adolescence*, *42*(9), 1372-1384.

Scherrer, V., & Preckel, F. (2019). Development of motivational variables and self-esteem during the school career: A meta-analysis of longitudinal studies. *Review of Educational Research*, *89*, 211-258.

Seidman, E., Aber, L. J., Allen, L., & French, S. E. (1996). The impact of the transition to high school on the self-esteem and perceived social context of poor urban youth. *American Journal of*

Community Psychology, 24(4), 489-515.

Seidman, E., Allen, L., Aber, J. L., Mitchell, C., & Feinman, J. (1994). The impact of school transitions in early adolescence on the self-system and perceived social context of poor urban youth. *Child Development, 65*(2), 507-522.

Sirsch, U. (2003). The impending transition from primary to secondary school: Challenge or threat? *International Journal of Behavioral Development, 27*(5), 385-395.

Smith, J. S. (2006). Examining the long-term impact of achievement loss during the transition to high school. *Journal of Secondary Gifted Education, 17*(4), 211-221.

Smith, J. S., & Wertlieb, E. C. (2005). Do first-year college students' expectations align with their first-year experiences? *Journal of Student Affairs Research and Practice, 42*(2), 153-174.

Symonds, J. E., & Galton, M. (2014). Moving to the next school at age 10-14 years: An international review of psychological development at school transition. *Review of Education, 2*(1), 1-27.

飛永佳代（2007）．思春期・青年期における未来展望の様相の発達的検討――「希望」と「展望」という視点から――　九州大学心理学研究, *8,* 165-173.

Verstraeten, D. (1980). Level of realism in adolescent future time perspective. *Human Development, 23*(3), 177-191.

Wagner, J., Lüdtke, O., Jonkmann, K., & Trautwein, U. (2013). Cherish yourself: Longitudinal patterns and conditions of self-esteem change in the transition to young adulthood. *Journal of Personality and Social Psychology, 104*(1), 148-163.

West, P., Sweeting, H., & Young, R. (2010). Transition matters: Pupils' experiences of the primary-secondary school transition in the West of Scotland and consequences for well-being and attainment. *Research Papers in Education, 25*(1), 21-50.

第2節

発達における「標準」像とその瓦解：
崩れゆく「標準」に研究はどう向き合うか？

坂井　敬子

1. なぜこの問題を研究しようと思ったのか
　　標準／非標準にどう線引きする？

　人生には，さまざまなライフイベントの可能性があります。学校や大学を卒業して，就職して，恋愛して，結婚して，子どもをもうけて，昇進して，子どもが自立して，仕事を引退して……といったものです。もちろん人によって，イベントの順序ばかりか有無も違うのですが，いまだ「典型」「標準」「規範」として機能しているむきがあります。その標準から外れれば，ネガティブな視線を受けることも珍しくはありません。

　そういうことが気になるのは，私自身の人生におけるパスが，そうした「標準」とは多少ズレてきたからだと自己分析しています。たとえば，30代の大半は学生として過ごし，今まで結婚せずにきて，子どもがいない。非難にせよ厚意にせよ，周囲からのプレッシャーを強く感じることがありました。「非標準」として肩身が狭かったともいえます。それでも年々，「非標準」の人が増えていて，そのぶん，周囲からのみられ方にも変化を感じます。

　「標準」「非標準」に限らず，人々をカテゴライズしてその間の違いを研究する立場にも目を向けてみたいと思っています。たとえば，男女の違いを検討する研究は多くありますが，なぜそれらの違いを検討する必要があるのでしょうか。私が以前，男女差を検討した論文投稿を行ったときに，査読結果として送られてきた文書にそのような質問がありました。きっと，研究者としての自覚（メタ認知）を求められていたのでしょう。もう1つエピソードがあります。保育者の離職を防ぐという観点により離職理由の研究をはじめたころ，「保育者が自分の意思で自分の希望で離職するなら，それを防ぐこともないのでは」と言われたことがありました。私はそのコメントにあまり抵抗しなかったのですが，別の人が，「あなたは保育者の離職を防ぎたいのでしょう？　そのスタン

スなのだったら『本人の意思なら防ぐこともない』という考えには反論するべき」と諭してくれました。この助言は，その後ずっと私の研究者としてのメタ認知を支えてくれています。

2. どんな問いを立てたのか
バルテスから時を経て今は？

　生涯発達心理学のバルテス（Baltes, P. B., 1983）は，人の発達が，基本的には，生物学的要因と環境的要因ならびにそれらの相互作用であると規定される一方で，人の長い生涯の時間的経過における発達は，一般的な年齢段階的要因，一般的な歴史段階的要因，非一般的要因という3つの影響ならびに各々の相互作用の影響を受けるのだと述べました。また彼は，生涯発達心理学の重要な理論的観点として，人の発達の多方向性や可塑性などをあげました（Baltes, 1987）。人の人生における発達の様相は，決まりきってはいない，さまざまな発達の形があるのだというメタ理論的な見方です。

　それから半世紀ほどが過ぎて，研究者に限らず人々の価値観も大きく変わり，いろんな生き方が許容されるようになってきました。あわせて，社会の動向が変化し，以前の社会の「標準」が，時代を経るにつれそうではなくなってきています。「標準」像が変化していることは，いまさら目新しいことではありません。とはいえ，生涯発達におけるさまざまなトピックにおいて，こうした「瓦解」を列挙することは，いまだに意味があると私は確信しています。

　本節を，大きく以下の3つの問いにより構成することとします。

　まずは，人のワークキャリア領域に関する瓦解にはどのようなものがあるのか。とくに，正規雇用の仕事に就くこと，働くことそのもの，昇進することに焦点を当てます。それぞれのトピックに関して，標準がどのように瓦解してきているのか，何が明らかになっているのか，諸研究の知見を示します。その際には，研究者がどんなスタンスに立っているのかも，あわせてふれていきます。

　次に，人のライフキャリア領域に関する瓦解にはどのようなものがあるのか。トピックは，子どもをもつこと，結婚すること，恋愛すること，異性愛です。

　そして最後に，研究者が求められる自覚について論じたいと思います。社会

科学的研究において，人々をなにがしかのカテゴリーに分類し，集団間の差異や類似性を検討することは常です。このことにはどんな価値があり，どんな懸念を伴うのか。加えて，研究者の「中立性」ははたして必要なのかを考えます。

3.　どんな研究をしたのか
社会統計から方法論まで

　本節においては，社会動向の統計資料や心理学ならびに隣接領域の知見を参照し，従来的な「標準」とその瓦解に関する文献研究を行います。

　ワークキャリアとライフキャリアにおいて，人々の動向がどのように変化してきているのか，マクロなレベルに関しては，可能な限り，官公庁の統計資料を参照しました。官公庁による統計は，長期間にわたり継続して行われているものが多く，経年変化をとらえることができ，背景の考察がしやすいのが大きな利点と考えられます。トピックによってはそうした資料がなかったため，研究者による文献研究などを参照しました。

　また，これも可能な限り，「標準」の瓦解にかかわる心理学的実証研究を取り上げました。それが難しかったトピックに関しては，心理学，社会学，教育学から関連研究をピックアップして紹介しました。参照した文献のジャンルにかかわらず，個人として何が課題になるのか，社会として「非標準」をどうとらえるか，トピックによって内容の方向性は異なります。

　研究者が求められる自覚に関しては，差別について論じた綿野（2019）や，科学者における価値中立を論じた北村（2014）などの文献を取り上げます。

4.　その結果，何がわかったのか
さまざまな「標準」と瓦解，そして研究者に求められる自覚

4-1.　ワークキャリアでは，何の標準が瓦解しているのか？

4-1-1.　正規雇用の仕事に就くこと
　キャリア教育を専門とする児美川（2013）によれば，かつての日本において

第2節　発達における「標準」像とその瓦解：崩れゆく「標準」に研究はどう向き合うか？

は，教育機関をきちんと卒業後，新卒就職をしてその3年後も就業継続している「ストレーター」が「標準」でした。ところが，そのようなストレーターは，いまや半数以下となっています。ストレーターでない半分強は，学校段階あるいは就労後のどこかでつまずいたり，立ちすくんで滞留したり，やり直しを余儀なくされたりしています。このことが，日本に住む人のワークキャリアにある標準「瓦解」の全体像といってよいかもしれません。とくにここでは，正規雇用の仕事に就くことを取り上げます。

　総務省統計局の労働力調査によれば，雇用者に占める正規雇用職員・従業員の割合は，昭和59（1984）年に84.7%であったのが，年々低下の一途をたどり（厚生労働省, 2015），令和元（2019）年には61.7%を示すまでになりました（総務省統計局, 2021a）。バブル経済やその崩壊，失われた30年をまたいで，非正規雇用者は，全年齢において，「約7人に1人」から「約3人に1人」までに増えてきたのです。この傾向は，基本的には，ニューエコノミー（Reich, 2000）と呼ばれるような，厳しい経済社会の情勢によって導かれたと考えられます。

　正規雇用という標準が標準でなくなってきたという兆候は，「フリーター」という言葉の普及やその研究の増加によって，世間一般に認識されるようになったといえるかもしれません。そこで，フリーターを取り上げます。

　フリーターという言葉自体は，ずいぶんと前，昭和の時代に登場したもののようです。労働省の文書では，平成3（1991）年版「労働経済の分析」において出てきます。フリーアルバイターあるいはフリーターと呼ばれる人々を，年齢は15〜34歳，アルバイトやパートである雇用者（男子については継続就業年数が5年未満，女子については未婚），あるいは，家事も通学もしていないアルバイトやパートを希望する無業者であると「仮に」定義するなら，昭和57（1982）年から62（1987）年の5年間に約5割増加したという記述が残っています（労働省, 1991）。

　この記述は，若年労働者の現状と課題を論じる文脈におけるものであり，フリーターを「学校を卒業した後でも自らの意思で定職に就かずにアルバイト的な仕事を続ける」存在として示しています（労働省, 1991）。このような背景のためか，フリーターという言葉によって論じられる非正規雇用の問題は，主に若年層の問題として扱われてきましたし，当世若者気質だとして，当人の意

思，志向，価値観に起因するのだと批判めいた世間からのまなざしも強かった印象があります。そのまなざしを緩和したのは，2000年ごろから盛んになったフリーター研究といえるでしょう。当の若者たちの心理的側面より，社会経済的側面を中心に検討が行われました。それらの知見は，各学問領域に基づいた具体的な政策提言につながることとなりました（下村，2009）。

　ここで，社会経済的側面に焦点を当てたフリーター研究だけでは不足があるとして，心理学者たちにより著された『フリーターの心理学』（白井ほか，2009）を紹介したいと思います。

　著者らは，フリーターであると，低収入というだけでなく，不安定雇用で日々の生活に追われるため，人生の見通しが立てられないなどの点に問題が生じるといいます。著者らが価値を置くのは，個人の一連の過去と未来をつないで人生に1つのまとまりを生み出し，個人的・社会的な価値の実現をもたらす経歴を確立できるということです。著者らはこれを「キャリア自立」と呼びました。実際的には，貯金ができる程度の収入のある定職に就くこと，つまり正社員への移行のことです（白井，2009a）。重ねて著者らは，それまでのフリーター研究では，個人の側の要因が軽視されてきたと，また，フリーター支援の背景にあるべき理論が不在であったと指摘しました。そこで，キャリア・コンストラクション理論や時間的展望を参照し，社会の側の要因と個人の側の要因の両方をバランスよく取り上げて検討することが必要であるとしました（下村，2009）。社会階層による就業形態の影響でなく，フリーターであることの心理的なメカニズムに焦点を当てようと，本人の選択の余地が相対的に大きいと思われる大卒者（年齢は23〜39歳）に対象を限定して，さまざまな検討を行いました（白井，2009a）。

　検討の例として，「やりたいこと志向」に関する安達（2009）をあげましょう。この「やりたいこと志向」は，自分の好きなことややりたいことを仕事に結びつけて考える傾向であり，「最近の」若者，なかでもフリーターに特徴的な心性の1つと位置づけられた考えです。フリーターの集団におけるこの志向の得点は，正社員，無職，学生の各集団に比べて高いものでした。また，フリーターにおいて，この志向の得点と社会志向性（社会的・文化的適応に必要な特性で，他者や社会の規範に適応していく志向）との相関関係は，正社員における

相関関係よりも低いものでした。しかし，「やりたいこと志向」などに特徴づけられる「フリーター的」キャリア意識は，フリーターだけに特有なのではなく，正社員，学生，無職といった他の多くの者たちがもつ共通側面でした。こうしたことから安達は，このような意識や態度は，個人の中に固定された静的なものではなく，立場や状況，活動水準によって変動しながら適応につながりうるということ，そのような意識や態度の是非を定めるのは困難であるということを述べています。

　また他に明らかになったことは，正社員になるために必要な雇用探索行動を規定する要因には，自己効力感，個人志向性，目標指向性があることでした。しかし一方で，実際の雇用は，心理的な要因ではなく社会的な要因により規定されていました（若松, 2009）。つまり，探索行動をどんなに頑張っても実際の雇用とは関係ないともいえるということです。これらのことを踏まえて，フリーターから正社員への移行を果たすには，自己効力感といった心理的要因への介入のみならず，実力を向上させるような職業訓練といったことが必要であるなどの提言がなされています（白井, 2009b）。

　私たちの社会において，決して低くはない一定の割合で存在する非正規雇用の形態で働く人々がいて，正規雇用へと移行しようとしても，当人の心持ちだけではいかんともしがたいところがあることがわかります。冒頭に紹介した児美川（2013）は，今の社会に必要なキャリア教育は，正規雇用の仕事に就くことをあおるような教育ではなく，非正規雇用を見据えて，情報提供を行ったりスキル向上を図ったりするような教育であると主張しています。

4−1−2. 働くこと

　アルバイトやパートで働くフリーターの他にも，働かず学校にも通っていないニート[*1]という存在が社会の耳目を集めました。こうした存在は，西（2011）による無就業・無就学者の推移で確認すると，2000年から2010年の10年間では，すべての年齢層においてその数が増加傾向，割合をみても上昇傾向でした。とくに2010年時の35〜39歳コホートで顕著であり，このコホートにおいて，1990年には1％未満であった無就業・無就学者が，2005年には1.9％，2010年には2.4％までに推移しました。このコホートを男女別にみると，2010年ま

での10年間で男性における無就業・無就学者が8万人増、女性では4万人増でした。

西（2011）は、無就業・無就学者を増加させた一因が、2000年以降に続いた完全失業率の高さである可能性を指摘しています。

その後2020年までの推移を、最近の労働力調査（総務省統計局, 2021b）からみると、2010年における無業者の割合は、15〜34歳と35〜44歳の各年齢層でいずれも2.1%でした。15〜34歳の年齢層については2010年以降大きく動くことはなかったのが、2020年のコロナ禍で2.8%にまで上昇しました。35〜44歳においては、じわじわと割合を上げ、2020年には2.5%に達しています。

このように、「働くのはあたりまえ」という標準の瓦解も、若者にも中高年にも進んできています。

ニートや無業者といった「働かない」存在は、「労働意欲がなく甘えているからそうなるのだ」というイメージを与えられがちですが、援助者の立場からみれば違うようです（二神, 2005）。その雇用問題を招いた厳しい社会経済情況をみるだけでなく、当人たちの心理的側面に着目することは、世間による素朴なイメージを払拭し、援助の可能性に示唆を得るために非常に有効なことでしょう。ただ、若者と中高年への支援や援助をひとくくりに扱えるとは考えにくく、以下では、若者に焦点を当てることとします。

加藤（2008）は、「何もしてないのに食べることに不自由しない人」と揶揄されることもあるひきこもりの若者について、自己実現という概念によって説明を行っています。彼らの多くは不自由しないどころか、引け目や猛烈な焦りに苦しみ、うまくいかずにさらなる引け目につながるという悪循環があるといいます。文献中の事例では、当事者の若者たちが、「やりたいことじゃない」「やりたいこと以外、意味がない」「自分じゃなきゃいけない仕事がいい」と、進学先やアルバイトに行かなくなってしまう様子が描かれています。当人たちの認識には、自己実現や、それにまつわる自分らしさ、やりたいこと志向といったような概念との関連がありそうです。そこで加藤が指摘するのは、当人たちが自己実現を求めるからうまく働けないのではなく、うまく働けないがゆえに、自己実現的な語りをすることで、自己をなんとか回復させようと試みているのだということです。そして支援に必要なのは、当人たちがなぜあえてそ

のような語りをするのか，その意味をしっかりと問い，理解することであるといいます。

　村澤（2008）は，就職活動をしなかった，あるいはそのまま留年することになった大学生たちにインタビューを行い，その特徴を検討しました。見出されたのは，一人きりで満たされるような活動に充実を感じる，人間関係ではお互いに踏み込まない，自分のペースを乱されることに敏感であるといったことでした。仕事をすることは自分らしさを保つことができなくなるという不安を導くと考えられました。また一方で，自ら進路を選ぶことの不安を訴える者もいました。どちらも，自分から動いて大きなリスクを背負うより，安全に，受身的に選択するほうがよいという姿勢がうかがえました。これらをもとに描かれたのは，こうした若者たちにおけるキャリアデザインと就職の回避を説明するモデル的図式です。自分のキャリアデザインをしようという思いを動機づけるのは，先行きのみえない不安から必要となるリスク管理や，自己不確実感から希求される自分探しです。その一方で，自らリスクをとり選択することへの不安や，人とともに仕事をすることで自分を保てなくなる不安が，就職を回避させるのです。そこで村澤は，援助の可能性として，「できないこと」から「できること」に焦点を移していくことと，「できること」と「期待されていること」を有機的に連関させていくような体験の促しを提案しています。

4−1−3.　昇進すること

　昇進することは，もともとすべての働く人が可能だったわけではありませんが，ますます限定された人にしか起こらないことになってきているようです。

　キャリア・プラトー現象（昇進可能性が将来的に低下する現象）を研究した山本（2014）によれば，1970年代前半までは日本の企業における多くの従業員が30歳代前半で課長に昇進が可能であったといいます。ところが，近年では，昇進が遅れたり，昇進可能性が低下したりということが進行しています。具体的には，平成7（1995）年には4.2%であった管理的職業従事者が，平成12（2000）年には2.9%，平成17（2005）年には2.4%となりました（総務省統計局，2012）。その5年後，10年後にも割合は変わっていません（総務省統計局，2017）。

　日本において管理職のポストが減少した背景は，山本（2014）によって以下

のように説明されています。管理職位に対する高学歴者の供給過剰が問題化したのは1970年代でした。後年1990年のバブル経済の崩壊が，キャリア・プラトー現象が広範に進行するきっかけとなりました。たとえば，バブル崩壊後の長期不況化のリストラクチャリングなどによって組織階層のフラット化が進行して管理職位が減少したことがあげられます。また，終身雇用慣習の崩壊などによる雇用の流動化や，年俸制や目標管理に代表される成果主義的人的資源管理の広がりも拍車をかけました。さらには，近年では団塊ジュニア世代が管理職昇進の時期を迎え，管理職位不足に陥る企業がみられているということです。

　このようなことが問題となるのは，昇進することには大きな価値があるとみなされているためでしょう。日本では所属組織の規模や知名度と並んで，高い職位にあるということが，他者から得られる評価の重要な指標です。職業の位置づけが他国に比べて曖昧であることの代償として機能します。このように，昇進することが人物評価やアイデンティティにとって重要であることから，管理職ポストが不足している状態は，個人の業績低下や退職につながるものと考えられています（山本, 2014）。

　一方，昇進することを求めない人々が，少なからず存在することにも目を向ける必要があるでしょう。労働政策研究・研修機構（2014）の調査における昇進希望割合をみると，組織規模300人以上の男性一般従業員（全年齢層）では，昇進を希望しない割合は4割です。組織規模100〜299人の場合では，昇進を希望しない者は5割弱となります。これが女性ともなると，数値は9割以上にのぼります。

　昇進をめぐって，男／女という集団間に存在するさまざまな認識の違いは，これだけに限りません。中原・トーマツイノベーション（2018）では，女性人材の開発を念頭に，心理的側面の男女差や女性の認知の特徴がさまざまに検討されました。男性に比べて女性では，仕事の成果や能力・スキルを低く見積もるインポスター症候群と呼ばれる傾向が強いことが，さまざまな研究において明らかにされています。これが昇進意欲を妨げる一因になっているようです。加えて，管理職昇進を引き受けた理由にも男女で違いがあることが示されています。周りから認められることやもともと自身の希望があったこと，金銭的な

メリットをあげる人が男性において多かったのに対して，女性において多くあがったのは，直属の上司に説得されたからという理由でした。つまりは，とくにその女性にとっては，昇進のメリットは説得がなかったら認識されにくいものだったろうということです。また，職場環境に着目すると，仕事の割り当てが男女不平等であったり長時間労働であると，昇進したい女性が少ないことが示されています。さらには，企業の中核的な仕事を経験した女性は経験のない女性よりも昇進意欲は高いのにもかかわらず，そのような女性は男性の長時間労働が慢性化している職場では少ないことが明らかにされています。このような環境においては，昇進することにはさまざまなデメリットが認識されるのでしょう。

このように男／女の違いについて知見が多く，そこにだけ注意が向くかもしれませんが，私が強調したいのは，昇進をめぐる男女の違いではありません。昇進したい人の存在はあたりまえではないのだということ，昇進に価値を見出せない人々もいるのだということです。加えて，昇進したくない女性の存在もあたりまえではないのだということも，あらためて言及しておかなくてはならないでしょう。

4-2. ライフキャリアでは，何の標準が瓦解しているのか？

4-2-1. 子どもをもつこと

日本における50歳時の未婚割合（生涯未婚率）は，1990年には男性5.6%，女性4.3%であったのが，2015年には男性で23.4%，女性で14.1%と著しく増加しました（内閣府, 2020）。子どものいない夫婦の割合を，結婚持続期間が15～19年の夫婦における出生子ども数0の割合としてみると，2002年に3.4%であったのが，2010年におおよそ倍の6.4%となり，その水準は2015年でも6.2%と続いています（国立社会保障・人口問題研究所, 2017）。福島・沼山（2015）は，上記のような当時のデータを引用しながら，日本においても，成人して結婚して子どもをもうけるというライフコースが一般的でなくなったことが示唆されるとしています。

親になることに関して，社会には，「親になることは意味のある満ち足りた

生活のために中心的な役割を果たし，一方子どもを持たない人々の人生は空虚で，報われることが少なく，孤独である」という通俗理論があります（福島・沼山, 2015）。また，心理学における生涯発達モデルにおいても，親となり子どもをもつことをはじめ後進を育てていくことが発達上の重要課題とされています。これが，子どもをもたないこと，親にならないこと自体を，ともすれば全人的な発達の危機だとする認識を導いたとの指摘があります（小泉ほか, 2015）。

　しかし，福島・沼山（2015）によるレビューでは，主観的幸福感を指標としてみれば，多くの実証研究においてその通俗理論は支持されていません。1970年代から英語圏で行われてきた大規模調査などでは，他の要因が統制されていれば，通俗理論とは逆に，むしろ子どもをもつことは成人の主観的幸福感を低くすることが示されています。また，年齢や性別による違いについては，必ずしも一貫した結果が得られていないようです。福島・沼山が日本の45～60歳の有配偶者を対象にした調査においては，子どもの有無によって主観的幸福感に差はなかったことが示されました。

4-2-2.　結婚すること

　この近代社会において，結婚していることは，社会が自分を必要としてくれているという感覚をもたらすとされます（山田, 2016）。山田（2016）によれば，男性においては，定職をもてるなど仕事ができることと結婚できるほど性的魅力が高いこととは直結します。それが，仕事ができなければ結婚もできないというプレッシャーをもたらすといいます。また，仕事ができないということは，男性としてのアイデンティティを失うことであり，男性同士の世界においても評価を落とし排除されることにつながります。ひるがえせば，結婚していることは，社会的評価を高めることにつながるのです。一方で，女性の場合，仕事と結婚は直結せず，分離しています。むしろ，仕事ができるということが，女性としてのアイデンティティの否定につながることがあります。そこで，女性にとっては，結婚できるほど性的魅力を高めることが問題になります。このように，男女で特徴こそ異なりますが，結婚できるということは両性にとって，自己充足的にも社会的にも意味のあることになっているといえます。

　しかし，先ほど述べたように，生涯未婚率が近年大きく上昇しています。また，人口1000人における婚姻率が昭和のころから年々少なくなってきているのに対して，離婚率は対照的に上昇しています（厚生労働省，2020）。このような情勢において，未婚（非婚）や離婚への抵抗はなくなっていると同時に，結婚のリスクが大きく認識される社会になったといえそうです。そう主張するのは，社会学者の千田（2015）です。

　千田は，かつて未婚者に対して投げかけられた「どうして結婚しないの？」という類の質問は，全員が結婚するという前提があるからこそ成立したものであるといいます。標準的なライフイベントであった「結婚」から逸脱することに関して，社会は放っておいてくれず，弁明・釈明が求められることを示唆しています。ところが，2003年に酒井順子の『負け犬の遠吠え』がヒットして，未婚女性を負け犬，既婚女性を勝ち犬とに分類する発想が定着しました。そのことが，未婚（非婚）が1つのスタイルとして承認されたことを表すのではないかというのです。

　結婚のリスク化というのは，婚外恋愛に対する社会の側の非寛容性の高まりであったり，資産があればそれが減ることであったりします。また，標準的な中間階級であったとして，結婚相手が家庭の外に働きに出ないでいれば生活水準の低下が避けられません。つまり，さまざまな層において，結婚のインセンティブが減少しているのだと千田はいいます。

4-2-3. 恋愛すること

　私たちの社会においては一般的に，青年は恋愛に興味をもち，恋愛関係を構築し，いずれ結婚するという暗黙の前提が存在しています。その前提のもとでは，「青年はみんな恋人を欲しいと思っている」との共有された信念があると考えられます。その暗黙の前提や信念に反した，恋人を欲しいと思わない青年を対象にした研究を，髙坂（2016）が行っています。

　まず指摘すべきは，近年とみに，恋人がいる青年の割合が減少しているといわれますが，それが複数のデータをみても明らかではなかったということです。髙坂が複数の調査を参照したところ，回復を示したものがあったり，変化してないものがあったりと，その言説は支持されませんでした。

　また，青年を，恋人がいる青年（恋愛群），恋人を欲しいと思っている青年（恋愛希求群），恋人を欲しいと思ってない青年（恋愛不要群）の3群に分けた研究では，それぞれのアイデンティティや精神的健康などが比較されました。その結果，恋愛不要群は，自我発達の程度が低く，将来に希望がもてず，努力しようともせず，無気力で，自分だけの世界に浸り，自分の意見が正しいと思っており，コミュニケーションに対する自信ももてていない青年であると特徴づけられました。さらには，恋人を欲しいと思っていない青年を，その理由によって分類することを試みる研究も行われました。その結果，理由のいかんによっては，自我発達の程度が高く日々が充実しているような青年もいれば，自我発達の程度が低く親密な関係から退却・回避しているような青年まで，さまざまなタイプが存在することがわかりました。

　高坂（2016）は，恋人を欲しいと思っていない青年は，恋愛に高い価値を置く日本においては受け入れられがたく，少子化の一因として強い非難にさらされたり，恋愛を促すべき支援の対象にされたりしがちであるといいます。問題は，「若者は恋愛をして，結婚し，子どもを産んで育てる」という標準の生き方から外れていることを理解できずに，不思議なものあるいは異常なものとしてみてしまう側にあることを指摘しています。

4-2-4. 異性愛

　恋愛を説明するときには，「異性」や「男女」という言葉がどうも必要になるようです。古い例では，木村（1955）が，恋愛を友愛や郷土愛と区別するために，「性愛」という言葉だけでなく，「異性」という言葉も頻繁に用いています。そして，恋愛を，「ある一人の異性をその好ましき個性のゆえに，可愛いともいとしいとも思い，それとの好意的な，そして第三者に対しては排他的独占的閉鎖的な，近接・摂取・合一を欲すること」（木村, 1955, p. 8）であると定義しています。近年における高坂（2016）も，恋愛や恋人を説明する際には，どうしても異性という言葉が必要になってしまうと指摘します。それというのも，今日においてはまだ，異性愛と同性愛や両性愛とを区別なく扱う（あるいは適切に区別する）だけの知見の蓄積が不足しているためだということです。加えて，恋愛のさまざまなかたちについて明らかになったあかつきには，恋愛に

おいて異性間のものであるという条件は削除されるであろうし，そうなること
を期待していると述べています。

　日本の学校教育は，すべての学校種および教科科目の学習指導要領におい
て，従来，性別は男女の2つとする性別二元論，性自認と身体の性が一致する
シスジェンダー，異性を好きになる異性愛等，典型的なセクシュアリティしか
示してきませんでした。そのことを指摘し，性教育のカリキュラムを開発した
のは，松尾ほか (2018) です。そのために，子どもたちの間でのトラブルや，
当事者児童生徒が他の子どもの視線を気にして支援を受けられないなどの問題
が起きるおそれがあります。こうした状況において，性的マイノリティをテー
マにした授業を行うことは，支援の1つのかたちになりえます。正しい知識を
学ぶということが，いじめや差別を防いだり，典型ではないセクシュアリティ
を受容できる児童生徒を育成できたり，さらには，当事者児童生徒の自尊感情
や自己肯定感を低下させないことが可能となります。とくに思春期において，
身体が性的になっていくことや，周囲の同年代の仲間とは違うということは，
当事者にとっては大きなアイデンティティの危機です (石丸, 2009)。その危機
において正しい知識を得ることで，「自分は変じゃない」という確信を得るこ
とができ，安心を得られると考えられます。

4-3. 研究者に求められる自覚は何か？：
カテゴライズの余波と自らの価値観

　これまで，「標準」や「非標準」にかかわる研究を概観してきました。こう
した研究に欠かせないのは，「標準／非標準」に限らず，人々を何らかのカテ
ゴリーに分類することです。それらカテゴリー間の差異や類似性が明らかに
なったとして，その知見がさまざまな人によってどのように解釈される可能性
があるのかを，研究者は自覚することが必要でしょう。

　たとえば，何らかの男女差を明らかにすることは，男女差別や偏見の生起に
関する注意喚起になりえます。それは，綿野 (2019) が説明する「異化」の営
みと同様でしょう。綿野は，劇作家のベルトルト・ブレヒト (Brecht, B.) によ
る異化という概念を用いて，差別批判を論じました。ブレヒトによる「異化」

は，観客が登場人物に感情移入する感情同化とは対照的に，登場人物から距離
をとって批判的に眺めることです。各場面の前に内容を知らせるタイトルを
出して，あえて「ネタバレ」させるといった手法が用いられます。綿野はこの
「異化」がまさに差別批判であるといいます。人は，差別を差別として認識し
ない，あるいはできないことがあります。そこで，新しい差別を発見したり発
見させたりするのです。

　しかし，そのような研究者側の期待とは裏腹に，男女差を検討した結果，
「○性の△△意識は低いことがわかった。だから，両性は区別されて当然だ」
といったような，差別的な実態から差別を正当化する当為を導くような解釈が
はびこるおそれは，十分にあります。「女性は家庭を大事にすべき，男性は仕
事を大事にすべき」という価値観も，実態から生じたと考察するのは自然なこ
とでしょう。自分の研究がもたらしうる帰結や，実態と当為の区別・影響性に
ついて，研究者は自覚的でありたいものです。このことを論じているのは北村
（2014）です。

　哲学・社会思想を専門とする北村（2014）は，科学者の責任は科学研究にと
どまらず，その利用にまで及ぶものであると述べています。科学は「価値中
立」でなければならない一方で，科学者は「価値中立」であってはならない，
科学の研究によって獲得した諸「事実」に対して誠実に「価値判断」の表明を
行っていくべきで，それを自覚するのが科学者の責任であると主張していま
す。

　価値判断のさまざまな例を，「キャリア」という概念をもとに考えましょう。
「キャリア」という概念は「轍」を語源としており，ある人が経験した職業
の系列や，職業に限らず生涯を通じてのあらゆる役割や地位の系列を意味しま
す（金井，2014）。キャリアの概念を示す諸文献でよくいわれるのは，キャリア
にはアップもダウンもないのだということです（渡辺・Herr, 2001）。カウンセ
リィに寄り添うべきキャリアカウンセラーが，アップやダウンという外的もの
さしで，個人のキャリアを判断するのは適切でないとの考えを反映したもので
しょう。一見，このような考えこそが，研究において立つべき唯一の「正解」
にも思えてしまいます。

　しかしそれも，あまたあるうちの1つの価値観にすぎないと位置づけられま

す。本節冒頭にあげた例ですが，私の保育者離職研究は，保育者の離職を防ごうとする価値観に立ち，離職を否定しない考えとは一線を画します。ですから，保育者キャリアを中断しようとする人は，理由のいかんを問わず，どうすれば続けられるのかという視点で，援助の対象として位置づけられるのです。また，中盤にあげた白井ほか（2009）のフリーター研究は，フリーターではキャリア自立がままならないと考え，正規雇用に移行できることを良しとする価値観に立ちます。そのため，フリーターでいることを希望し満足する若者も，不本意で満足しないフリーターと同様に，支援や援助の対象となります。

　このように，研究において「正解」となるべき価値観はなく，私たち研究者は自らの研究の立場や価値観を意識せずして，職務の責任を果たすことはできないのだといえます。

5. それが実践にもつ意義は何か
研究への理解のために

　本節では，日本社会を射程において，人々の働き方や生き方の「あたりまえ」がいかに崩れてきたのかをまとめました。また，「あたりまえ」「あたりまえでないこと」に限らず，研究において何かのカテゴリーを設定することにある意義や懸念を示し，研究者が求められる自覚について論じました。本節が，研究者の自己覚醒を刺激するだけでなく，市井の人々のアカデミズムへの理解にもつながるとよいと思います。

[注]

＊1　ここで紹介する「ニート」「無就業・無就学者」「無業者」は，類似してはいますが，まったく同じ定義をもつ集団ではありません。ニートは，無就業・無就学でかつ職業訓練も受けていない人のことです。「無就業・無就学者」は，ニートの定義に，通学には含まれない職業訓練のみを受けている人も含めた人々のことです。「無業者」は，非労働者人口のうち家事も通学もしていない人のことです。

[引用文献]

安達 智子（2009）．フリーターのキャリア意識——彼らの考え方がいけないのか——　白井 利明・下村 英雄・川﨑 友嗣・若松 養亮・安達 智子．フリーターの心理学——大卒者のキャリア自立——（pp. 32-53）　世界思想社．

Baltes, P. B. (1983). Life-span developmental psychology: Observations on history and theory revisited. In R. M. Lerner (Ed.). *Developmental psychology: Historical and philosophical perspectives* (pp. 79-112). London: Routledge.

Baltes, P. B. (1987). Theoretical propositions of life-span developmental psychology: On the dynamics between growth and decline. *Developmental Psychology*, *23*(5), 611-626.

福島 朋子・沼山 博（2015）．子どもの有無と主観的幸福感——中年期における規定因を中心として——　心理学研究，*86*(5)，474-480．

二神 能基（2005）．希望のニート——現場からのメッセージ——　東洋経済新報社．

石丸 径一郎（2009）．性的マイノリティの思春期　現代のエスプリ，*509*，187-196．

金井 篤子（2014）．キャリアデザイン（キャリア設計）　下山 晴彦（編集代表）．誠信 心理学辞典 新版（pp. 594-596）　誠信書房．

加藤 弘通（2008）．格差社会における若者の〈自己実現〉——「働けないこと」の心理学序説——　都筑 学（編）．働くことの心理学——若者の自分さがしといらだち——（pp. 100-120）　ミネルヴァ書房．

木村 俊夫（1955）．恋愛の心理　牛島 義友・桂 広介・依田 新（編）．青年心理学講座2　恋愛と結婚（pp. 6-86）　金子書房．

北村 実（2014）．科学の価値中立性と科学者の社会的責任　日本の科学者，*49*(4)，224-229．

小泉 智恵・照井 裕子・北村 誠司・伊藤 順一郎・柏木 惠子（2015）．不妊の受容における規定要因と人格発達に及ぼす影響　日本生殖心理学会誌，*1*(1)，58-65．

国立社会保障・人口問題研究所（2017）．現代日本の結婚と出産 第15回出生動向基本調査（独身者調査ならびに夫婦調査）報告書．

児美川 孝一郎（2013）．キャリア教育のウソ　筑摩書房．

髙坂 康雅（2016）．恋愛心理学特論——恋愛する青年／しない青年の読み解き方——　福村出版．

厚生労働省（2015）．雇用形態別雇用者の推移と近年の特徴. https://www.mhlw.go.jp/file/06-Seisakujouhou-11600000-Shokugyouanteikyoku/0000072688.pdf（2022年1月5日アクセス）

厚生労働省（2020）．令和元年（2019）人口動態統計（確定数）の概況. https://www.mhlw.go.jp/toukei/saikin/hw/jinkou/kakutei19/index.html（2022年1月5日アクセス）

松尾 由希子・掛本 健太・小堀 春希・井出 智博（2018）．特別活動における性教育のカリキュラム開発——集団指導と個別指導の違いに着目して——　静岡大学教育研究，*14*，43-66．

第 2 節　発達における「標準」像とその瓦解：崩れゆく「標準」に研究はどう向き合うか？

村澤 和多里（2008）．若者の自分さがしと職業　都筑 学（編）．働くことの心理学──若者の自分さがしといらだち──（pp. 79-99）　ミネルヴァ書房.

内閣府（2020）．令和 2 年版 少子化社会対策白書 全体版（PDF 版）．https://www8.cao.go.jp/shoushi/shoushika/whitepaper/measures/w-2020/r02pdfhonpen/r02honpen.html（2022 年 1 月 5 日アクセス）

中原 淳・トーマツ イノベーション（2018）．女性の視点で見直す人材育成──だれもが働きやすい「最高の職場」をつくる──　ダイヤモンド社.

西 文彦（2011）．中高年の無就業・無就学者の最近の状況　日本労働研究雑誌, *53*(11), 86-95.

Reich, R. B. (2000). *The future of success: Working and living in the new economy*. New York, NY: Knopf.（ライシュ, R. B.　清家 篤（訳）（2002）．勝者の代償──ニューエコノミーの深淵と未来──　東洋経済新報社）

労働政策研究・研修機構（2014）．男女正社員のキャリアと両立支援に関する調査結果（2）──分析編──　調査シリーズ No. 119. https://www.jil.go.jp/institute/research/2014/119.html（2022 年 1 月 5 日アクセス）

労働省（1991）．平成 3 年版労働経済の分析. https://www.mhlw.go.jp/toukei_hakusho/hakusho/roudou/1991/dl/01.pdf（2022 年 1 月 5 日アクセス）

千田 有紀（2015）．揺らぐ日本の近代家族　大澤 真幸（編）．身体と親密圏の変容（pp. 163-188）　岩波書店.

下村 英雄（2009）．問題意識と理論的背景──フリーターをどのような視点から捉えるのか──　白井 利明・下村 英雄・川﨑 友嗣・若松 養亮・安達 智子. フリーターの心理学──大卒者のキャリア自立──（pp. 12-29）　世界思想社.

白井 利明（2009a）．問題提起と方法　白井 利明・下村 英雄・川﨑 友嗣・若松 養亮・安達 智子（著）. フリーターの心理学──大卒者のキャリア自立──（pp. 2-11）　世界思想社.

白井 利明（2009b）．フリーターの生き方──自己は社会とどう折り合うか──　白井 利明・下村 英雄・川﨑 友嗣・若松 養亮・安達 智子. フリーターの心理学──大卒者のキャリア自立──（pp. 161-187）　世界思想社.

白井 利明・下村 英雄・川﨑 友嗣・若松 養亮・安達 智子（2009）．フリーターの心理学──大卒者のキャリア自立──　世界思想社.

総務省統計局（2012）．平成 22 年国勢調査 職業等基本集計結果 結果の概要.

総務省統計局（2017）．平成 27 年国勢調査 就業状態等基本集計結果 結果の概要.

総務省統計局（2021a）．労働力調査（基本集計）2020 年（令和 2 年）平均結果の要約. https://www.stat.go.jp/data/roudou/sokuhou/nen/ft/pdf/index1.pdf（2022 年 1 月 5 日アクセス）

総務省統計局（2021b）．労働力調査 長期時系列データ. https://www.stat.go.jp/data/roudou/longtime/03roudou.html#hyo_9（2022 年 1 月 5 日アクセス）

若松 養亮（2009）．フリーターのキャリア移行――どうしたらフリーターから抜け出せるのか――　白井 利明・下村 英雄・川﨑 友嗣・若松 養亮・安達 智子．フリーターの心理学――大卒者のキャリア自立――（pp. 77-101）　世界思想社．

渡辺 三枝子・Herr, E. L.（2001）．キャリアカウンセリング入門――人と仕事の橋渡し――　ナカニシヤ出版．

綿野 恵太（2019）．「差別はいけない」とみんないうけれど　平凡社．

山田 昌弘（2016）．モテる構造――男と女の社会学――　筑摩書房．

山本 寛（2014）．昇進の研究 増補改訂版――キャリア・プラトー現象の観点から――　創成社．

第6章

偶然と発達

第1節

青年の将来展望形成と偶然：
偶然から過去・現在・未来の連続性をつくれるか?

半澤 礼之

1. なぜこの問題を研究しようと思ったのか
身の周りにあるさまざまな偶然の出来事から

1-1. 身の周りにある偶然を考える

　本節は，人間の発達，とくにその中でも青年の将来展望の形成を「偶然」というキーワードから考えることを目的としています。みなさんは，偶然という言葉を聞いてどのようなことをイメージするでしょうか。以下に例をいくつかあげます。みなさんも一緒に考えてみてください。

例1：「ジャケ買い」

　まずは，身近な生活の例をあげてみたいと思います。今はサブスクリプションを含めてオンラインでの購入や視聴が中心になっているであろう音楽，また本について，以前のように店舗での購入が中心であった時代には「ジャケ買い」という言葉がありました。これは，知らないアーティストや作家の作品だけれども，店舗で実物をみたときにCDのジャケットや本の装丁が自分にとって非常に魅力的で，内容はわからないけど購入してしまうということを指す言葉です。この「ジャケ買い」は，店舗での偶然の出会いの結果生じたことだと考えられます。

例2：人間関係と職業選択

　また，例1のような日々の生活における偶然だけではなく，生涯にわたる友人や恋人といった人間関係における偶然の出会いを考えることもできるでしょう。学校でたまたま同じクラスになった人，隣の席に座った人と恋愛関係になったり長年にわたってよい友人関係を続けるということは，実際の生活で

も，また映画やドラマ，漫画，アニメ，小説といったフィクションでもよくみるエピソードの1つです。

　他者との出会いとの関連では，「担任の先生の影響で教師という職業を目指すようになった」ということもあるでしょう。もちろん，先生ではなく獣医さんでもスポーツ選手でも，看護師さんでも，どんな職業でも構いません。私は教員養成大学で教員をしていますが，学生に教師になりたいと考えた理由を聞くと，「高校のころの先生の影響」のように，学校の先生との出会いが職業選択にかかわっているであろう回答をもらうことが多くあります。これらは，偶然の出会いがその人の職業選択とかかわったエピソードとして理解できるのではないでしょうか。担任の先生は自分で選択することが基本的にはできません。その意味でその先生との出会いは偶然だといえます。また，当然逆のパターンもありうるでしょう。学校の先生を目指している人が，自分とはまったく合わない先生と偶然出会ってしまい，学校の先生を目指すことを考え直す，もしくはやめるといったこともありうることです。

　このようにして考えると，私たちが生涯にわたって経験するさまざまなライフイベントには偶然の要素が組み込まれていることがわかるでしょう。これを読んでいるみなさんも，自分の周りで生じた出来事を偶然という視点から考えてみてください。思ったよりもたくさんのことが偶然という視点からとらえられることに気づくのではないでしょうか。

1-2. 偶然に備えること

　一方，これまでにあげた偶然はこのようにして考えることもできそうです。「ジャケ買い」をするには，自分にとって魅力的なジャケットや装丁に出会う必要があります。そのためには，自分の好みをしっかり理解していることや，そういった出会いのためにお店の中を丁寧にみてまわることが必要かもしれません。出会うためのさまざまな準備が必要なわけです。

　また，同じクラスになった人や隣の席に座った人とよい関係を続けるということについては，初対面の人とのかかわりを（実際にうまくできるかどうかは別にしても）大事にすることや，関係を継続させる努力をしたりコツをもってい

ることなどが影響してきそうです。

　仕事の選択については，次のように考えることができないでしょうか。先の教員志望を例にあげれば，先生との出会いは偶然であったとしても，それによって将来の職業の展望を描くようになるには，学校の先生に対してポジティブにせよネガティブにせよ興味をもつことや（ネガティブな感情をもっていたとしても，それを反面教師として教師を目指す場合もあります；川村, 2007），学校で行われている授業や行事などに関心を示すといった，先生や学校，そしてそれに関するさまざまな出来事に関与していることが必要になるでしょう。

　以上のように考えると，「ジャケ買い」できたのも友だちと長いつきあいになったのも，そして教師を目指すようになったのも，ある出来事そのものは偶然であったとしても，それがその人にとって意味あるものになるような備えがあったからだという見方ができるかもしれません。偶然の出来事は私たちの生活の中にさまざまに存在しますが，それが存在するというだけでは十分ではないと考えることもできるのではないでしょうか。

2.　どんな問いを立てたのか
　偶然という視点から青年の将来展望形成をとらえるには

2-1.　偶然に焦点を当てた心理学研究

　私たちの生活やライフイベントにおける偶然という概念は心理学ではどのようにして検討されてきたのでしょうか。たとえば生涯発達心理学で有名なバルテス（Baltes, P. B.）は，高齢者を対象とした"wisdom（知恵・英知）"の研究の中で，それをとらえるための枠組みを5つあげています。そして，その1つを「不確実性（Uncertainty）」の理解だとしました[*1]「不確実性」とは，人生が相対的に不確定的で予測困難であることに関する知識（Smith & Baltes, 1990）のことを指します。知恵の測定法の日本版を作成した高山ほか（2000）においても，この「不確実性」の理解という考え方は含まれています。彼らはそれを「人生は相対的に予測不可能なものであるということ，そして人生上の問題の解決策を考える（またある時点でそれまでの人生を回顧する）ときに，不確実性を

完璧に排除することはできないということを理解している」としました。偶然という言葉は用いられていませんが，将来何が起きるかわからない，予測不可能性という意味では近い概念だと考えることもできるのではないでしょうか。

　また，偶然と類似していると考えられる概念である運を対象にした研究もあります。村上（2020）は，運がなぜ生じるのかではなく，どのように経験されているのか，われわれはそれをどのように感じるのかを検討することにこそ研究の価値があると述べ，原因帰属の研究などを取り上げながら運や偶然性について論じています。そして，九鬼（1935）の「偶然性の研究」などを参照しながら，偶然性についてもそれを認識する側面に注目するべき点があるとしました。その理由として，運の認識は偶然性の認識を背景として成り立っているからだと村上（2020）は述べています。

　偶然という言葉が直接用いられているものとして，日本のキャリア教育の領域において2000年過ぎごろからミッチェルら（Mitchell, K. E. et al., 1999）のプランドハップンスタンス理論（Planned-Happenstance theory）がキャリア関連の著作で盛んに紹介され，社会的な注目を集めました（下村・菰田, 2007）。プランドハップンスタンス理論は複数の訳語が提案されていますが，浦上ほか（2017）はこれを「計画された偶発性」理論としています。プランドハップンスタンス理論では，人が進路選択を行う際，偶然の出来事が大きな役割を果たすということを前提としています（下村・菰田, 2007）。詳細は本節2−2で述べますが，この理論を踏まえたうえでクランボルツ（Krumboltz, J. D.）とレヴィン（Levin, A. S.）が2004年にまとめた書籍 *Luck is no accident* は日本語訳され，2005年に『その幸運は偶然ではないんです！』というタイトルで出版されました。そこで彼らは，生涯にわたって想定外の出来事は起き続けるが，私たちは自分の行動とさまざまな経験に対する自分の反応をコントロールすることができると述べています（クランボルツ＆レヴィン, 2005）。偶然は予測できないかもしれません。しかし，それに対する態度を肯定的・積極的にすることは可能であり，それが個人のキャリア形成にとって重要であると考えることもできるでしょう。クランボルツらのこの理論は，日本でもさまざまなかたちで紹介され，研究が行われています（たとえば，下村, 2008; 下村・菰田, 2007; 田島ほか, 2017; 浦上ほか, 2017）。

2-2.「偶然」をどのようにとらえるのか：プランドハップンスタンス理論から

　ここでは偶然という観点から青年の将来展望形成をとらえるうえで，どのような問いを立てたのかについて述べていきます。それを述べるにあたって，これまではとくに定義を行わずに用いてきた偶然という言葉について，先行研究の整理を参考にしながら本節における定義づけを行っていきたいと思います。

　先ほど，偶然ということにかかわる心理学研究として，不確実性，運，プランドハップンスタンス理論といった考え方を紹介しました。本節ではこれらの中でも，とくにプランドハップンスタンス理論の考え方を下敷きにして議論を展開していきたいと思います。それは，本節が青年の将来展望形成に焦点を当てていることによります。プランドハップンスタンス理論はキャリアカウンセリングやキャリア教育の領域を中心にして展開されているものであるため，青年の将来展望形成との関連が深いと考えられるからです。

　下村・菰田（2007）は，「キャリア心理学における偶発理論——運が人生に与える影響をどのように考えるか——」というタイトルで，プランドハップンスタンス理論の原型である偶発理論（下村・菰田, 2007）やそれらと心理学の諸理論の関連についてレビューを行っています。彼らはその中で，これまで述べてきたクランボルツらによるプランドハップンスタンス理論が日本で受容される過程で，「雇用の流動化論」に象徴される変化の激しい時代を背景として，過度にキャリアにおける偶然の要因を強調した理論であると受け取られてしまう場合があることを問題だとしました。そのうえで，キャリア理論における「偶然性」には2つの意味があるとしています。

　「偶然性」の1つ目の意味は，「まったくランダムに生起した事象であり，誰にも予測がつかなかった偶然の出来事」という意味での偶然性です。そして，2つ目の意味は，「客観的には必然的な事象であるが，当人には予測がつかなかったという意味での偶然の出来事」という意味での偶然性であると整理しています（下村・菰田, 2007）。後者の考え方は，1-2で述べた偶然に備えるという視点から理解するとよいと思われます。教師を目指すようになるというエピソードを例にとれば，「あなたがあの先生との出会いによって教師を目指すようになったのは，これまでの学校での勉強や行事，そして先生に対する熱心なかか

わりをみていれば非常に納得のいく話ですよ」ということです。そしてこの整理を踏まえると，プランドハップンスタンス理論は後者の偶然性の立場に立つものであると考えることができます。浦上ほか（2017）は，この予測できない出来事という点について，プランドハップンスタンス理論は，将来は予測できないという現実を受け止めたうえで，不測の出来事の影響を柔軟にいなしたり，また予測できないという点を積極的に活用したりするような，いわば受動的能動性とも表現できる理論だと述べています。本節は先述したとおりプランドハップンスタンス理論を下敷きにして議論を展開していきます。したがって，下村・菰田（2007）の，「客観的には必然的な事象であるが，当人には予測がつかなったという意味での偶然の出来事」という意味で偶然性や偶然の出来事を理解する立場をとりたいと思います。

　それでは，プランドハップンスタンス理論はキャリア上の偶然の出来事をどのようにとらえることを提案しているのでしょうか。ミッチェルら（Mitchell et al., 1999）は，偶然の出来事をキャリアの機会として認識し，創造し，利用するためのスキルとして以下の5つを提案しています。

1. 好奇心（curiosity）：新しい学習の機会を探ること。
2. 粘り強さ（persistence）：挫折しても努力すること。
3. 柔軟性（flexibility）：態度や状況の変化。
4. 楽観主義（optimism）：新しい機会を可能かつ達成可能なものとみなす。
5. リスクテイキング（risk taking）：不確実な結果に直面して行動を起こすこと。

　先に例としてあげた，「たまたま隣に座った人と長いつきあいになる」や「学校の先生になりたいと考えること」というエピソードを考えてみましょう。隣の人と関係をつくろうとすること，先生や学校での出来事に関与するということは，上記の5つのスキルとかかわるものであると理解することもできるのではないでしょうか。たとえば，偶然隣に座った人と新たに仲よくなるためには，好奇心や柔軟性が必要だということは容易に推測できるでしょう。この出会いはきっとよいものになるといった楽観主義も重要だといえるかもしれませ

ん。クランボルツ & レヴィン（2005）においても，個人のキャリア形成に関してこの5つのスキルを踏まえたさまざまな事例が紹介されています。

　また，プランドハップンスタンス理論を背景として，実証的な研究も行われています。キムら（Kim, B. et al., 2014）は，大学生を対象として偶然の出来事を活用するために必要なスキルである5つを下位尺度とする Planned Happenstance Career Inventory（PHCI）を開発しています。そして PHCI はキャリアに対する準備行動や自己効力感，ストレスと中程度の相関があることを明らかにしました。日本においては浦上ほか（2017）が，キムら（Kim et al., 2014）と同様に大学生を対象とした研究の中で，上記の5つのスキルに日本の文化的特徴から他者のつながりのネットワークである紐帯（tie）を加え，「興味探索スキル」「継続スキル」「変化スキル」「楽観スキル」「開始スキル」「紐帯スキル」という6つの下位尺度からなる境遇活用スキルを測定する尺度（CPFOST）を作成しています。この研究では，CPFOST の下位尺度が時間的展望体験尺度（白井, 1994）の下位尺度である「目標志向性」や「希望」と正の相関があることが明らかになっています。また，高校生の偶然の出来事を活用するために必要なスキルとアイデンティティの関連について検討したアンら（Ahn, S. et al., 2015）は，アイデンティティ達成とモラトリアムについて偶然の出来事を活用するために必要なスキルと正の相関がみられることなどを示しました。これらの研究から，偶然の出来事を活用するために必要なスキルがキャリア形成や青年の発達と関連をもつことが示唆されると考えることができるでしょう。

2−3.「偶然」から青年の将来展望形成をとらえるということ

　ここまで，偶然に関する理論や研究を概観してきました。そして，その中からプランドハップンスタンス理論を取り上げ，偶然性の定義やそれをキャリア形成に活かすために必要な5つのスキルについて説明を行いました。ここでは，本節において偶然という視点からとらえようとしている青年の将来展望形成について述べていきたいと思います。

　都筑（1999）は，青年期は過去，現在，未来を統合し時間的展望（Time

第1節　青年の将来展望形成と偶然：偶然から過去・現在・未来の連続性をつくれるか？

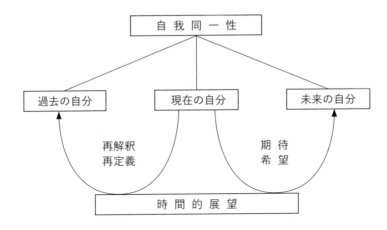

図1　青年の時間的展望とアイデンティティ（自我同一性）の関連についての　仮説的図式（都筑, 1999）

Perspective）を確立する時期だと指摘しており，その確立は青年期の発達に
とって大きなテーマとなるアイデンティティ（Erikson, 1959）と図1のような関
連をもつとしました。

　時間的展望の定義として多く用いられるのは，レヴィン（Lewin, K., 1951）に
よる「ある一時点における個人の心理学的過去，および未来についての見解の
総体」という説明です。それでは，ここで述べられている心理学的過去や未来
とは何を指しているのでしょうか。これは，たとえば未来の側面について都筑
（1999）が「その個人が自分の未来をどのようにとらえ，未来において何を実
現しようと欲しているのか」と述べているように，ある個人の未来や過去に対
する認知や態度といったものを指していると考えることができます。とくに青
年期は将来展望や目標などが現在の行動を動機づける（Husman & Lens, 1999）
ことから，未来の側面が重要であるといえるでしょう。青年の将来展望形成に
ついて取り上げる意義はここにあります。そして，その意義を受けるかたちで
青年の将来展望形成に関する研究はこれまでさまざまになされてきました。

　ここで，これまでにも繰り返しふれてきた本節冒頭の職業選択に関するエピ
ソードをあらためて考えてみたいと思います。「高校のときの担任先生との出
会いによって，将来教師になろうと考えた」というエピソードは，それほど珍

しいものではありません。過去にあった他者や出来事との出会いが将来展望形
成にかかわることは，教師という職業以外でも十分に考えられることでしょ
う。たとえば白井（2001）の変容確認法の開発の研究の中では，看護学生が看
護師を目指すようになったエピソードが取り上げられています。そこでは，健
康に問題を抱えた祖父とのかかわりが看護師を目指す背景にあったということ
が語られていました。これも，過去の出会いが将来展望形成にかかわったもの
として理解することができるといえるでしょう。本書を読んでいるみなさん
も，自身の将来展望形成に何がかかわっていたのか考えてみてください。おそ
らく過去の他者や出来事との出会いが将来展望形成に何かしらの影響を与えて
いるといえるのではないでしょうか。

　ここまで，青年の将来展望形成にかかわる事柄について概観してきました。
青年期の将来展望の形成を考えることには意義があること，またその形成には
過去の経験が影響を与えているということが確認できたと思います[*2]。それで
は，この青年の将来展望形成に対して，本節でこれまで述べてきた偶然という
視点を取り入れるとどのような見方ができるようになるのでしょうか。

　将来展望の形成という言葉を聞くと，何かしらの計画を立ててそれに基づい
て自分の将来を考えるということをイメージする人もいるかもしれません。現
在さまざまな学校段階で行われているキャリア教育を思い浮かべるとわかりや
すいでしょう。そのような将来の計画を立てることの重要性を十分に理解した
うえで，本節ではプランドハップンスタンス理論の立場に立って，将来計画を
立てることについてはクランボルツ & レヴィン（2005）の「計画を立てること
自体には反対しませんが，意にそわないことが明らかになった計画に固執する
ことに私たちは反対なのです」という視点で考えていきたいと思います。計画
に固執しないためにはどのような考え方をもてばよいのかについては，偶然の
出来事に対して5つの視点をもつことの重要性をすでにあげています。

　それでは，私たちは，クランボルツ & レヴィン（2005）が述べる「意にそわ
ないことが明らかになった計画」のように，自身が展望していた未来が何かし
らの偶然の出来事でうまくいかなくなる，もしくはうまくいかなくなるかもし
れないという経験をしたときに，それにどのようにして対処しているのでしょう
か。そして，その対処は新たな将来展望形成にとってどのような意味をもつの

でしょうか。このような，個人の適応を揺さぶる経験について考えることは重要だと考えられます。次に，具体的な事例をもとにしてこの問題を考えていきたいと思います。

3.　どんな研究をし，何がわかったのか
大学生の学業適応を対象とした縦断的な面接調査から

　ここでは，大学生を対象とした縦断的な面接調査のデータを紹介しながら，青年が自分の展望していた未来が偶然の出来事でうまくいかなかくなったときに，それにどのように対処したのか。また，その対処が彼らの将来展望形成にどのように働いたのかについて述べていきたいと思います。

3-1.　大学1年生の学業に対するリアリティショックとその対処

　半澤（2009）は，大学入学時点で自身の生活にとって学業を重要だと認識しており，将来の職業との関係で学業をとらえていた心理学専攻の学生を対象にして，彼らの学業適応について大学1年生の4月から10月まで3回にわたる縦断的な面接調査によって検討を行いました。その結果，彼らは学業に対するリアリティショックを経験していることが示唆されています。リアリティショックとは，期待と現実の間のギャップによって生じるショックのことを指し，これは個人の適応に影響を与えるとされています（Schein, 1978）[*3]。これを踏まえて，学業に対するリアリティショックについて半澤（2007）は，「入学前に抱いていた大学における学業イメージや期待と，大学入学後に経験している学業との間の，現在におけるズレによって生じた否定的な違和感」と定義しました。これは，大学入学後に感じる，「大学での勉強は自分が期待していたものとは違った」という感覚を表すということができるでしょう。さまざまな研究によって，大学生がこのリアリティショックを感じていることが示されています（岩井, 2017; 松島・尾崎, 2012; 森本ほか, 2019）。半澤（2009）では，面接調査による発話データに対してグラウンデッド・セオリー・アプローチ（Glaser & Strauss, 1967; Strauss & Corbin, 1990）を援用して分析が行われており，この学業

表1　学業に対するリアリティショックとその対処 （半澤, 2009）

	カテゴリー	概念
学業に対する リアリティショック	過去展望	過去の心理学経験
		過去にもっていた心理学への期待や意欲
	心理学への志向性	専門的な学びへの欲求
		大学の学業における心理学の位置づけ
		学業志向的な大学進学動機
	現在の大学での学びに対する認識	期待していた学業内容との相違
		学問としての心理学への違和感
		カリキュラムへの不満
対処行動	専門科目以外の活動の重視	学業以外の活動への取り組み
		資格取得に向けた取り組み
		語学や一般教養に対する取り組み
	将来展望	将来の学業生活の展望
		将来の学びの土台

に対するリアリティショックとその対処行動の構造について表1のようにまとめられています。

　表1をみると，学業に対するリアリティショックは，過去の体験に基づく心理学への志向性（期待と現実でいうところの期待）と，現在の大学での学びのズレによって生じていることがわかります。そしてそのズレによる不適応感を，専門科目（心理学）の学び以外の活動を重視したり，「今は期待どおりのものが学べないけれども，学年があがれば学べるようになるはず」という将来展望をもつことによって対処していると考えることができます。これらのカテゴリーが含まれているエピソードを，表2で紹介します。

　半澤（2009）で調査対象となった学生は心理学を学ぶことを期待して大学に入学した者であり，かつ，入学時点においては心理学の学びを将来の職業との関連で意味づけていました。心理学にかかわる職業に就きたいとすべての対象者が考えていたわけです。この研究の調査対象者にとっては，大学で自分の望んだ心理学の学びを行うこと，それに基づいて将来の職業を展望することが必然であったわけです。それは，表2の［過去展望］や［心理学への志向性］

表2　学業に対するリアリティショックとその対処が現れているエピソード（半澤, 2009）

調査対象者：	大学はやっぱ，ずっと心理やりたかったし［過去展望］。うん。そう受験のときも心理でここを選んだわけだし［心理学への志向性］。だから勉強は大事だと思う。
調査者：	では実際に大学での勉強を経験してみて，どうだった？
調査対象者：	そうですね，なんか，今こう，大学に入って，なんかもっと心理的なことを教えてもらえると思ったら，まだ2個しかないじゃないですか。○○（講義名）と××（講義名）。でも××は心理なのかって言われたら。うーん，って感じだから。なんか，○○のほうでしか，心理らしいって私が感じられるのはないから［現在の大学での学びに対する認識］。
調査者：	そうなんだ。
調査対象者：	うん。だから今は英語をやろうって思って。で，友だちが言うには，TOIEC受けるなら今のうちのほうがいいよってらしいから，英語のほうが今のうちは比重が高い気がしてるかな［選択的専門科目回避行動］。2年になったら先輩の話聞いてると必然と心理の文献とか英語で読まなきゃいけないから［将来展望］。心理の時間も増えてくるし，3年になるとゼミになるから（心理学が）できるから［将来展望］，今はとりあえず英語のほうを。心理もやりたいけど［心理学への志向性］，でも，2,3年でやれるんだったら［将来展望］，今はとりあえず英語やっておこうって感じですね［専門科目以外の活動の重視］。

※　［ ］内はその発話に該当するカテゴリー名，（ ）内は筆者による注釈。

というカテゴリーが入学直後の第1回目の面接で多く語られていたこと（半澤, 2009）からも推測できます。これは言い換えれば，大学進学時に心理学を学びたいという期待をもっている私（過去），その期待に基づいて大学で学びに取り組んでいる私（現在），その学びを踏まえて職業を考える／職業に就く私（未来）という過去・現在・未来の連続性を踏まえた自分の大学生活の計画が，彼らの中で成立していた状態であるといえるでしょう。そしてその計画は，「現段階において，自分の期待どおりのかたちで学びに取り組むことができない」という彼らにとっては想定外の出来事，つまり偶然によっていったん立ち止まることを余儀なくされたといえます。表2のエピソードのとくに前半部分からも，その様子をうかがうことができるのではないでしょうか。

　しかし，彼らはそのような立ち止まりを促す可能性を含む経験である学業に対するリアリティショックに，［専門科目以外の活動の重視］や［将来展望］といった方略を用いて対処しています。たとえば表2のエピソードの後半部

分では，自分の望んでいた心理学の学びができないことに対して，「学年が上がれば心理学ができるようになるらしいから大丈夫」，だから「現在は心理学とも関係ありそうな別の学び（ここでは英語）に取り組もう」というかたちで，将来展望によって心理学への志向性を維持しつつ，新しい学びに自らを開いていく様子がみてとれます。そしてこれは，伊田（2011）によって問題焦点型と情動焦点型が一体となった積極的な対処行動であると解釈されました。また，この表2のエピソードは，自己決定理論（Ryan & Deci, 2002）でいうところの統合的調整の段階にあると考えられるとも伊田（2011）は述べています。

　ここで，この対処方略を偶然の出来事に対するとらえ方という視点から考えてみたいと思います。表2に示されたエピソードは，「期待していた学びに取り組めない」という本人にとってはネガティブな偶然の出来事に対して，ミッチェルら（Mitchell et al., 1999）が示した5つのスキルの中でも好奇心や柔軟性が発揮された結果として解釈することができるのではないでしょうか。先に示したクランボルツ & レヴィン（2005）の述べる「計画に固執すること」をせずに，「今は自分が希望した内容の心理学が学べない。だから，別のことに取り組む」という態度が現れているものとして理解することもできると考えられます。このエピソードを語った調査対象者がこのような偶然の出来事に対する好奇心や柔軟性をなぜ持ち合わせていたのかについては，半澤（2009）のデータからは判断することはできません。ただ，伊田（2011）が指摘したような，積極的な対処行動がとれる，自己決定理論でいうところの統合的調整の段階にあるということが，もしかすると背景にあるのかもしれません。先述したCPFOST（浦上ほか, 2017）といった偶然の出来事を活用するためのスキルを測定する尺度と，ストレスコーピングや動機づけとの関連を検討することで，この点が明らかになる可能性があるでしょう。

　それでは，この偶然の出来事への対処は，将来展望形成とどのようにかかわると考えられるでしょうか。先に述べた，過去・現在・未来の連続性という視点から検討してみたいと思います。

　表2のエピソードは，学業に対するリアリティショックによって，一時的に過去と現在の連続性を保てなくなったものとして理解できます。この状態が続いた場合，「心理学を学びたくて大学進学したけれども，今は期待したもの

を学ぶことができない。だから，それを通じた将来展望を描けない」という問題，つまり過去・現在・未来の連続性が失われる問題を抱える可能性があるといえるでしょう。これは，都筑（1999）が指摘した過去・現在・未来の統合が困難になる状況だということができます。しかし，ここでとられた対処行動は，「今は学べないので別のことに取り組んでいる私／学年が上がって期待通りの学びに取り組んでいる私」という，それまでになかった大学生活の中での新たな自分のあり方の形成を促すと考えられます。その結果として，現在の状態は「期待したものを学ぶことができない私」から，「"まだ"学ぶことができない私」へと書き換えられます。そして，「将来展望（この先学ぶことができる）」という対処方略を経由して「学びを踏まえて職業を考える／職業に就く私（未来）」というもともともっていた未来の自分のあり方は維持されると考えられます。

　以上のことから，表2のエピソードは，学業に対するリアリティショックの影響で生じる可能性のあった過去・現在・未来の不連続を対処方略をとることによって乗り越え，連続性を維持しているものとして理解することができるのではないでしょうか。学業に対するリアリティショックという本人にとっては想定外の偶然の出来事に対処することが，彼／彼女が入学前にもっていた期待と合致した大学での学びという物語の書き換えを促し，それをより現実的なものにしたと考えることができるといえます。過去・現在・未来の連続性という表現は偶然の出来事という考え方と反すると考える人もいるかもしれません。しかし，半澤（2009）をもとにこれまで述べてきたように，偶然の出来事にうまくかかわっていくことが連続性を生み出すこともあると考えられます。そしてその連続性は，青年の将来展望形成にとって重要だといえるのではないでしょうか。

3-2.　リアリティショックを経験した学生の大学4年時の語り

　3-1では，大学1年生を対象とした研究を取り上げて，「期待していた学びに取り組むことができない」という彼らにとって偶然の出来事への対処が結果として過去・現在・未来の連続性を生み出している可能性を指摘しました。

　ここでは，3-1で紹介した半澤（2009）の調査対象者を追跡したデータを取り上げて，このような偶然の出来事を大学4年生の時点で彼らがどのように振り返ったのかについて紹介したいと思います。具体的には，彼らが4年生になったときの発話を事例として紹介し[*4]，大学入学時点においては偶然の出来事であった学業に対するリアリティショックが，彼らの中で意味のある重要な出来事としてとらえられるようになった様子をみていきたいと思います。

　ここで，「意味のある重要な出来事としてとらえられるようになった様子」と上に書きましたが，それは次のようなことを指します。表3は，半澤（2009）の調査対象者（女性）に対して，彼女が大学4年生の2月にインタビューをした際に得られたエピソードです[*5]。彼女は，大学を卒業後，心理学を勉強するために大学院に進学することが決まっていました。ここで紹介するエピソードは，学業に対するリアリティショックを経験した自分について振り返ってもらう質問を行った際に得られたものです。

　表3からは，大学1年生時点では「期待していた学びに取り組めない」という本人の適応を揺さぶる可能性のあった学業に対するリアリティショックについて，大学4年生の時点では「けっこう意味あることだったなって思いますよ」と肯定的にとらえている様子がみてとれます。そしてその理由として，「心理の勉強っていろいろあるなって」ことに気づいて，心理学が面白いと思ったこと，それをもとに大学院進学という将来展望をもつことができたことをあげています。ここから，学業に対するリアリティショックは，彼女の将来展望形成にとって「必要だったもの」と認識されていることがみてとれるのではないでしょうか。もともとは「リサーチ不足」の結果として生じた偶然の出来事が，将来展望形成にとって必要な出来事として彼女の大学生活の中に組み込まれていると考えられます。

　このように，偶発的に生じた自分にとってはネガティブな出来事（ここでは学業に対するリアリティショック）を意味あるものとして取り入れていく過程を，ここでは次のような視点でとらえてみたいと思います。

　下村・菰田（2007）は，コクラン（Cochran, K., 1997）を参照しながら，本人が主体的に自分のキャリア「物語（ナラティブ）」として構築することを重視するナラティブアプローチと偶発理論の関係について論じています。その中で，

表3　大学4年時に学業に対するリアリティショックを振り返ったエピソード

調査対象者：	1年のときのあれ（学業に対するリアリティショック）があったから，やっぱりいろいろ考えられたのかなとは思ってます。
調査者：	いろいろとは？
調査対象者：	心理勉強したかったのに，数学（心理統計の授業を指す）ってなんだよおい！って思って。それで，（心理学に関する）授業も少ないし。最初は（大学入学当初は）きっとひどいとか思ってたと思うんですけど，今思えば，単純にリサーチ不足っていうか，心理ってどういうものなのかあんまり知らないで入ってただけだったなって。若かったです。だから，気づけてよかったのかなって。
調査者：	気づくというのは何に気づいたのかな？
調査対象者：	えー，なんか大学，心理の勉強っていろいろあるなって感じですかね。自分のイメージだけじゃなくて。知らないことも（いろいろある）。それは（4年間）勉強してきたからいえることでもあるけど。でも，それに気づく最初のきっかけだったなって思って。今思えば。当時は意識してなかったけど，あれきっかけで気づいて今かな。だから，（学業に対するリアリティショックは）けっこう意味あることだったなって思いますよ。早くにわかったからこそ，今，こうやって心理の院（大学院）に行くってなってるんだなと思います。院いこうって思うきっかけだったのかもってなります。
調査者：	早くにわかったことが，どうして院進学につながったのかな？
調査対象者：	自分で思ってたのと違うってことは，いろいろ種類があるってことじゃないですか。だから，なんていうか，心理ってきっと面白いというか，奥深いんだろうなって余計に思って。最初からやりたくて入ったけど，そういうのがみえて。だからもっと勉強したいと思ったって感じですかね。演習とかゼミとかで勉強してても，言語（言語心理学）とか予想外のが出てきても，こういうのも心理かってふつう，ふつうかどうかわからないけど，こういうのもあるんだって受け入れられるようになって。1年のときからこういう感じでほんとに思ってたかって言われたら微妙ですけど。振り返れば自分ってそうだったんだなって今は思います。

※　（　）内は筆者による注釈。

この両者の関係を考えるうえで重要なポイントは，ネガティブなライフイベントを個人のキャリアの中に織り込んでいくときの考え方であるとしました。コクラン（Cochran, 1997）の考え方の準じるかたちで，本人が主人公になっている物語として主観的にも客観的にも筋道だった物語として成立させるためには，過去・現在・未来で辻褄の合った物語をつくるようにする必要があると下村・菰田（2007）は述べています。

　この考え方を参考にすると，表3のエピソードは次のように解釈できるので

はないでしょうか。本人にとっては偶然生じたネガティブな出来事である学業に対するリアリティショックを「意味あるもの」としてとらえ直すことによって，その過去の経験を，現在心理学に関心をもって取り組んでおり，それを通じた将来展望を形成している自分と結びつけている．下村・菰田（2007）の表現を借りれば「過去・現在・未来で辻褄の合った物語」をつくっているという解釈です。そして，そのような過去の経験が将来展望を形成する契機となったという認識をもっていることから，この辻褄の合った物語は彼女のキャリア形成にとって望ましいものとしてとらえられるでしょう。

　先に示した表2のエピソードと合わせて考えると，大学1年生のときに本人の適応を揺さぶるような偶然の出来事に対処できたことが，その出来事を「意味のあるもの」として振り返ることを可能にしたと考えることができるかもしれません。そして，「あの出来事があったから今の自分がある」という，必然の出来事として自身の大学生活という物語に組み込まれたということができるのではないでしょうか。

　3-1，3-2の話をまとめると，次の2点が指摘できます。

1. 偶然の出来事への対処が，過去・現在・未来の連続性をつくり出し，将来展望を形成することに寄与している可能性がある。
2. 偶然の出来事への対処は，その出来事を必然としてとらえ直す契機になる可能性がある。

　これまで述べてきた学業に対するリアリティショックの研究は，直接偶然の出来事の影響を対象とした研究ではありません。しかし，偶然という視点を導入することでこれまで述べてきたような理解も可能になるのではないでしょうか。

4. それが実践にもつ意義は何か
偶然の出来事を活用するために

　これまで，青年の将来展望形成にとって偶然がもつ意味について述べてきました。プランドハップンスタンス理論を背景にしたさまざまな研究がすでに述べているように，偶然の出来事に自分を開いておくこと，またそれを活用する備えをもっておくことの重要性があらためて確認できたのではないかと思います。ここでは，それらに加えて，実践にもつ意義と課題として次の2点を指摘したいと思います。

　1点目は，偶然という視点から移行期を理解することの意義です。偶然の出来事は，本節で紹介した移行期（高校から大学，学校から社会）においてとくに生じやすくなるかもしれません。役割の移行にせよ環境の移行にせよ，移行先の状況を完全に予測することは困難だからです。たとえば，本節では学業に対するリアリティショックに焦点を当ててそれを偶然の出来事としましたが，大学入学時にはその他の側面（時間的ゆとりや友人関係，行事）に対しても期待と現実のズレを感じることが明らかになっています（千島・水野，2015）。移行期を偶然の出来事を含み込むものとして理解し，それに準備をすることは，個人の適応にとって大きな意味をもつといえるのではないでしょうか。

　2点目は，偶然の出来事の活用それ自体は個人の属性にかかわらず可能であるということです。たとえば性別で活用できることが異なるということはないでしょう。その意味において，ある特定の属性を前提としなければいけない考え方とは異なるといえます。偶然の出来事に対処しようという議論は，男性の発達段階，女性の発達段階といったお話ではなく，そこを過ごしていくための「視点」として理解することができます。

　ただし，それは属性にかかわらず偶然に開くことをよしとする環境が存在することが必要になるといえます。本節で述べた，偶然の出来事への対処によって過去・現在・未来の連続性をつくったり，過去の出来事を必然としてとらえ直したりするということについては，個人の要因だけではなくそれを可能にする環境の要因も重要になると思われます。もしかすると，この環境の要因につ

いては属性による違いがあるかもしれません。本節では環境の側面に着目した
議論はできませんでしたが，今後この点についても研究を深めていくことが必
要になるといえるでしょう。

[注]

＊1　スミス（Smith, J.）とバルテス（Smith & Baltes, 1990）によると，wisdomをとらえ
　　る枠組みとは「Rich factual knowledge（宣言的知識）」「Rich procedural knowledge（手
　　続き的知識）」「Life-span contextualism（文脈理解）」「Relativism（価値相対性の理解）」
　　「Uncertainty（不確実性の理解）」の5つとされています（翻訳は高山ほか, 2000による）。

＊2　このような青年の過去・現在・未来の連関については，本シリーズ第3巻『つながるっ
　　て何だろう？　現代社会を考える心理学』の第2部第7章で実証的な研究をもとに議論さ
　　れています。

＊3　期待と現実のズレと適応の関係については，本書第5章第1節「学校移行期における適
　　応：移行への期待は適応に有害か？」で丁寧な先行研究のレビューが行われているので，
　　そちらも参照してください。

＊4　2年生時の追跡調査の結果については，半澤（2013）で述べられています。

＊5　調査対象者が特定されないように，エピソードの趣旨を変えない範囲で本人の属性や
　　発言の内容を修正，整理・要約しています。

[引用文献]

Ahn, S., Jung, S. H., Jang, S. H., Du, X., Lee, B. H., Rhee, E., ... Lee, S. M. (2015). Planned
　happenstance skills and occupational identity status in high school students. *The Career
　Development Quarterly*, *63*(1), 31-43.

千島　雄太・水野　雅之（2015）．入学前の大学生活への期待と入学後の現実が大学適応に及ぼ
　す影響──文系学部の新入生を対象として──　教育心理学研究, *63*（3）, 228-241.

Cochran, K. (1997). *Career counseling: A narrative approach*. Thousand Oaks, CA: Sage Publications.

Erikson, E. H. (1959). *Psychological issues: Identity and the life cycle; Selected papers*. New York, NY:
　International Universities Press.（エリクソン, E. H.　小此木　啓吾（訳編）（1973）．自我同一
　性──アイデンティティとライフ・サイクル──　誠信書房）

Glaser, B. G., & Strauss, A. L. (1967). *The discovery of grounded theory strategies for qualitative
　research*. Chicago, IL: Aldine de Gruyter.（グレイザー, B. G. & ストラウス, A. L.　後藤　隆・
　大出　春江・水野　節夫（訳）（1996）．データ対話型理論の発見──調査からいかに理論を

うみだすか──　新曜社）

半澤 礼之（2007）．大学生における「学業に対するリアリティショック」尺度の作成　キャリア教育研究，*25*(1)，15-24.

半澤 礼之（2009）．大学1年生における学業に対するリアリティショックとその対処──学業を重視して大学に入学した心理学専攻の学生を対象とした面接調査から──　青年心理学研究，*21*，31-51.

半澤 礼之（2013）．大学生の将来展望と学業に対するリアリティショック──縦断的面接調査による質的検討──　釧路論集：北海道教育大学釧路校研究紀要，*45*，17-24.

Husman, J., & Lens, W. (1999). The role of the future in student motivation. *Educational Psychologist*, *34*(2), 113-125.

伊田 勝憲（2011）．リアリティショックへの対処と学習への動機づけの関係を考える──半澤論文へのコメント──　青年心理学研究，*23*(1)，85-89.

岩井 貴美（2017）．大学1年生の学業に対するリアリティショック状態における職業意識と学ぶ意欲の関連性　近畿大学商学論究，*16*(1)，23-33.

川村 光（2007）．正統的周辺参加としての「指導」文化の習得──子ども時代に向学校的ではなかった教師のライフヒストリーへの注目──　滋賀大学教育学部紀要 教育科学，*57*，135-146.

Kim, B., Jung, S. H., Jang, S. H., Lee, B., Rhee, E., Cho, S. H., & Lee, S. M. (2014). Construction and initial validation of the Planned Happenstance Career Inventory. *The Career Development Quarterly*, *62*(3), 239-253.

Krumboltz, J. D., & Levin, A. S. (2004). *Luck is no accident: Making the most of happenstance in your life career*. Atascadero, CA: Impact Publishers.（クランボルツ，J. D. & レヴィン，A. S.　花田光世・大木 紀子・宮地 夕紀子（訳）（2005）．その幸運は偶然ではないんです！──夢の仕事をつかむ心の練習問題──　ダイヤモンド社）

九鬼 周造（1935）．偶然性の問題　岩波書店.

Lewin, K. (1951). *Field theory in social science: Selected theoretical papers* (D. Cartwright (Ed.)). New York, NY: Harpers.（レヴィン，K.　猪股 佐登留（訳）（1956）．社会科学における場の理論　誠信書房）

松島 るみ・尾崎 仁美（2012）．大学授業観が学習意欲・大学満足度に及ぼす影響──学業に対するリアリティショックを媒介として──　京都ノートルダム女子大学研究紀要，*42*，105-118.

Mitchell, K. E., Levin, A. S., & Krumboltz, J. D. (1999). Planned happenstance: Constructing unexpected career opportunities. *Journal of Counseling & Development*, *77*(2), 115-124.

森本 陽子・金子 祐大・齋藤 すが代・戸川 桂一・森重 恵介・井上 寿美香…吉村 耕一（2019）．医療福祉系大学生の学業に対するリアリティショックとその対処の現状　山口県

立大学学術情報, *12*, 115-122.

村上 幸史（2020）．幸運と不運の心理学——運はどのように捉えられているのか？——　ちとせプレス．

Ryan, R. M., & Deci, E. L. (2002). Overview of self-determination theory: An organismic dialectical perspective. In E. L. Deci & R. M. Ryan (Eds.), *Handbook of self-determination research* (pp. 3-33). Rochester, NY: University of Rochester Press.

Schein E. H. (1978). *Career dynamics: Matching individual and organizational needs*. Boston, MA: Addison-Wesley.（シャイン, E. H.　二村 敏子・三善 勝代（訳）（1991）．キャリア・ダイナミクス——キャリアとは, 生涯を通しての人間の生き方・表現である——　白桃書房）

下村 英雄（2008）．最近のキャリア発達理論の動向からみた「決める」について　キャリア教育研究, *26*(1), 31-44.

下村 英雄・菰田 孝行（2007）．キャリア心理学における偶発理論——運が人生に与える影響をどのように考えるか——　心理学評論, *50*(4), 384-401.

白井 利明（1994）．時間的展望体験尺度の作成に関する研究　心理学研究, *65*(1), 54-60.

白井 利明（2001）．青年の進路選択に及ぼす回想の効果——変容確認法の開発に関する研究（I）——　大阪教育大学紀要 第IV部門 教育科学, *49*(2), 133-157.

Smith, J., & Baltes, P. B. (1990). Wisdom-related knowledge: Age/cohort differences in response to life-planning problems. *Developmental Psychology, 26*(3), 494-505.

Strauss, A., & Corbin, J. (1990). *Basics of qualitative research: Grounded theory procedures and techniques*. Newbury Park, CA: Sage Publications.（ストラウス, A. & コービン, J.　南 裕子（監訳）（1999）．質的研究の基礎——グラウンデッド・セオリーの技法と手順——　金剛出版）

田島 祐奈・岩瀧 大樹・山﨑 洋史（2017）．大学生のキャリア形成過程における Planned Happenstance Skills と精神的健康度の関連　群馬大学教育学部紀要 人文・社会科学編, *66*, 231-240.

高山 緑・下仲 順子・中里 克治・権藤 恭之（2000）．知恵の測定法の日本語版に関する信頼性と妥当性の検討——Baltes の人生計画課題と人生回顧課題を用いて——　性格心理学研究, *9*(1), 22-35.

都筑 学（1999）．大学生の時間的展望——構造モデルの心理学的検討——　中央大学出版部.

浦上 昌則・高綱 睦美・杉本 英晴・矢崎 裕美子（2017）．Planned Happenstance 理論を背景とした境遇活用スキルの測定　南山大学紀要 アカデミア 人文・自然科学編, *14*, 49-64.

第2節

日々の職場実践における学びと偶然：
仕事での成長・学びに偶然はどうかかわるか？

坂井　敬子

1. なぜこの問題を研究しようと思ったのか
　　資格までの「最短」学習？　「入職＝学習の終わり」？

　将来の職業やキャリア[*1]について考える人たちに，「どんな資格を取るとよいのか」と質問されることがあります。その人がやりたいことが決まってない様子ならば，私は決まって「資格にこだわらなくても大丈夫」と答えます。どんな仕事にも活かせる資格というのはほぼないといえますし，資格ばかりにとらわれて他の学習が進まないのもよくないと考えるからです（もちろん，やりたいことがはっきりしているなら，資格の必要性や有用性はもっと高まるはずでしょう）。

　また，資格や免許取得を目指す人の中には，「資格や免許が取れさえすれば大丈夫」と，それに直結した学習にしか気が向かないようにみえる人がいます。あたかも，期待した内容の学習以外は無駄であると思っているかのようです。

　上記にあげた例は，いずれも，自分のキャリアを予測の枠内にとどめることで安心を得たい，計画を立てるにも実行するにも失敗したくないという心理によるものだろうと考えられます。しかし，人生予測できることばかりではありませんし，予測から外れた出来事を受け容れ自分の糧にできる（そしてときに楽しめる）ことを逃してしまうという損失があるはずです。

　では，いざ何かの職業に就き，どこかの職場に入ることができたとして，「○○になったのだから大丈夫」と，入職後の研鑽を怠る人がいます。その職業に就けさえすれば，課された職務を果たすのみであり，新たな勉強は必要ないのだという認識でしょう。私は，さまざまな業種の管理職の方々からお話をうかがうことがあり，決して少なくない方々が，入職後に学ぼうとしない人について嘆くのを聞きました。研修や勉強会への参加もためになりますが，何より現場の，何が起こるかわからない実践の場でしか学べないこともあるといい

ます。日々の仕事から学ぼうとしないなら，職業的な成長を期待することは難しいでしょう。

　本節では，個人が日々働く現場において，職業的知識やスキルが高まる学習機会として与する，当人が予測しきれない出来事の重要性について取り上げます。また，その予期しきれない出来事を，本節での「偶然」とします。

　なお，本節では，「学習」と「学び」の言葉がどちらも出てきますが，意味を区別していません。基本的には，楠見（2010）が「大人の学び」と表すような，教育によらない学習，職場などにおける経験からの学習のことを指しています。ときには，入職前の学校段階で受けた教育による学習や，入職後の研修機会で受けた教育による学習を含めることがあります。

2. どんな問いを立てたのか
日常の実践で起こりうる偶然は，仕事での学びにどう活きるか？

　本節における偶然とはどのようなもので，人のキャリアにおいてどのような意義があるのでしょうか。また，人の職業的学びにおいて偶然が果たす役割をとらえるにはどのような場面を設定したらよいのでしょうか。これらを整理したうえで，本節の問いを示します。

2-1. 本節において偶然とは

　キャリア心理学の領域では，偶然や運といったものが人の進路選択に与える影響に着目する「偶発理論（または偶然論，機会理論）」が，キャリア理論の1つとして知られてきました（下村・菰田, 2007）。

　本章第1節でもふれられましたが，キャリア理論における「偶然」には，2つの意味があることを，下村・菰田（2007）が示しています。「まったくランダムに生起した現象であり，誰にも予測がつかなかった偶然の出来事」と「客観的には必然的な事象であるが，当人には予測がつかなかったという意味で偶然の出来事」（ともにp. 387）です。

　本節においても，偶然として焦点を当てるのは後者のほうです。具体的に，

下村・菰田（2007）が取り上げた例をみましょう。ある人の能力や実績に見合った新しいポストが，その人に用意されオファーされるような場合です。客観的にはきわめて必然的な昇進ですが，本人にとって予期しなかったことであるなら，偶然の出来事となりうるのです。

　偶然における「当人にとっての予測のつかなさ」をもう少し深めるため，いったん心理学を離れます。日本哲学史を専門とする宮野（2014）は，近代日本の哲学者であった九鬼周造の『偶然性の問題』をもとに，偶然の性質を論じています。宮野によれば，私たちが世界を秩序立てて理解できるのは，一般化や理由づけといった同一性に基づく思考によって可能になっているのであり，その秩序立った世界に自己を据えることで安定を手に入れているといいます。日常において，そうした同一性は，偶然によって破壊されることとなります。

　宮野（2014）の考えにおける日常の同一性とは，前述した「個人の予測枠内」にあたるといえます。その枠内から外れたものが偶然です。偶然は，「『ないことも可能であった』にもかかわらず，『ある』ゆえに私たちに驚きをもたらすもの」（p. 59）です。そうして，私たちの心の中で現実が動的にとらえ直され，新しい未来のかたち，その可能性を開示するきっかけになっているのだと，宮野は論じています。

　宮野の説明の中で本節の論考のために強調したいのは，出来事を，「予測できなかった」偶然ととらえることが，現実の「捉え直し」を意味しうるという点です。偶然は，日々の中で起こり，それをきっかけにこれまでとは違う見方で現実をとらえることが可能になる。このことを学習の現れの1つであるとみなして論じるのが，本節の課題となります。

2-2. キャリアには偶然も計画も重要

　キャリア理論において偶然が論じられてきた背景には，対照的概念としての計画や予測があります。ここでは，下村・菰田（2007）による概観をもとに，偶発性と計画性との対照性について考えます。偶然や運が人の進路選択に影響を与えることに着目する偶発理論は，キャリア理論において古くは20世紀半ばごろから論じられてきたようです。

　偶発理論は，それまでの研究のアンチテーゼという側面が強く，その骨子には，予測性や計画性に対する批判があります。職業適性検査や職業興味検査といったものは，検査で測定されたものに見合う職業のマッチングを行ったり，当人の特徴を把握して将来計画に活かそうとしたりするものです。このことは，将来が予測可能である，現在計画を立てたものが時間を経ても有効である，という前提に立っています。しかし，そもそも人生や職業上の目標は数量化できず，経済的なトレンドやそれに伴う仕事の変化は激しく，自分自身の興味関心などが変化する可能性もあります。このような社会においては，計画どおりに行動するよりも変化に対応しようと行動するほうが適切である，そういう考えが，従来の理論に対するアンチテーゼとしての偶発理論の特徴になるといえます。

　注意すべきは，素朴な偶発理論，究極的には自分の人生を一連のキャリアとして考えることを放棄するような考え方がよしとされているわけではないということです。計画と偶然はあくまで相補的であると考えるのがよいということです。人は，計画的なキャリアということを意識しえない限り，偶然が重要だとは気づかないものです。キャリア理論で偶然が意識されるのは，計画的なキャリアを志向して，その実現に向けて行動しているにもかかわらず，計画が行き詰まっているときです。つまりは，重要なのは，計画にも偶然にもとらわれないことであるといえます（下村・菰田, 2007）。

　ここで，下村・菰田（2007）が強調する「キャリア」概念がもつ意義にも着目してみましょう。人の人生は，本来的には，ランダムな事象によって支配されるものだろうと考えられます。そんな人生を，あたかも自らがコントロールしうるかのように考えることによって，ランダムに生じるさまざまなライフイベントに一連の連なり，時間軸に沿った一定の展望がもたらされます。これが，キャリアという仮説的構成概念のなせる業といえます。

　そのように考えれば，自身の人生をコントロールするという主体性が多少なりとももてるからこそ，キャリアにおける計画も立てられ，偶然の重要性も理解できるといえるでしょう。主体性がもてなければ，このようなことはできないだろうということです。キャリアというものを展望できること，自身のキャリアを計画できること，偶然の意義がわかること，これらはどのような場合で

も可能というわけではないのだということ，その限界について認識しておくことは非常に重要だと考えられます。

2-3.　本節の問い：職業的学びと偶然の関係とは？

　2-1で述べたような本節での「日常における偶然」は，実はこれまでのキャリア理論において盛んに論じられてきたものとは少し異なります。これまでは，先ほども例にあげた「予想外の昇進」や，「思いがけない人との出会い」といったような，比較的特別なライフイベント，どちらかというと非日常的という特徴をもったものが論じられてきたといえます。一方，本節で論じたい偶然は，あくまで日常でのことです。日々の職業実践における思いがけなかった出来事であり，1つの職業的な学びの現れとして，それまでとは異なる新しい現実の見方をもたらしうるものです（結果として，のちに特別なライフイベントであったと振り返られる可能性は残りますが，未知の将来を展望する中では今後における「日常の」業務です）。

　そのような場面は，たとえば，保育者にとっての日々の保育実践です。日々の保育実践において重要なものは，省察[*2]であると頻繁にいわれます。子ども学が専門の榎沢（2016）は，以下のように論じながら省察の重要性を示唆しています。

　保育者は，保育実践をしている最中にさまざまなことを体験し続けます。この流れゆく体験，生きられた体験を反省的にとらえることによって，初めて保育者は体験から学ぶことができます。加えて，保育の状況は多様であり，具体的な出来事はさまざまな事情を背景として生じます。こうした，マニュアルの通用しないさまざまな状況（本節でいうところの予測できなかった偶然的出来事）において，保育者は直面しながらにして対応しなければならず，試行錯誤を繰り返しながら子どもにかかわり，状況に応じた保育の仕方を考え出すことのできる創造性を身につけます（榎沢, 2016）。

　このように，偶然のことは省察を介して仕事での学びに有効に作用すると考えられます。そこで本節では，偶然が省察を介してどのように仕事での学びをもたらすのか明らかにすることを課題とします。また，偶然を活かした学びを

よりよいものにする重要なカギは何かについても考察したいと思います。

3. どんな研究をしたのか
日々の実践を糧とする省察への着目

　本節での検討内容は，前項にて整理を行った「日常の実践における偶然」の意義を，「省察」をもとにつまびらかにすることです。その前に，省察がなぜ仕事での学びや成長に有効であるのか，あらかじめ大枠を説明しておきたいと思います。

　冒頭で述べたように，どのような仕事・職業に就く人でも，たとえ免許や資格によって権威づけられていたとしても，入職時や研修後すぐに完成形であることはないでしょう。中原（2010）は，職場が仕事の現場であると同時に，私たちにとっては学習の現場でもあるといい，下記のような行動，認知，情動の変化が，私たちにとっての「学習」であると述べています。

　　昨日できなかったことが今日できるようになる。昨日はわからなかったことが，今日はよりわかるようになる。あるいは，全く逆に，昨日まであれほど鮮明にわかっていたはずのものが，虚ろにみえるようになってしまう。昨日までの常識が，今日には非常識になる。昨日まで自信を持ち得たことが，不確かになる。（中原, 2010, p. 2）

　仕事を進めるうえでどうしても必要になることは，その場で学ばなければなりません。そうした学習は繰り返されて，知識やスキルが獲得されていきます（中原, 2010）。このような，仕事をはじめとする実践場面における知能のことは実践知と呼ばれ，学校などで身につけられる学校知とは対比されます（楠見, 2012a）。

　こうした実践知は，暗黙知と形式知によって支えられています（楠見, 2020）。暗黙知については，実際の仕事の活動に埋め込まれている非言語的・非形式な知識であり，具体的には，仕事についての考え方などの思考スキル，ノウハウなどの行動スキルです。経験から暗黙知を多く獲得できるために必要なものの

1つが，省察であるということです（楠見, 2012b）。

　省察は，さまざまな仕事や職業においてその重要性が説かれています。そうした職業の1つが2-3であげた保育者です。子どもを護り育てる保育実践においては，複雑さ，複合性，不確実性がつきものです。こうした状況において，実践と省察を繰り返して専門性を高めていくことの重要性が論じられています（榎沢, 2016; 中坪, 2016; 白石, 2015; 高橋, 2017）。

　省察が有効であるのは，資格や免許によって権威づけられる職業に限りません。研究開発職，営業職，スタッフ職（総務・人事・広報・経営企画などの間接部門）に就く若年有職者（22〜35歳）を対象にした調査でも，省察が，業務能力向上に対して，直接的あるいは間接的によい影響を与える可能性が明らかにされています（中原, 2021）。日々の実践における省察をはじめとしたさまざまな経験を通して，人はその分野で熟達した状態になると考えられます。熟達者になるにはおよそ10年の年月が必要だということが明らかにされており，「10年ルール」と呼ばれています（松尾ほか, 1999）。

　経験から省察して学ぶということは，問題を認識することや設定することに非常に強みをもつとされています。このような強みについて，専門職における省察の意義を論じたショーン（Schön, D. A., 1983）は，複雑性・不確実性・不安定さ・独自性・価値葛藤という特徴がある現代社会の中で，非常に有効であると論じています。省察への着目は，予測のつかない現代社会にフィットしたものであるといえるでしょう。

　では，以下では，仕事での学習メカニズムにおける省察を知るに加え，そうした場面における偶然の効能とは何か，偶然の効能を高めるカギは何かについて考えます。

4. その結果，何がわかったのか
熟達につながる省察，きっかけになる偶然

4-1. 学びの成果である熟達と実践知

　本節の論考にあたり学びの成果として重視するもの，何をよしとするのかと

いえば，個人が仕事での学びを積み上げて仕事でのよりよい遂行ができることです。具体的には，「仕事の熟達化」（楠見, 2010）です。

　楠見（2010; 2012b）によれば，仕事の熟達化とは，経験による高次のスキルや知識（つまり実践知）の獲得のことをいいます。熟達化によって，素早く，正確な遂行ができるようになります。熟達している段階では，手続き化された知識（スキル）は自動化しており，構造化された，原理に基づく領域的な知識をもっています。熟達化の進行によって適切に状況を把握し，自己調整によって柔軟な行動ができるようになってきます。このような熟達化には，先ほども述べた10年ルールがあります。これは，10年の準備期間だけが高業績を保証するということを意味するのではなく，優れた指導のもとで，工夫された練習を重ねることこそが重要であることを示す法則です（松尾ほか, 1999）。

　熟達には，初心者，定型的熟達，適応的熟達，創造的熟達という大きく4つの段階があるとされます（表1）（楠見, 2012b; 2014）。

4-2. 実践知を支える暗黙知と形式知

　上記の創造的熟達の説明に示されているように，きわめてレベルの高いスキルや知識を獲得できていることが，熟達の現れです。とくに，言葉にできない暗黙知がカギとなります。

　暗黙知とは，仕事の実践経験からインフォーマルに獲得される仕事上のコツやノウハウのような非言語的な知識のことです（楠見, 2010）。たとえば，「難しい相手と交渉して合意を形成する」「部下の心をつかむ」といった特定状況における目標到達や成功のための手続き的な知識で，多重の制約条件下での複雑なルールです（楠見, 1999）。普遍的な知識ではなく，状況や目標に依存する知識であり，マニュアルを作れず研修では教えにくいものなので，現実世界での成功のカギだとされています。実務経験のないビジネススクール（経営大学院）修了者が就職してもすぐに活躍できないのは，仕事を進めるうえで重要な暗黙知をもっていないからだとされます（楠見, 2012a）。

　それでも，暗黙知は言語化できず実際の仕事の活動に埋め込まれているので，OJT（On the job training）やローテーション型の定期異動といった機会が，

第2節　日々の職場実践における学びと偶然：仕事での成長・学びに偶然はどうかかわるか？

表1　熟達の4段階（楠見, 2012b, pp. 35-38; 2014, pp. 6-7を改変）

初心者における 入門的指導と見習い	新しく職場のメンバーになってほとんど経験のない段階と，仕事とその集団になれるイニシエーションを経て入門的指導を指導者から受けている段階がある。およそ1年目の段階。そして，指導者のもとで見習いをしながら学ぶ段階がある。初心者は，ことばによる指導よりも実経験が重要。指導者からコーチングを受けながら，仕事の一般的手順（スキル）やルールをひととおり学習する。最初はミスが多いが，学習が進むにつれて，ミスがなく仕事ができるようになる。この段階から次の段階の一人前になるには最初の壁があり，離転職してしまう者もいる。
一人前における 定型的熟達化	初心者が経験を積むことによって，指導者なしで自律的に日々の仕事が実行できる段階（およそ3～4年）。仕事についての手続き的な実践知を蓄積することによって，決まりきった仕事であれば，速く，正確に，自動化されたスキルによって実行できる定型的熟達化をしている。しかし，まったく新しい状況での対処はうまくいかないことがある。仕事において，スキルや知識をひととおり覚えるこの段階には，時間をかければほとんどの人が到達できる。しかし，次の段階に進むには，定型的でない仕事のスキルや知識を獲得するという壁があるため，それ以上は伸びなくなるキャリア・プラトーが生じることもある。
中堅者における 適応的熟達化	柔軟な手続き的熟達化によって，状況に応じて，規則が適用できる。さらに，文脈を超えた類似性認識（類推）ができるようになり，類似的な状況において，過去の経験や獲得したスキルを使えるようになる。この段階を特徴づけるのは適応的熟達化である。仕事に関する手続き的知識を蓄積し構造化することによって，仕事の全体像を把握でき，スキルの使い方が柔軟になる。中堅者は，仕事において，実践知による直観を使って事態を分析・予測し，適切に対応できるようになる。領域によるが，6～10年ぐらいで到達する段階。この段階で成長が停滞する40歳半ばのキャリア・プラトーがあり，このレベルで熟達化がとどまる人も多い。次の段階に進むには大きな壁がある。
熟達者における 創造的熟達化	中堅のうちで，領域およびその下位領域の膨大な質の高い経験を通して，きわめてレベルの高いスキルや知識からなる実践知（とくにことばにはできない暗黙知）を数多く獲得した者が創造的熟達者である。すべての人が到達する段階ではない。熟達者は，高いレベルのパフォーマンスを効率よく，正確に発揮でき，事態の予測や状況の直観的分析と判断は正確で信頼できる。また，新奇な状況においても創造的な問題解決によって対処できる。この段階を特徴づけるのは創造的熟達化である。一部の熟達者がさらに豊かな経験を重ねることによって，暗黙知を獲得し，状況の深い分析と，状況に応じた新たな手順やルール，そして技を創造できる領域に達した限られた者が，達人，名人である。

暗黙知の獲得を促す工夫となります。そのような機会では，先輩社員のコーチングによる認知的徒弟制や個人による経験からの学習が，暗黙知の学習を支えています（楠見, 1999）。

　暗黙知だけで業績を上げられるわけではありません。暗黙知と対照的なのが，客観的・論理的で，言語的・形式的な知識である形式知です。形式知は，マニュアルや仕様書のかたちで存在し，学校や研修で教えられる知識です（楠見, 2012a）。

　このように，熟達化を支える実践知は，暗黙知と形式知の両方から支えられています。野中・竹内（1996）は，図1のような，暗黙知と形式知の円環関係を示しました（楠見, 2012a）。①の共同化について，人は仕事の場で共通の実践経験を通して，暗黙知を獲得し，共有します。②の表出化については，暗黙知を他者に伝えるときには，形式知に変換して表出する必要があります。そのとき，比喩や類推が用いられます。③の連結化については，形式知同士は，帰納や類推によって連結化され，新たな知識が生まれます。④の内面化について，学校や研修あるいは本で体系的に学んだ形式知は，現場での経験と省察を通して内面化され，暗黙知に変換されます。このような円環状のモード変換が，知識を創造するといいます。

　形式知を暗黙知に身体化する内面化のプロセスは，行動による学習と密接に

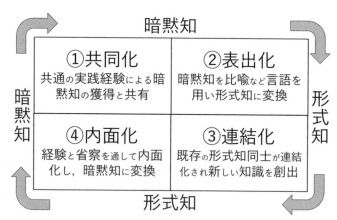

図1　野中・竹内（1996）による4つの知識変換モード（楠見, 2012a, p. 14 を改変）

関係しています（野中・竹内, 1996）。書類やマニュアルなどのかたちで言語化・図式化されたものがあれば，ある人の経験を他の人に追体験させることが可能となります。あるいは，ある人のサクセスストーリーが，本質と臨場感を伴って組織のメンバーに伝われば，メンバー個々にとってのメンタルモデルになり，組織文化にもなりえます。このように内面化された暗黙知は，メンバーにとって貴重な財産となります（野中・竹内, 1996）。

　暗黙知と形式知の循環を促す可能性の1つに，実践記録が考えられます。たとえば今日の保育では，保育日誌や連絡帳といった記録がとられています。こうした記録はともすると，その日の出来事の内容や保育者の感想で終わることも少なくないと指摘されますが，保育実践と省察の循環関係を促す要因になりえます（中坪, 2016）。中坪（2016）は，記録において，目にみえない保育者自身や子どもの心の動きを描写し活動の意味づけや出来事の解釈を行うことで，保育者は保育の現実をとらえることができると述べています。

　本項で説明してきた概念に基づけば，仕事に熟達することとは，暗黙知を比喩や類推によって形式知へ，形式知を経験と省察によって暗黙知へといった円環的モード変換を繰り返しながら，実践知を高めていくことであると理解することができます。

　そのような熟達は10年ルールといわれるくらい長い期間を必要とするとされますが，すべての人に保証されているわけではありません。経験から実践知をどれだけ多く獲得できるかには個人差があります。そうした個人差を生み出す要因の中でもとくに重要なのが，経験から学習する態度，省察，批判的思考であるとされます（楠見, 2012b）。

　以降ではまず，省察についてさらに理解を深めることとします。

4-3. 熟達と実践知を導く省察

　省察は，4-2でもみたように，実践知を獲得するプロセスにおいて重要な役割を果たしています。仕事の場のような動的に変化する複雑な状況においては，省察しながら柔軟に対応する省察的実践が重要だとされます（楠見, 2012b; Schön, 1983）。省察的実践とは，実践を進めながら，意識的，体系的に状況や

表2　省察の種類（楠見, 2012b, pp. 48-49を改変）

振り返り的省察	過去の体験に意義や意味を解釈して深い洞察を得ること。たとえば，仕事が終わった後，あるいは1週間ごとに，振り返ることは，経験から学び，教訓を得るためにも重要。
見通し的省察	未来に向けて，実践の可能性についての考えを深めること。とくに，失敗から学ぶ場合は，第一の振り返り的省察に基づいて，プランを修正し，行動を改善することが重要。また，自己に対する洞察を深め，経験によって成長した自分の姿を思い描き，今後の活動に活かすことも有効。
行為の中での省察	振り返り的省察と見通し的省察の中間。行為をしている間に，状況をモニターして注意を向け，行動を適切に調整すること。営業担当者が，商談の流れをコントロールしたり，情報に基づいて適応的に商談を設計することなどがこれにあたる。

　経験を振り返り，行動を適切に調整して，洞察を深めることです。たとえば，熟達した教師は，省察的実践家として，授業内の出来事を解釈して対応策を講じることができます。

　省察は，大きく3つの種類に分けられます。振り返り的省察，見通し的省察，行為の中での省察です（表2）。

　先ほどふれた批判的思考（楠見, 2012b）とは，規準に基づく合理的（理性的・論理的）で偏りのない思考のことです。「相手を批判する思考」とは限らず，むしろ自分の推論過程を意識的に吟味する省察的思考です。人が仕事において，状況を適切に分析し，実践知を獲得し活用する際に重要なものです。

　経験から学ぶことにおいて，省察は，行為と並んでさまざまな研究者の理論においてロバスト（頑強）な軸の1つになるようです（中原, 2021）。図2は，コルブ（Kolb, D. A., 2015）によって提唱された経験学習サイクルです。そのサイクルは，「具体的経験」にはじまり，「省察的観察」や「抽象的概念化」といった思考を経て，生み出された概念の実践行為である「能動的実験」に至り，さらに「具体的経験」が生じます。このサイクルにおいても，行為や経験と省察とはセットの関係です。行為・経験抜きの省察は実世界で実効性をもたず，省察抜きの行為・経験は這い回る経験主義に堕する傾向をもつといわれます（中原, 2021）。

　保育実践の出発点とされる保育者の子ども理解において，省察が果たす役割とは何か，中坪（2016）が考察を行っています。たとえば，泥団子を作る子ど

第2節　日々の職場実践における学びと偶然：仕事での成長・学びに偶然はどうかかわるか？

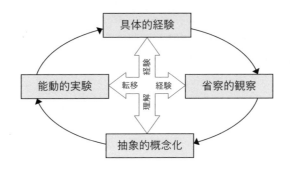

図2　コルブ（Kolb, 2015）における経験学習サイクル（筆者が翻訳）

もとただ単に一緒に遊ぶ保育者と，その子の内面を理解しようとしながらともにいる保育者とでは，その子へのかかわりや保育のありようも大きく異なるのだといいます。子どもを一度理解してしまえば，その子のすべてがわかるというわけでは決してありません。保育者にとっての子ども理解とは，保育実践と省察を通して，自分の中でのその子の理解を再構成する営みであり，その行為は常に更新されるものです。一人ひとりの子どもと向き合うとき，理論書に記された普遍化された知識やこれまでの経験に基づく技法のみを問題状況に当てはめるのではなく，直面する問題状況の原因や背景を探ろうと思考することが重要だということです。

　中坪（2016）において「一回性」と表現されるように，実践における日々の出来事は，一つひとつが特殊，独自で，2-1で論じたような日常の同一性を破壊するような予測できない偶然の出来事です。こうした出来事の一回性こそが，省察を強く促す契機となるでしょう。白石（2015）の表現を借りれば，ある場面で有効であったことが別の場で有効に機能する保証はありません。実践は，そのときになってみなければ何が起こるかわからない文脈依存的で多様で不確実なものです。そのため，実践者は刻々と変化する状況に応じて，自分で多元的・総合的に探究し，問題状況に適した実践を創り出さなければなりません。そうした即興的な思考を支えているのが日々の省察だと考えられるでしょう。

　近年，経験学習の理論においては，省察が，他者との相互作用の中に埋め込

まれて実現するものだと考えられるようになってきました（中原, 2021）。具体的には，ある個人が経験や出来事の意味づけを行うとき，他者との双方向の会話，他者との出来事の意味づけの交換，他者とのさまざまなフィードバックやコーチングによって省察が可能になっているということです。さらには，主体が個人であるだけでなく，組織による省察も注目されつつあります。

　保育者にとっての園内研修は，同僚との組織的省察のフィールドになりえます。園内研修の談話分析を行った中坪ほか（2012）は，同僚とことばを共有しながら互恵的な意見交換を行うことが，保育実践と省察の循環関係を促す要素を指摘します。具体的には，終助詞の「～ね」や相槌，相手の発言を自分のことばで置き換えることが，場の相互作用を促し，気持ちの共有，共感，自己開示，連帯感といった保育者の感情を促すということです（中坪, 2016）。一人ひとりが自分の考えを伝えることを目的に完結した長い話をする場と比べて，ことばはたどたどしくとも，それは他者の考えを相互に解釈しながら知識を組み立てようとしていることの現れなのであり，高次の探索が生じやすくなると考察しています。

4-4. 挑戦性と柔軟性，そして類推

　先に述べたように，経験から学習しようとする態度は，熟達や実践知の個人差を生み出す重要な要因の 1 つだとされます。楠見（2012b）は，とくに重要な態度は，下記の挑戦性，柔軟性，類推であると述べています。

　挑戦性は，新しい経験に対して開かれた心，成長しようとする能力や達成動機，ポジティブな学習に向かう冒険心です。それが現れる行動が，挑戦的（ストレッチ）課題，つまり能力を少しだけ超えた課題へのチャレンジです。柔軟性は，環境への適応能力です。他の人の意見や批判に耳を傾けて，新しい考え方や視点を取り入れたり，相手に応じた柔軟な対応をすること，誤りから学習することも含まれます。これは，前述の省察や批判的思考とも結びつきます。類推は，新しい状況の問題解決において過去の類似経験を探索し利用する側面と，部下や同僚に類似した状況の過去経験を伝達する側面とに分かれます。

　これらの態度は，キャリア偶発理論の代表論者といえるクランボルツ

（Krumboltz, J. D.）がミッチェルら（Mitchell, K. E. et al., 1999）にとともに示した，偶然の出来事を自分のキャリア形成に取り込むための5つのスキルに通底するのではないでしょうか。5つのスキルとは，好奇心（新たな学習の機会を探索する），粘り強さ（逆境や停滞のときでも努力する），柔軟さ（状況に応じて態度や環境を変える），楽観性（新しい機会を可能性のあるものととらえる），リスクテイキング（結果の見通しが不確実でも行動を起こす）です。また，クランボルツとレヴィン（Levin, A. S.）は，自分を取り巻く環境に自覚的になり，リスクをとるとともに，順応的で柔軟であることが大事であると説いています（Krumboltz & Levin, 2004）。さらに，学びに終わりはなく，いかなる職務であろうと学習の経験にすることが大事であり，身につけたスキルは次に活かされるものだと述べています。予測しえなかった偶然に対してどのように処するかという態度は，学ぼうとする主体的態度と大いに重なるといえるでしょう。

5. それが実践にもつ意義は何か
偶然を享受する学びのために

　本節では，省察を介して進む仕事での学びや成長における偶然の意義，ならびに，偶然を活かした学習の意義を高めるカギについて考察しました。

　仕事で学び成長する熟達の過程において，実践と省察は欠かせないものです。実践で手続き的に修得された暗黙知は，比喩や類推によって人に伝えられる形式知となります。人から与えられた形式知は，追体験と省察によって自らの暗黙知となります。学びの過程にある個人において，予測しえなかった偶然の出来事はルーティン化した日常の同一性を破り，省察を促す強い契機となります。ここに偶然の意義があります。また，偶然を活かすには，自分の人生を運や偶然にまかせきるのではなく，計画しコントロールできるという主体性を前提として，予測しきれない出来事に対して前向きな態度をもてることがカギであるといえます。

　本節の論考は，仕事の学びの過程にあるすべての人を意識しています。社会人だけでなく，学校で学ぶ人たちにも，学びが長い人生の過程にあり未知の出来事に開かれていることが伝わると幸いです。

[注]

＊1　「キャリア」は，「轍（carraria）」を語源とし，端的には「人の仕事経歴」と表現でき
　　る概念です（坂井, 2012）。最も広義には，仕事に限らず人生そのものを指します（山本,
　　2014）。

＊2　省察は，英語ではreflectionであり，振り返り，反省，内省とも訳されます（楠見,
　　2010）。本節では，出典によらず表記を「省察」とし，ここではひとまず端的に「経験を
　　振り返ること」と定義します。

[引用文献]

榎沢 良彦（2016）．保育者の専門性　日本保育学会（編）．保育学講座4　保育者を生きる
　　──専門性と養成──（pp. 7-25）　東京大学出版会.

Kolb, D. A. (2015). *Experiential learning: Experience as the source of learning and development* (2nd
　　ed.). Upper Saddle River, NJ: Pearson Education.

Krumboltz, J. D. & Levin, A. S., (2004). *Luck is no accident: Making the most of happenstance in your
　　life and career.* Atascadero, CA: Impact Publishers.（クランボルツ, J. D. & レヴィン, A. S.
　　花田 光世・大木 紀子・宮地 夕紀子（訳）（2005）．その幸運は偶然ではないんです！──
　　夢の仕事をつかむ心の練習問題──　ダイヤモンド社）

楠見 孝（1999）．中間管理職のスキル，知識とその学習　日本労働研究雑誌, *41*(12), 39-
　　49.

楠見 孝（2010）．大人の学び──熟達化と市民リテラシー──　渡部 信一（編），佐伯 胖
　　（監修）．「学び」の認知科学事典（pp. 250-263）　大修館書店.

楠見 孝（2012a）．実践知と熟達者とは　金井 壽宏・楠見 孝（編）．実践知──エキスパー
　　トの知性──（pp. 3-32）　有斐閣.

楠見 孝（2012b）．実践知の獲得──熟達化のメカニズム──　金井 壽宏・楠見 孝（編）．
　　実践知──エキスパートの知性──（pp. 33-58）　有斐閣.

楠見 孝（2014）．ホワイトカラーの熟達化を支える実践知の獲得　組織科学, *48*(2), 6-15.

楠見 孝（2020）．熟達したホワイトカラーの実践的スキルとその継承における課題　日本労
　　働研究雑誌, *62*(11), 85-98.

松尾 睦・細井 謙一・吉野 有助・楠見 孝（1999）．営業の手続的知識と業績──経験年数の
　　媒介効果と知識獲得プロセス──　流通研究, *2*(1), 43-57.

Mitchell, K. E., Levin, A. S., & Krumboltz, J. D. (1999). Planned happenstance: Constructing
　　unexpected career opportunities. *Journal of Counseling & Development, 77*(2), 115-124.

宮野 真生子（2014）．なぜ，私たちは恋をして生きるのか──「出会い」と「恋愛」の近代
　　日本精神史──　ナカニシヤ出版.

第2節　日々の職場実践における学びと偶然：仕事での成長・学びに偶然はどうかかわるか？

中原 淳（2010）．職場学習論——仕事の学びを科学する——　東京大学出版会.

中原 淳（2021）．経営学習論 増補新装版——人材育成を科学する——　東京大学出版会.

中坪 史典（2016）．保育実践と省察　日本保育学会（編）．保育学講座4　保育者を生きる——専門性と養成——（pp. 27-43）　東京大学出版会.

中坪 史典・秋田 喜代美・増田 時枝・箕輪 潤子・安見 克夫（2012）．保育カンファレンスにおける談話スタイルとその規定要因　保育学研究，*50*(1)，29-40.

野中 郁次郎・竹内 弘高（著），梅本 勝博（訳）(1996)．知識創造企業　東洋経済新報社.

坂井 敬子（2012）．有職者の将来展望とキャリア意思に影響する仕事価値観の検討——自己の能力および経済的報酬に着目して——　心理科学，*33*(2)，32-44.

Schön, D. A. (1983). *The reflective practitioner: How professionals think in action.* New York, NY: Basic Books.（ショーン，D. A.　柳沢 昌一・三輪 健二（訳）(2007)．省察的実践とは何か——プロフェッショナルの行為と思考——　鳳書房）

下村 英雄・菰田 孝行（2007）．キャリア心理学における偶発理論——運が人生に与える影響をどのように考えるか——　心理学評論，*50*(4)，384-401.

白石 崇人（2015）．保育者の専門性とは何か 改訂版　社会評論社.

高橋 貴志（2017）．これからの保育者論——日々の実践に宿る専門性——　萌文書林.

山本 寛（2014）．昇進の研究 増補改訂版——キャリア・プラトー現象の観点から——　創成社.

おわりに：発達をとらえる視点とは

半澤　礼之

　本書を読み終えたみなさんはすでにご存じのとおり，この『発達とは？　自己と他者／時間と空間から問う生涯発達心理学』では，私たちの発達をとらえるために6つの視点を出発点としました。「身体」「対人関係」「役割」「地域」「環境移行・適応」「偶然」という6つの視点です。「はじめに」でも述べたように，これらの視点を前面に出したのは，現代的な現象やそれがもつ課題をとらえること，それを通じて各節の著者がもつ発達をとらえる見方を提示することが本書の大きな目的の1つであったからです。

　一方，本書で示した6つの視点は，発達をとらえるうえでとくに目新しいものではないと考える人もいるかもしれません。確かに，私たちの生きる社会は常に変化しています。その過程の中で，新しい現象が立ち現れることも当然あるでしょう。したがって，それをとらえる視点についても，次々と新しいものを採用していく必要があるという考え方もあると思われます。言い換えれば，「はじめに」で引用した堀（2009）が「ノーマルなライフ・イベント」「一般化された発達モデル」と述べたものは常に変化している（何がノーマルなのか？何が一般なのか？）ので，それらをとらえるためには新しい視点が必要だという考え方です。この考え方はとても重要だと思われます。しかし，本書はそのような立場には立っていません（もちろん，新しいものを採用するという考え方を否定しているわけではありません）。

　それでは，本書はどのような立場に立っているのでしょうか。本書は，従来からある視点であっても，みる角度を変えれば新しい現象をとらえることができるのではないかという問題意識を背景にもっています。そのような立場をもとに本書は執筆されました。

　「身体」を取り上げた第1章の第2節を例にあげてみましょう。この節では，従来は親や管理職といった役割に焦点が当たることが多かった中年期について，「身体」という視点からとらえることで多くの人々を射程にすることがで

279

きると述べています。これは，中年期に入ると多くの人が親になるので，この時期を理解するには親役割を検討する必要があるといった従来の考え方に対して，「身体」という視点を導入することで中年期を違った角度からとらえようという提案だと読むことができます。親という役割ではなく，中年期に生きる個人としてのあり方を，「身体」という視点からとらえること。これは，結婚をしない，子どもをもたないといった生き方との接続を考えれば，現代的な現象をとらえるための視点として理解することもできるのではないでしょうか。ここでは第1章第2節を例にあげましたが，どの章もその濃淡はあるものの，このような見方をとって執筆されているといえます。

　新しい視点を導入すること，従来の視点を違った角度からみてみること，いずれにせよ目指すのは私たちの発達を多様なかたちで理解することです。そのための道筋は複数あってよいと思います。

　本書は第1章から通して読まないと内容が理解できないという構成をとっていません。したがって，この「おわりに」を読んでいるみなさんの中には，「すべて読んだ」という方もいれば，「自分の関心のある視点だけを読んだ」という方もいると思います。どのような読み方をしたにせよ，みなさんにとって，本書が自分のもっている視点を新しい角度から見直す機会になればと考えています。

　最後に，この「問いからはじまる心理学」シリーズは，2022年3月に中央大学文学部を定年退職された都筑学先生の退職記念として出版されました。本書はその第1巻となります。本シリーズは都筑ゼミの出身者やゼミゆかりの研究者，そしてゼミ出身者の指導生たちが執筆者となっています。都筑ゼミのモットーは「片手に理論，片手に実践」です。研究の紹介だけにとどまらず，「それが実践にもつ意義は何か」という点にまで言及した本書は，まさにこのモットーを体現したものだといえるのではないでしょうか。都筑先生の中央大学での34年にわたる指導の成果としても，この本を読んでもらえれば幸いです。

索　引

第2巻へのいざない：発達的な視座に立って教育問題を問う

岡田 有司

　第1巻では発達段階ではなく，現象という観点からさまざまな発達の様相について理論的・実証的に考察がなされました。第2巻では教育問題に焦点を当てますが，そこでも学校段階といった形式的な枠組みに沿って問題を問うのではなく，各著者が具体的な現象から問いを立てた研究に基づき，学校の中の問題，学校を取り巻く問題について理解を深めていきます。教育問題については私たち自身も教育を受けてきたため，具体的な現象や問いをイメージしやすい面があります。一方で，それゆえに自らの経験に引きずられ，問題の本質がみえにくくなることもあります。そのため，本シリーズに通底する「問い」とともに，データに基づき問いを検証するという実証研究も重視しながら問題を考えていきます。

　本書では「身体」「対人関係」「役割」「地域」「環境移行・適応」「偶然」という6つの視点から発達について論じられました。第2巻ではさまざまな教育問題を扱いますが，そこにおける問いにもこうした要素がちりばめられています。以下では発達におけるこれらの視点が教育問題とどのように関係してくるのかについてみてみたいと思います。

　身体あるいは生物学的な側面は教育場面においても重要な視点です。たとえば障害をもつ子どもへの教育を考える際には，生物学的要因を背景としたその子どもの障害特性を理解しておくことが必要になります。しかし，教育場面では障害特性への理解が十分でなかったり，本人の声が丁寧に聴き取られていないといった問題がしばしば生じます。また，近年では性的マイノリティに対する認知も広まりつつありますが，彼らも障害のある子どもと共通する問題を教育場面で抱えています。第2巻ではこうした障害やLGBTの問題について考えていきます。

　対人関係は子どもの学校生活における大きな関心ごとです。うまくいっていれば充実した学校生活になりますが，学校での対人関係にはグループの存在や

そのパワーバランス，相手に応じた「キャラ」の使い分けなど，気を遣う場面も少なくありません。さらに，近年ではそこにインターネット・SNS上での対人関係も加わり，対人関係の複雑化・重層化が進んでいます。そのため，次巻ではスクールカースト，キャラ疲れ，ネット上の対人関係といった問題にもふれます。また，学校における対人関係の問題としていじめは避けて通れません。いじめについてはこれまでにもさまざまな研究がなされてきましたが，いじめがどんなときに深刻化するのかという新たな視点からこの問題にアプローチします。

役割という視点は上記の対人関係の問題とも密接にかかわっていますが，第2巻で取り上げる問題行動や非行，親子関係における問題とも関係しています。問題行動や非行は学校や社会の中で求められている役割に即した行動がとれていない状態ととらえることができます。これらの問題について，その問題の背景にある心理や，問題を低減するためにどのような問いを立てることが重要なのかを検討します。親子関係において生じる問題も「親」「子」という役割のダイナミクスとそこにおける離齟という視点から理解できます。たとえば，虐待は親が「親」としての役割をうまく取得できない，あるいは放棄した状態といえます。この問題も含め，親子関係の変化やそこにおける問題について考えます。

地域も教育問題を考えるうえで重要な要素です。子どもは学校・家庭の他に地域の中でもさまざまな活動にコミットしており，そのことは学校生活や子どもの発達にも影響を与えます。そこで，学校から地域へ移行する時間帯である放課後に注目し，そこにおける課題について検討します。また，地域は教育と切り離された場ではなく，地域を巻き込んだ，地域の力も借りた教育のあり方を考えることが重要です。学校が地域とどのように連携できるのか，それによって教育問題にどのような変化が生じるのかについても考えます。

環境移行・適応の問題は，教育問題においても関心の高いテーマです。進学した学校でうまくなじめずに不適応に陥り，不登校や中退につながってしまうケースは少なくありません。教育現場では幼小，小中，中高，高大といった学校段階の移行をスムーズにする取り組みが増えており，小中一貫教育を行う義務教育学校も新設されました。ただし，学校段階の移行がポジティブ・ネガ

ティブな面を含め子どもにどのような影響をもたらすのか，移行によるギャップを乗り越えることにどのような意味があるのかということについてはあまり明らかにされてきませんでした。これらの問題について，データを交えながら検討します。

　偶然という視点から教育問題を扱った心理学研究は少ないですが，偶然の出来事が子どもに大きな影響を与えることもあります。このことに関して，第2巻では学校統廃合の問題を取り上げます。少子化を背景に学校統廃合が増えていますが，子どもにとっては予期しえない，かつ重大な出来事です。ところが，統廃合が子どもにどのような影響をもたらすのかはほとんど検証されていません。統廃合前と統廃合後の貴重なデータに基づきこの問題について考えていきます。

　以上，第1巻における視点と第2巻で扱う内容の関係について概観しましたが，発達をとらえる視点は教育問題を考える際にも重要であることがおわかりいただけたと思います。教育という営みが人間の発達と不可分であることを考えれば，これはある意味で当然のことかもしれません。これらの視点を踏まえ，読者のみなさん自身も問いをもちながら第2巻で扱う教育問題について考えていただけたら幸いです。

第3巻へのいざない：発達について社会の視点から考えてみる

　第1巻では『発達とは？　自己と他者／時間と空間から問う生涯発達心理学』というタイトルで多岐にわたる問題が提起されていました。そしてここでは，第3巻『つながるって何だろう？　現代社会を考える心理学』へのつなぎを述べることになります。

　S・フロイト（Freud, S.：フロイト, 1970）は，『集団心理学と自我の分析』という論考の冒頭で次のように述べています。少し長いですが，原文のニュアンスを崩したくないので，そのまま引用してみます。

　　個人心理学と社会心理学ないし集団心理学との対立は，一見するときわめて意味ありげにみえるが，立ち入って吟味すると，はなはだ曖昧なものになってしまう。なるほど個人心理学は，個々の人間を扱い，個人がどんな方法で本能を満足させるかを探求するが，そのさい個人と他人との関係を無視してもさしつかえない立場におかれることは稀で，しかもそれは一定の例外的な場合だけである。個人の精神生活の中で，他人は手本として，対象として，助力者として，そしてまた敵対者として問題になるのが常である。したがって個人心理学は，最初から同時にひろい意味での，いやむしろまったく正当な意味での社会心理学なのである。(p. 195)

　フロイト（1970）は個人内の現象を考える際も社会（集団）を無視することはできず，まさに社会の中で個人をとらえなければならないことを述べています。このように個人に起こった現象でも社会から切り離してとらえることは不可能なのです。

　そういう視点であらためて第1巻を読み直してみるとどうでしょうか。新たな視点を得ることができる人もいると思います。少なくともそこに "社会" の影響をみつけることができるのでないでしょうか。たとえば第1章第1節「乳

幼児の『からだ』と『こころ』：発達研究は『身体』を問うてきたか？」を取り上げて振り返ってみます。ここでは乳幼児において心と身体がどのように発達していくのかについて，見過ごされがちな身体に焦点を当てて乳幼児期の発達をとらえ直そうとしています。先ほどのフロイトの指摘でいうところの個人心理学で指し示されるような非常に個に閉じた現象を取り上げているように感じられます。はたして本当にそうなのでしょうか。あらためて社会や他者といった側面を念頭に置いて読み返してみます。筆者自身が31ページで言及していますが，身体を問うということは個々の乳幼児の身体を問うのみならず，同時にその社会文化を問うことになるのです。

　他の節でも似たことがいえます。いみじくもフロイト（1970）が指摘しているように個人心理学は社会心理学なのです。我妻（1987）はフロイトの言葉を受けて，すべての心理学は社会心理学だと述べていますが，人の発達も社会を抜きには成り立ちえません。フロイトの娘アンナ・フロイト（Freud, A.）の弟子であるE・エリクソン（Erikson, E. H.）は，ヒトの発達について，心理と社会，そして身体の視点を取り入れたエピジェネティック図式（漸成図式）を提唱しています（エリクソン＆エリクソン, 2001）。

　それでは，ここでいう「社会」とは何のことでしょうか。ここで定義を示すことは容易ではありません。そのため，ここでは単に「人々の集まり」とだけ述べておきます。これはある人の視点に立てば，自分以外の他者がともにいる状態ということになるでしょう。この他者の存在は私たちにとってとても大切なのです。

　たとえば自立を考えてみましょう。自立とは他者に頼らず自らの力で何かを成し遂げることをいいます。自立するためには他者から離れることが大切なように思えるかもしれませんが，実際にはその逆なのです。子どもの自立は，安定した他者（養育者）との依存関係があって初めて達成されるのです（柏木, 1995; 高橋, 1984）。つまり他者との安定した依存関係がなければ自立は十分には達成されないといえます。

　さて，第1巻のテーマである発達という現象には深く社会がかかわっていることがわかっていただけたことと思います。その社会に焦点を当てたのが第3巻なのです。先にもふれましたが，第3巻は「現代社会を考える心理学」が

テーマになっています。その中で扱われている具体的な現象は多岐にわたります。心理学という視点から私たちが今，生きている社会とはどのような社会なのかを見定めたり，2020年から断続的に新型コロナウイルスが猛威を振るっている今だからこそ，自分とは異なる他者との間が分断されてしまうような今だからこそ問い直すべき問題を提起していたり，そして古くから問われているが現在だからこそあらためて考え直す価値のある問題を再考したりしています。

　私たちは今の社会を生きることしかできません。第3巻を通して，今の社会について心理学の視点から考えるという見方を手に入れてもらいたいと思います。読了後，心理学は思っていたこととは違うが面白そうだと思ってもらえたらうれしいです。もし各論からインスパイアされ，読みはじめる前とは違う新たな視点で社会をみることができたならば，それは望外なことです。

[引用文献]

Erikson, E. H., & Erikson, J. M. (1997). *The life cycle completed: A review* (Expanded edition). New York, NY: W. W. Norton & Company. （エリクソン，E. H. & エリクソン，J. M.　村瀬 孝雄・近藤 邦夫（訳）（2001）．ライフサイクル，その完結（増補版）　みすず書房）

Freud, S. (1921). *Massenpsychologie und Ich-Analyse*. Internationaler Psychoanalytischer Verlag. Leipzig, Vienna and Zurich. （フロイト，S.　小此木 啓吾（訳）（1970）．フロイト著作集6　集団心理学と自我の分析（pp. 196-253）　人文書院）

柏木 惠子（1995）．自立　岡本 夏木・清水 御代明・村井 潤一（監修）．発達心理学辞典（p. 339）　ミネルヴァ書房.

高橋 惠子（1984）．自立への旅だち――ゼロ歳～二歳児を育てる――　岩波書店.

我妻 洋（1987）．社会心理学入門（上・下）　講談社.

執筆者紹介

◎ シリーズ監修

都筑　学（つづき　まなぶ）　中央大学名誉教授　シリーズ序文

◎ 執筆者（五十音順，*は本巻編集委員）

大村　壮（おおむら　そう）　常葉大学短期大学部　第3章第2節，第3巻へのいざない

岡田有司（おかだ　ゆうじ）　東京都立大学　第2巻へのいざない

小野美和（おの　みわ）　愛知淑徳大学　第2章第1節

加藤弘通（かとう　ひろみち）　北海道大学　第2章第2節

*坂井敬子（さかい　けいこ）　和光大学　第1章第2節，第5章第2節，第6章第2節

千島雄太（ちしま　ゆうた）　筑波大学　第5章第1節

*照井裕子（てるい　ゆうこ）　湘北短期大学　第3章第1節，第4章第2節

任　玉潔（にん　ぎょくけつ）　南京暁庄学院　第4章コラム3

野内　類（のうち　るい）　東北大学　第1章コラム1

*半澤礼之（はんざわ　れいの）　北海道教育大学釧路校　はじめに，第4章第1節，第6章第1節，おわりに

松本博雄（まつもと　ひろお）　香川大学　第1章第1節

山本　睦（やまもと　ちか）　常葉大学　第3章コラム2

問いからはじまる心理学　第1巻

発達とは?
自己と他者／時間と空間から問う
生涯発達心理学

2022年6月1日　初版第1刷発行

監修者	都　筑　　　学
編著者	半　澤　礼　之
	坂　井　敬　子
	照　井　裕　子
発行者	宮　下　基　幸
発行所	福村出版株式会社
	〒113-0034　東京都文京区湯島2-14-11
	電　話　03 (5812) 9702
	FAX　03 (5812) 9705
	https://www.fukumura.co.jp
印　刷	株式会社文化カラー印刷
製　本	協栄製本株式会社

© Manabu Tsuzuki, Reino Hanzawa, Keiko Sakai, Yuko Terui 2022
Printed in Japan
ISBN978-4-571-20604-7 C3311
落丁・乱丁本はお取替えいたします
定価はカバーに表示してあります

人間の心の働きを理解するには
どのような研究が求められるのか？

「なぜその問題を研究しようと思ったのか」→「どんな問いを立てたのか」
→「どんな研究をし，何がわかったのか」→「それが**実践にもつ意義は何か**」

研究者が現象と出会い，展開していく様子を追体験できる新しい切り口で触れる心理学。
心理学を学んでいる学部の3・4年生や大学院生，
学生や院生を指導している大学教員・研究者必読！

● 監修：都筑 学 (中央大学名誉教授) ●

問いからはじまる心理学
【全 3 巻】

1
発達とは？
自己と他者／時間と空間から問う生涯発達心理学
半澤礼之・坂井敬子・照井裕子 編著

2
教育問題の心理学
何のための研究か?
加藤弘通・岡田有司・金子泰之 編著

3
つながるって何だろう?
現代社会を考える心理学
高澤健司・大村 壮・奥田雄一郎・田澤 実・小野美和 編著

A5判・並製・カバー装・各巻 約296頁
各巻 予定価（本体価格 2700 円＋税）

2 教育問題の心理学 何のための研究か？

加藤弘通・岡田有司・金子泰之 編著

ISBN978-4-571-20605-4 ※続刊

学校と制度の狭間における「学校の中の問題」「学校を取り巻く問題」の様々な現象を教育心理学の見地から問う。何のため，誰のための研究なのか？

内容

3 つながるって何だろう？ 現代社会を考える心理学

高澤健司・大村 壮・奥田雄一郎・田澤 実・小野美和 編著

ISBN978-4-571-20606-1 ※続刊

「現代」もしくは「現在」とはどういう時期なのか，現代社会における諸現象を「生活のなかにある自己」と「拡張される自己の世界」の視点から問いを立て多面的に検討する。

内容

続刊の章の見出しについては変更になる可能性があります。